文化遗产管理规划
场所及其意义

[澳]肯·泰勒(Ken Taylor)　[意]朱利奥·威尔迪尼(Giulio Verdini)　编著

秦红岭　朱姝　译

http://press.hust.edu.cn

中国·武汉

图书在版编目（CIP）数据

文化遗产管理规划：场所及其意义 /（澳）肯·泰勒,（意）朱利奥·威尔迪尼编著；秦红岭，朱姝译. --武汉：华中科技大学出版社, 2024.7
ISBN 978-7-5772-0913-5

Ⅰ. ①文… Ⅱ. ①肯… ②朱… ③秦… ④朱… Ⅲ. ①文化遗产－管理－世界 Ⅳ. ①K917

中国国家版本馆CIP数据核字（2024）第103647号

Copyright©2022 Ken Taylor and Giulio Verdini by Routledge, authorized translation from the English language edition published by Routledge, a member of the Taylor & Francis Group. Copies of this book sold without a Taylor & Francis sticker on the cover are unauthorized and illegal. All Rights Reserved.

本书中文简体版授权华中科技大学出版社独家出版并在中国大陆地区销售。未经出版者书面许可，不得以任何方式复制或发行本书的任何部分。本书封面贴有Taylor & Francis公司防伪标签，无标签者不得销售。

湖北省版权局著作权合同登记图字：17-2024-029号

文化遗产管理规划：场所及其意义
Wenhua Yichan Guanli Guihua : Changsuo ji Qi Yiyi

[澳]肯·泰勒　[意]朱利奥·威尔迪尼　编著
秦红岭　朱姝　译

出版发行：	华中科技大学出版社（中国·武汉）	电话：	(027)81321913
	武汉市东湖新技术开发区华工科技园	邮编：	430223

策划编辑：张淑梅　　　　　　　　　　　美术编辑：张　靖
责任编辑：白　慧　　　　　　　　　　　责任监印：朱　玢
责任校对：阮　敏

印　　刷：武汉精一佳印刷有限公司
开　　本：880 mm×1230 mm　1/32
印　　张：11.25
字　　数：279千字
版　　次：2024年7月第1版　第1次印刷
定　　价：88.00元

投稿邮箱：zhangsm@hustp.com
本书若有印装质量问题，请向出版社营销中心调换
全国免费服务热线：400-6679-118 竭诚为您服务
版权所有　侵权必究

作者简介

肯·泰勒（Ken Taylor） 澳大利亚国立大学人文与艺术研究学院遗产与博物馆研究中心荣誉教授，堪培拉大学景观设计专业荣誉教授，泰国艺术大学客座教授。他在国内外发表了多篇关于文化遗产管理和文化景观的文章。他是亚洲的常客，曾在中国、印度、越南、印度尼西亚、泰国、日本等多个国家演讲。

朱利奥·威尔迪尼（Giulio Verdini） 意大利费拉拉大学城市与区域发展专业博士，英国威斯敏斯特大学建筑与城市学院城市规划专业准教授，摩洛哥本盖里尔穆罕默德六世理工大学客座教授。他定期就中国和南半球可持续城乡遗产管理实践向联合国教科文组织提供建议。

译者简介

秦红岭 北京建筑大学文化发展研究院/人文学院院长，教授。长期从事建筑伦理与城市文化研究，著作有《建筑伦理学》《城市规划：一种伦理学批判》《城迹：北京建筑遗产保护新视角》等八部，译著有《城市伦理：当代城市设计》等两部，主编《建筑伦理与城市文化》论丛，发表学术论文130余篇。兼任北京市第十四届、第十五届、第十六届人民代表大会代表及北京市第十五届人大城市建设环境保护委员会委员。

朱姝 翻译理论与实践方向博士，北京建筑大学人文学院外语系教师，多次参与建筑文化作品翻译，主张研究型翻译方法。

内容提要

本书对不断扩大的文化遗产保护领域进行了全面分析，介绍了作者在教学和国际实践方面的经验，探讨了日益复杂的城市转型中的遗产思维模式正在发生的变化，叙述了相关理论如何与专业实践相结合，并为专业实践提供思路。本书总结了过去40年国际上文化遗产实践的发展与变化，提出了文化遗产管理规划需要基于文化态度和实践，强调了遗产规划和管理在城市更新和发展中的关键作用。本书提倡以人为中心的文化遗产管理方法。

序　言

在过去几十年里，遗产的概念、管理过程和它在社会生活中所起的作用都发生了重大变化。遗产的最初概念在很大程度上基于历史古迹作为过去的实物证据，从其艺术价值到其在地方认同和国家认同中的作用，都需要被保护和重视。本书正是基于遗产思想和实践中的一些重大变化来构建和阐述的。

如今，遗产领域已经扩展，包括了更多类型的遗产，如城市空间、景观、基础设施、记忆场所和自然遗产。随着国际上对遗产的兴趣日益增长，人们对不同文化背景下的遗产识别、保护、管理和经济利用过程进行了反思。人们对遗产的关注重点已经逐渐从遗产的物质和物理维度转向了其价值体系和意义：当今遗产的非物质维度有了更重要的意义，以至于人们对物质和非物质遗产之间的划分标准提出了质疑。

这些变化反映在有关遗产讨论和政策制定的各个领域，并且可以从遗产类型的演变、管理实践和公众对遗产消费的态度中发现变化的痕迹。这种变化发生在公众对遗产的兴趣产生重大转变的时候——显然这不是偶然的。遗产从一个只是社会中少部分具有一定文化素养的人群所关注的对象，变成公众兴趣的主要焦点之一，这在很大程度上与作为一个全球性产业的旅游业呈爆炸性增长有关。

然而，至少从二十年前开始，我们就已经关注到学术界的研究工作与国内及国际上的遗产管理和政策制定相关工作之间的分歧日益加剧。

现在这种分歧逐渐扩大，已经变成了一个真正的鸿沟。学术界从事遗产研究工作的很大一部分人已经退出政策领域，并在相对独立的环境中推进自己的研究，也许他们有重要的创新成果，但对政策领域没有实际影响。令人欣慰的是，肯·泰勒（Ken Taylor）和朱利奥·威尔迪尼（Giulio Verdini）所著的《文化遗产管理规划：场所及其意义》对这种反常现象做出了有力回应，为学术理论与实践之间的联系提供了一个强有力的理由，即理论应该为实践提供指导并改善实践方法。该书的主题是，有必要在与文化遗产场所管理相关的知识体系中建立一个明确的指导性理论基础。这一点值得肯定。

与此同时，遗产保护和管理从业者在大力推进其理念和方法的同时，也越来越受到国内和国际政策，以及各国对遗产日益增长的政治兴趣所主导的决策实践的限制。这种情况已经造成了一种紧张局势，越来越多地阻碍了对受威胁的遗址进行国际保护。

在上述紧张关系的交会点上，存在着最重要和最成功的国际遗产名录和保护工具之一——《世界遗产公约》。该公约在全球范围内的成功是毋庸置疑的，它植根于遗产保护的悠久历史，是在18世纪末法国大革命所带来的巨大政治和社会动荡中产生的一种文化建构。在《世界遗产公约》出台50年后，它涵盖了各种各样的遗产类型，从考古遗址、古迹到建筑群、人类工程和科学成就、景观、记忆场所，以及具有自然美、生物和地质意义的重要场所。尽管取得了这些成就，但该公约受到的批评也越来越多，主要是因为它放松了对遗产保护的重视，过度依赖各国的政策，而这些政策往往有利于特定群体或经济部门维护其既得利益。

在国际遗产保护体系出现局限性和矛盾性的今天，有必要在研究人员的工作与管理和政策制定之间建立新的桥梁。本书坚定地指出这一努力的积极路径,并表明其需要所有对纠正目前状况感兴趣的各方参与。与这一目标一致的任何遗产政策,都必须致力于解决本书中明确提出的关键问题。这些问题需要通过深入的、批判性的探讨,来揭示遗产在过去、现在和未来社会中的作用。

加强以科学为基础的管理实践,反对由意识形态或经济利益主导的决策过程,是透明和负责任的遗产政策的出发点,它旨在促进本地利益相关者和保护对象的参与,充分尊重不同社区赋予遗产的文化意义。在这一方面,本书的优势在于,它探讨了重新评估和重新定义遗产价值的方法,并探索其对不同社区的意义。这是一个关键的过程,不仅需要管理人员、研究人员和政策制定者的参与,还需要那些与遗产地有关联的人的参与。此外,考虑到疫情对经济发展和旅游业所产生的负面影响,以及需要确保后代享受文化和自然遗产的权利,以长远的眼光确定可持续发展愿景,成为一个迫切的需求。在一个受气候变化、人口过剩和各种冲突影响的世界中,加强风险预防的文化建设,是建立有效的和以人为本的遗产管理过程的关键框架。

遗产在当代社会具有重要作用,它是教育、个人享受、群体认同和经济发展的工具。但是,这些价值之间的平衡是脆弱的,而且逐渐受到威胁,研究和管理人员的任务是保障遗产作为社会和人类发展重要推动工具的作用。

弗朗西斯科·班达林(Francesco Bandarin)
联合国教科文组织世界遗产中心主任(2000—2010)
联合国教科文组织文化助理总干事(2010—2018)
"我们的世界遗产"创始人和成员

前　言

　　正如有些事情通常发生的那样，撰写这本书的想法源于一次非正式的晚间讨论。当时是2012年11月，肯·泰勒（Ken Taylor）与已故的吴瑞梵（Ron van Oers）在一起讨论，吴瑞梵时任联合国教科文组织亚太地区世界遗产培训与研究中心（WHITRAP）上海中心副主任。写书的想法在2013年有了进展，我们向劳特利奇（Routledge）出版社提交了一份申请，打算为遗址管理者，遗产所有者、管理者和文化遗产专业的学生编写一本实用指南，即《文化遗产管理CHM》。编写该书的宗旨是，它应该促进以人为本的文化遗产场所管理方法，并且必须具有国际通用性。在此过程中，我们强调，编写该书的目的是让读者了解文化遗产的价值及其脆弱性，文化遗产管理所面临的压力和挑战；了解保护过程、规划和管理在其中的作用，以及保护管理规划等工具的作用；对文化遗产场所管理的基本原则和实践有一个全面的认识。

　　2014年年中时，我们的申请获得了审稿人的大力支持，我们决定与劳特利奇出版社合作。从一开始，我们就明确表示，虽然实践方面的内容很重要，但理论方面的内容同样重要，因为理论是指导实践的基础。在面向国际读者时，我们一直在考虑避免采用普遍的、一刀切的方法，要记住遗产价值及其应用在不同区域和不同社区是不同的。这并不是说在全球范围内没有共同的、良好的实践原则。这些原则是存在的，但需要根据1994年《奈良真实性文件》（*The Nara Document on Authenticity*）的精神，在文化态度和实践的多样性基础上，通过承认和应用区域价值来调整、应用和完善。在写作过程中，文化遗产管理（CHM）进程中的一个重要和值得欢迎的趋势是，伴随着国际学术讨论，国际机构越来越意识到扩展文化遗产思维和实践的必要性。这种扩展的重点转向了文化，人们认识到文化遗产只能存在于与社区或人群的关系中，应强调人与场所的无形联系，而不是主要关注物质对象。

本书的撰写开始于2014年底至2015年初，但因2015年4月吴瑞梵的不幸去世而中断。在寻找合著者的过程中，朱利奥·威尔迪尼（Giulio Verdini）以其对文化遗产保护理论和实践的丰富经验和认识，及时加入而成为合著者。这也令人想起2014年12月我们三人在联合国教科文组织亚太地区世界遗产培训与研究中心上海中心举办的历史性城镇景观国际研讨会上的会面，当时正值该书筹备工作的开始。

在本书写作过程中，一个非常清楚的事实是，随着世界城市环境区域逐年扩大，人们越来越关注解决城市遗产保护问题的诉求。这并不是要轻视乡村遗产保护，因为城市和乡村之间不可分割的联系不仅会继续存在，而且会随着城市化进程的扩大而变得更加紧密。

我们感谢在本书编撰过程中自愿提供帮助和建议的同事们。特别感谢弗朗西斯科·班达林（Francesco Bandarin）为本书撰写序言以及他多年来所给予的支持和友谊。我们还非常感谢为本书编写短篇案例的作者，这些案例被插入文本中作为图例，有助于阐明我们所提出的特定观点，他们是：Hocine Aouchal/Boufenara Khedidja / Guenifi Yasser, Meryam Atik, Pamela Ayesha Rogers/Julie Van Den Burgh, Francesco Bandarin, Sabina Ciobata, David Jones, Susan Fayad, Marike Franklin, Alessio Re/Erica Meneghin and Rouran Zhang。我们还感谢以下人士提供图片并允

许我们使用：Michael Pearson（图 3.1 亚瑟港），Ian Cook（图 3.8 维冈），张勇（图 4.6 杨浦海滨南段），J. Paul Getty Trust（图 5.2 遗产信息的使用和流动，Letellier），圣托马斯大学热带地区文化财产保护中心和 Eric Zarrudo（图 5.5c 菲律宾梯田）。

  我们还要感谢劳特利奇出版社的编辑团队。海蒂·洛瑟（Heidi Lowther）编辑一直坚定不移地致力于本书出版，并鼓励我们继续前进；还要感谢凯蒂·瓦克林（Katie Wakelin）（编辑助理）以及后来在 2021 年初接任的康甘·古普塔（Kangan Gupta）。

肯·泰勒，澳大利亚堪培拉
朱利奥·威尔迪尼，英国伦敦

目 录

第一章 导论：遗产管理的背景与政治　　001
  背景　　002
  历史与遗产　　005
  本书的目的和结构　　009
  追踪变化　　015
  遗产与遗产研究　　033
  术语　　036

第一部分　遗产思想体系　　047

第二章 遗产与经济发展　　049
  遗产、文化和经济发展　　050
  文化遗产场所的经济问题　　057
  管理文化遗产场所与寻求可持续发展　　068

第三章 价值和意义 　　079

　　背景：管理的作用 　　080
　　遗产化，有形的、无形的和联想价值问题：谁的价值？ 　　094
　　非物质遗产与真实性问题 　　098
　　价值与意义 　　108

第四章 宪章、指导原则和机构 　　143

　　背景 　　144
　　1945年后的国际主义和全球化文化遗产倡议 　　148
　　国际古迹遗址理事会的章程和文件 　　162
　　联合国教科文组织公约和文件 　　195
　　历史性城镇景观（HUL） 　　201

第二部分 管理规划：实施与方法 　　217

第五章 记录、评估和分析 　　219

　　背景：记录遗产场所 　　220
　　评估价值和文化意义 　　235
　　历史景观评估：澳大利亚新南威尔士州温格卡里比郡 　　263

第六章 遗产场所的管理   **273**
   背景   274
   遗产场所管理   280
   历史性城镇景观管理方法   281
   作为创造遗产战略的保护   295
   围绕遗产的发展话语   298
   保护遗产话语   302
   执行   306
   城市保护实例   307
   结论   315

第七章 后记   **325**

译后记   **335**

第一章

导论：遗产管理的背景与政治

背景

大卫·洛温塔尔（David Lowenthal，1998：xi）批判性地指出："突然之间，遗产似乎无处不在……人们几乎不可能不碰到遗产。每一处遗产都被珍视。"他的观点是说，人们常常有一种错误的感觉，即认为遗产本身是好的，就像赞美诗所描述的"美好的遗产"那样（Psalm，16：6）。实际上，任何参观过金边吐斯廉屠杀博物馆（Tuol Sleng Genocide Museum）（参见图1.2）或奥斯威辛-比克瑙纪念博物馆（Auschwitz-Birkenhau Memorial Museum）的人都知道，这些地方的遗产远非想象中的美好。相反，它们所呈现的是遗产的黑暗面。但值得注意的是，这些遗产记载的是那些遭受监禁、酷刑和谋杀等暴行的普通人的故事，以及暴行者的故事，不管那有多么残忍和不光彩。

遗产在当代世界中无处不在，或者说"丰富的遗产及其社会、经济和政治功能"是一种普遍的社会现象（Harrison，2013：1），它推动了民族主义、自豪感、冲突感、人们的场所感以及对社会历史的兴趣，尤其当遗产并不主要指古代的遗迹和遗址时。同时，无论遗产看似多么普通或平凡，它也关涉此时此地，以及人与场所之间的互动。在这种情形下，遗产深刻地介入人与场所和遗产对象之间的无形关系。此外，遗产不再是朱利安·史密斯（Julian Smith，2015）所称的古物学、纪念物或美学偏见的唯一专家领域，"我们已经认识到，遗产以其多种不同的形式构成了社会中一股有影响力的力量……作为回应，我们看到了遗产研究作为一个明确的研究领域在不断发展"。（Sørensen和Carman，2009：3）

考虑到这些想法，我们很可能会提出这样的问题：什么是遗产？真的有遗产这样的事物存在吗？很多时候，遗产被看作一个可以被拍照、测量和记录的物质实体。20世纪60至70年代的遗产实践带来的影响助长了这样的观念,西方国家只关注那些著名的纪念建筑和遗址、宏伟的建筑和宫殿(Cleere,2001)。一场遗产保护运动随后在世界各地传播,以某种方式将遗产与良好的品味联系在一起。从这个意义上讲,遗产可以被看作具有独占性的、高级或奢华的事物。这种观念在澳大利亚被称为"白宫综合症"(white house syndrome)。但是,正如我们看到的那样,从20世纪80年代至90年代初开始,这种狭隘的观念受到了严厉的挑战和修正。由此引出了劳拉·简·史密斯的主张:"实际上,没有所谓的遗产。"(Laurajane Smith,2006:11)史密斯在这里的意思是,遗产不是一种事物,而是"一种多层次的表现……体现了记忆和纪念的行为,同时……在当下它建构了一种场所感、归属感和认同感。"(Laurajane Smith,2006:3)。因此,遗产更应该被理解为一个过程(Howard,2003),而不是一个产品(product),这里的过程指的是为达到一个特定的目的而采取的一系列行动或步骤,也就是说,它是方法论的或系统性的[1]。这并不是说它主要基于定量数据,实际上,它在认识论和专业基础上更多地依赖于定性和主观数据。

与遗产作为过程的概念相一致的是,人们认为遗产保护与变化密切相关,因为"文化遗产的价值不再被认为是不可改变的"(Chen和Han,2019:1812)。随着时间的推移,文化会改变,文化价值观也会改变。同样显而易见的是,人们更加坚定地认为,遗产并不是一个固定不变的东西,不只存在于著名的建筑和考古遗迹以及历史上与富人或名人有关的纪念场所中。我们已经认识到(Uzzell,2009:326/327):

遗产的含义会随着时间的推移和不同的群体而有所变化。它具有社会、文化和政治功能。但是,在这个过程中,遗产并不是静止的、不变的。它也会变成一块可以塑造成我们希望的形状的黏土。我们利用遗产来创造我们自己的个人、团体和国家的身份。

在这里，我想谈谈术语或概念的使用，特别是"保护"（conservation）和"保存"（preservation）这两个术语的使用。首先应该指出的是，我们在整本书里使用的是"保护"一词，而不是"保存"，其含义与《巴拉宪章》第1.4条（国际古迹遗址理事会澳大利亚国家委员会，2013：2）中对"保护"的定义相一致，即"为保护某一场所文化重要性而采取的所有照管行动"。而"保存"一词在《巴拉宪章》（国际古迹遗址理事会澳大利亚国家委员会，2013：2）第1.6条中被定义为整体保护过程中的一项具体行动，即"保存是指维护某遗产的现存构造状态并延缓其退化"。这种用法与北美（美国和加拿大，尤其是美国）通用的"历史保护"中的"保护"一词形成鲜明对比，其含义实质上是保存。此外，"保护"是国际惯例中公认的术语。因此，在本书中使用"保护"一词时，它具有《巴拉宪章》中规定的含义，除非我们直接引用美国学者的观点。

值得注意的是，对具有文化遗产意义的地方进行评估不仅仅是一种现代现象。人类对古迹的兴趣可以追溯到几个世纪以前。现代对遗产关注的独特之处是，它与记忆和身份认同的观念相结合，涉及实践、政策和政治问题（Isar等，2011）。因此，它已经超越了在地方和国家层面的主要作用，成为全球化努力的一部分，在这里，遗产、记忆和身份可以被视为"全球脚本"（Kong，2010，引自Isar等，2011：2）。巧合的是，自1945年第二次世界大战结束以来，"在国际层面逐渐形成了一个新的文化遗产管理机构，制定了一套新的'普遍'标准，并重新评选出一些被认为具有世界遗产意义的场所"。（Logan，2001）

历史与遗产

随着遗产运动的兴起，公众对公共历史越来越感兴趣，不仅是富人和名人的历史，还包括普通人的历史。人们想要知道过去的行动中有谁参与其中，为什么他们会这样做，以此塑造我们现在认为有历史意义的地方，包括公共领域和私人领域。当我们了解别人的历史而不仅仅是我们自己的历史时，这种好奇心就会显现出来。我们参观古迹的部分原因是，我们想更多地了解关于自己的历史或别人的历史，或者我们想在参观的地方感受到活生生的历史。"亚洲城市里每天熙熙攘攘的街道、商店和市场就是一个令人信服的例子。这里的街道通常是充满活力的地方，在这里可以感受到日常生活——真实的而非仿真的民间生活——以及鲜活态历史。对于城市社区来说，以遗产为基础的身份认同是场所感的核心，是一种在家的感觉"（Taylor，2015：190）。这类城市所面临的挑战是遗产的改变，政府机构往往以城市美化或绅士化的名义，在城市更新中以"城市复兴"这一"保护伞"的名义改变遗产。迈克尔·赫兹菲尔德（Michael Herzfeld，2017：291）追踪了曼谷曼哈坎堡（Pom Mahakan）历史社区的案例，他指出："城市美化经常被用来为各种形式的城市更新辩护，这些城市更新威胁到现有的生活方式，忽视了较贫困居民的审美价值和社会需求。"这样一来，往往是社会经济状况不佳的家庭被驱逐出该社区（参见图1.1）。事实上，遗产保护行动本身就可能引发当地社区的边缘化和迁移，如厄瓜多尔昆卡市的情况（Hayes，2020）就是如此。

图 1.1 曼谷,曼哈坎堡
来源:肯·泰勒(Ken Taylor)

曼哈坎堡历史社区起源于拉玛三世统治时期,毗邻 18 世纪的马哈坎堡。在 20 世纪 90 年代初,曼谷市政管理局(BMA)将该社区列为重建项目,驱逐居民并拆除房屋,其中一些房屋具有本土遗产价值。该项目旨在拆掉该社区,建设一个旅游公园,作为城市美化项目和"关注纪念性建筑而忽视生活空间的保护制度"(Herzfeld,2017:291)的一部分。2018 年,与官方认定的古迹相比,Yiamyut Sutthichaya 指出:

> 曼哈坎堡历史社区的历史和价值在于其传统、历史、社区结构和建筑。每个老房子都有自己的故事。

> 一部分社区居民在得到有限补偿后确实搬走了,他们原来的位置

被其他当地人替代,这些后来者保持了欢迎游客和观光客来这里闲逛和听故事的传统。2018年,"古堡的墙壁和房门无法抵挡来自曼谷市政管理局(BMA)的压力。""确切地说,在推动其转变为'活态遗产博物馆'方面,社区从来没有占过上风,在这种情况下,居民仍然住在那里,并参与保护登记为考古遗址的古堡及其城墙"(Sutthichaya,2018)。

随之而来的问题是,为什么国际和国内的游客会来曼谷旅游?是为了不断在过去宏伟的纪念建筑前踯躅漫步吗?"人们努力将官方确认的正式建筑作为'传统'的代表,这种说法只有通过乡土建筑的消失才显得表面上可信。"(Herzfeld,2017:292)当然,这也是为了让游客体验独特的市井生活和传统社区与其社会文化的关联,这些使城市对游客而言充满生机。换句话说,这是在塑造一个唤起人们感觉和情绪的后现代城市(Greffe,2008:1),在这里,文化遗产正活生生地存在着。

来源

1. Greffe, X. (2008), Urban Cultural Landscapes, Xavier Greffe, Griffith University, Faculty of Arts, Brisbane, October 2008. http://www.griffith.edu.au/__data/assets/pdf_file/0018/100638/Greffe-Seminar1-Text.pdf.
2. Herzfeld, M. (2017), The Blight of Beautification: Bangkok and the Pursuit of Class-Based Urban Purity, Journal of Urban Design, 22 (3), 291–307.
3. Yiamyut Sutthichaya (2018), Farewell Pom Mahakan: A living heritage is too good for a fake-preservist society, 7 May 2018, Pratchatai, https://prachatai.com/english/node/7736.

问题是历史和遗产在何处？两者能否重叠？大卫·洛温塔尔（David Lowenthal，1998）认为，历史和遗产并不是同义词，历史探索和阐释随着时间推移从而变得模糊的过去，而遗产利用历史痕迹使它们变得更清晰，传递"关于起源和延续的独家神话"。在这种情形下，洛温塔尔（1979：103）提出，"对过去的认识对于保持生活的目标至关重要。如果没有它，我们将缺乏所有的连续感，所有对因果关系的理解，所有对我们自己身份的了解"。然而，他给出了警告，"过去并不是一个固定不变的事件系列，我们对它的阐释是不断变化的"。因此，遗产与一种价值观密切相关，这种价值观与我们对历史上认为重要或有意义的人、场所和事件之间关系的理解有关。值得注意的是，这绝不像20世纪60年代和70年代的纪念建筑和遗址那样，只关注富人和名人。普通的东西已成为庆祝传统的理由，正如塞克森（Sexson，1998）巧妙地称之为"普通的神圣（the ordinarily sacred）"。

无论是否如弗朗西斯·福山（Francis Fukuyam，1992）所称，我们已经见证了历史的终结，文化遗产管理领域自20世纪80年代末以来经历了深刻的转变。对这一现象的见证是对遗产概念及其社会意义的显著拓展，即从神圣到商品。这反过来又引发了关于遗产在记忆过去、赞颂现在和展望未来中的作用，以及实现这一过程的方式和手段的讨论，或许更重要的是，由谁来实现这一进程。作为对这一变化背景的回应，文化遗产管理领域的发展并没有停滞，反而不断地涌现出新的公约、宪章、政策建议和技术指南，以协助文化遗产管理方面的工作。

人们可能会和洛温塔尔（Lowenthal，1998：3）有同样的疑惑，遗产是否已经承担起了历史学家卡尔·肖尔斯克（Carl Schorske，1980）所忧虑的那种"持续滋养传统"的重任，而这绝不是肖尔斯克一个人所担心的。在这本书的语境中,这句话是否有实质内涵或许并不重要,重要的是遗产概念的拓宽,它的普及和意义,以及与此相关的"遗产……带有亲近、身份认同和专属所有权的含义"(Chippindale,1993,引自 Lowenthal,1998:126),还有在遗产研究领域的教学和实践。与这些考虑紧密相关的是,遗产、记忆和身份的全球脚本(Kong,2010)如何拓展遗产思维和实践。其结果是人们开始认识到,遗产关乎人和社区以及他们的价值观,而不仅仅是专家的价值观。然而,社区的作用和评估它们在遗产管理决策中的参与度,仍然是一个有争议的话题。与遗产思维和实践拓展同时出现的是,遗产管理技术和实践的发展,其中包括遗产的哲学理论方面与遗产管理的实践相融合。在这个过程中,理论为我们的专业工作提供了参考,或者说应该提供参考。

本书的目的和结构

目的

本书作者在国际遗产保护实践和大学教学中的经验表明,需要一个当代文化遗产管理方面的读本,尤其是一个面向国际受众的读本。我们还看到,自1945年发展起来的国际遗产管理的最佳实践,需要通过承认和运用基于文化态度和实践多样性的区域价值来调整、应用和完善,正如1994年《奈良真实性文件》(ICOMOS,1994)[2]最初设想的那样。该文件挑战了保护领域的传统思维,承认应当尊重文化多样性和信仰体系的各个维度。该文件的颁布及其目的,反映了从20世纪80年代中期开始,在一个日益全球化的世界里,人们对待遗产保护理论和实践的态度发生了变化。此外,1992年,即在《奈良真实性文件》颁布前两年,世界遗产领域引入了三类文化景观，这背后的态度变化并非偶然。人们认识到，遗产并不局限于西方古典世界的古代遗迹和著名建筑，还可以扩展到普通的日常场所和居住在那里并塑造景观的人们。在此之前的20世纪60年代，遗产的观念主要由西方思维和实践主导，例如，1964年的《威尼斯宪章》（ICOMOS）反映了当时的思想。1972年，随着《世界遗产公约》（WHC）[3]的颁布，西方的思想和实践得到了巩固。

因此，本书的目的是提供一个阐述文化遗产保护和管理规划过程的现代读本，尤其是根据《奈良真实性文件》（ICOMOS，1994）精神，不囿于西方文化背景。虽然文化遗产保护的基本原则超越了不同文化和国界，但本书强调价值差异对理解人们与遗产地的多层次联系具有关键作用，尤其是在西方和非西方国家之间。考虑到这一点，本书采用了国际地理背景，它面向亚洲、欧洲、非洲、澳大利亚和北美的国际读者，这一因素影响了我们对案例研究和管理方法的选择，展示了遗产管理实践和思维领域的文化多元化。

本书主要面向大学毕业生、研究生以及遗产研究和保护领域的学者，参与遗产地管理的人员（包括文化遗产管理人员、建筑师、规划师、景观建筑师、城市设计师、考古学家和遗址管理人员），另外遗产所有者和管理者也会对本书感兴趣。本书具有专业应用价值，也致力于为文化遗产管理相关的知识体系提供合理的理论基础，并为文化遗产地的管理提供实践根据。我们在全书中使用了"场所"（place or places）而不是"遗址"（sites）这一术语。场所在文中是指场地、区域、土地、景观、建筑物及其他作品、建筑群及其他作品，并可能包括被认为具有文化遗产意义的构成要素、内容、空间和景观（澳大利亚ICOMOS，2013）。这些场所丰富了人们的生活，通常提供了与社区和景观、与过去和生活经验的深刻且令人振奋的联系。我们还认为它包括非物质文化遗产的概念和意义,即人们和社区与这些场所相关的价值和意义。值得注意的是,除了澳大利亚,"场所"这个术语在国际上被广泛使用,例如,在加拿大、美国、英国、中国和日本都得到了广泛使用(特别是与景观有关的情况下)。在世界遗产方面,通常使用 WHC(UNESCO,1972)中规定的"财产"(property)这一术语。

因此,本书倡导以人为本、以价值为本的文化遗产管理方法,并始终牢记"谁的价值观"这一问题,这是本书第三章讨论的主题。这本书显然是对先前出版物的修订和更新,如皮尔森和沙利文的《关注遗产地》(*Looking After Heritage Places*)(墨尔本大学出版社,1995);费尔登·贝纳德(Bernard M. Feilden)和朱卡·朱可托(Jukka Jokilehto)的《世界文化遗产地管理指南》(罗马,1993);莱特利尔(Letellier)等人和盖蒂保护研究所的《遗产地保护的记录、文件、信息管理和指导原则》(2009);以及国际古迹遗址理事会的《世界文化遗产影响评估指南》(2011)。在介绍本书时,我们对上述这些出版物表示感谢。

本书结构

考虑到上述目的,本书除第一章"导论"之外还有两部分,第一章"导论"为第二章至第七章的内容提供了背景。全书除单独的插图外,还包括作者和受邀的国际同事的案例研究。案例研究涉及城市和乡村地区,它是提供现实生活实践案例的重要方式,丰富了读者的经验,拓宽了本书的地域范围。巧合的是,这凸显了弗朗西斯科·班达林在序言中概述的国际上遗产规划和管理范围的不断扩大。

第一章 导论:遗产管理的背景与政治

第一章是对第二章至第六章主题的概述。它概述了过去50年获得不断发展的遗产的普遍性和丰富性。在此过程中，它也涉及遗产观念如何演变的问题。遗产管理不应仅仅关注过去，还要关注其如何与现在和未来发生联系。这里重要的是人与场所之间的互动，遗产不再仅仅或主要集中在著名的遗址和古迹方面，实际上无论多么普通或看似平凡的遗产，都应受到重视。在此背景下，本章强调了遗产如何越来越多地涉及人们与场所和对象的无形关联方面。

本章界定了本书作为当代遗产管理著作的目标。本书讨论的主题包括：历史与遗产等话题以及这两者为何不是同义词；追踪有关遗产政治的变化情况；全球化和国际主义；文化景观、遗产研究，包括"活态历史/活态遗产"的概念。该章还展示了来自曼谷、金边和卢瓦尔河谷（法国）的案例。

第一部分 遗产思想体系

第二章 遗产与经济发展

第二章聚焦于遗产、文化和经济发展之间的关系，以历史的视角探讨发展理念，以及遗产和传统文化是如何被视为经济发展的负担或机遇的。这有助于理解当前的可持续发展思想，认识到有形和无形资源如何构成地方的文化资本。

本章后半部分是关于文化遗产地的经济学解释，涉及多方面的观点：如经济知识在实践中的重要性，文化遗产的经济价值和象征价值，遗产保护项目中的融资问题和伦理问题。结论涉及管理文化遗产场所和追求可持续性的问题。本章还展示了巴黎和阿尔及利亚安纳巴的案例。

第三章 价值和意义

本章是对文化遗产保护中基于价值的管理和决策方法的全面反思。它追溯了从21世纪初开始，基于价值的方法在遗产保护中的优势和劣势的重要讨论（包括不同意见与分歧）。尽管一些人对基于价值的保护方法的效能不断提出负面评价，但以价值为基础的方法仍然渗透典型的保护过程。相对于此，本章探讨了遗产地管理的整体规划模式，其中包括基于价值的方法。该模式涉及诸如文化或历史背景、意义、遗产化过程、普遍/国家/地区和地方价值的问题（特别是谁的价值的问题），以及需要考虑多种价值等问题。本章还探讨了诸如无形价值和联想价值、活态历史/活态遗产、社区需求、文化地图、真实性、价值和意义、价值类型以及基本的和工具性价值等主题。本章还展示了亚瑟港（Port Arthur）、莱奇沃思（Letchworth）、西湖（中国）、布吉必姆（Budj Bim，澳大利亚）、维甘古城（Vigan，菲律宾）、吴哥窟和洪端（Hungduan）水稻梯田景观（菲律宾）等案例。

第四章 宪章、指导原则和机构

本章讨论了在国际、国家和区域机构的引导下，宪章、公约、原则、宣言和文件在文化遗产管理实践中的作用。本章审查了这些文件是如何设计的，以及它们在为遗产保护和管理过程制定总体指导性建议和理论方面的应用。本章还概述了19世纪末和20世纪上半叶的遗产管理工作，为基于价值的建筑遗产和城市保护的现代概念奠定了基础。

本章追溯了宪章和相关文件是20世纪的全球性努力的一部分，旨在保护文化遗产。本章还讨论了渐进式的独特变化是如何发生的，突出了遗产发展进程中的一些重要的里程碑事件，包括现代晚期/后现代时期的各种宪章和宣言，特别是1990年以后的。本章还展示了威尼斯、柬埔寨、巴黎、上海、土耳其、印度尼西亚、越南、北京和澳大利亚的案例。

第二部分 管理规划：实施与方法

第五章 记录、评估和分析

本章介绍了遗产地管理的总体规划模式及其过程涉及的步骤，包括系统地收集遗产地的信息（文献），评估和分析这些信息以确定其价值和意义，并全面了解该遗产地，从而推荐保护行动建议，以保护其价值。本章还阐述了《保护管理规划》（CMP）的作用，并提供了国际、国家和州级等不同层面的法律要求的实例，其中包括来自新加坡、南非、菲律宾和澳大利亚悉尼、堪培拉和温哲卡利比（Wingecaribee）的案例。

第六章 遗产场所的管理

本章概述了当前遗产场所管理实践所面临的机遇和挑战，重点是城市遗产和以可持续方式管理变化的过程。本章介绍了联合国教科文组织的"历史性城镇景观"（Historic Urban Landscape）方法及其构成工具，如公民参与、知识和规划工具，监管制度及财务工具。

本章的后半部分重点介绍了保护作为一种不断发展的遗产战略，越来越多地考虑围绕遗产的一系列新兴发展和保护议题。相关观点如下：一方面是可持续的遗产旅游、遗产战略的创意和创新以及美好城市的规划；另一方面是遗产和气候韧性、智能技术用于遗址、灾害和冲突风险缓解与恢复等。该章总结了实施保护的关键方面，并提供了中国城市和乡村保护的一些实例。本章还展示了来自撒马尔罕、上海、香港和热那亚的案例。

第七章 后记

本书在有关遗产的未来，特别是如何创新看待遗产实践的方式上，同时考虑到不同的观点，而又不至于落入后殖民主义的教条陷阱。本书的编写旨在丰富现有文献。

追踪变化

遗产的政治性

文化遗产管理思维变革的一个关键方面是价值和意义概念的出现，这引发了两个基本问题，对理解遗产规划和管理过程及其政治性至关重要。

- "文化遗产"（cultural heritage）中"文化"和"遗产"这两个词的含义是什么？
- 谁的价值应该被重视？

这些问题将在第三章进行详细探讨，但在导论中，由于要为各章提供理论背景，也要首先做一个提示。简单来说，"遗产"（heritage）是指从过去继承下来的东西，或者是指（国家的）文物（patrimony）。"文化的"（cultural）一词由"文化"（culture）衍生而来，霍恩（Horne,1986）将其巧妙地表述为："赋予存在特殊意义的集体思维和行为习惯的集合。"由此，是否可以合理地声称所有的遗产都是非物质的或无形的？伯恩（Byrne，2009：229）简练地抓住了有关遗产非物质性讨论的本质，他说：

> 我们中的那些推动将"非物质性"的内容纳入遗产工作的人，也是那些倾向于强调文化遗产中"文化"的人。我们试图抵制有关遗产的论述中将文化简化为物质的倾向，我们试图反对它将物质构造凌驾于社会生活之上的偏见。

劳拉简·史密斯（Laurajane Smith，2011）主张，所有的遗产都是非物质的，她的论点是：价值并非固存于场所的物理和客观结构之中。相反，它是通过人与被我们视为"遗产"的场所的互动关系中体现出来的。由此引出了在国际文献中提及的有形遗产（tangible heritage）和无形遗产（intangible heritage）的问题。这两个术语一直存在，并被普遍认为是合理的。例如，戴维森（Davison, 2008）承认遗产由有形遗产和无形遗产构成，这相当于承认物质遗产和非物质遗产的存在。当然，当有形的东西通过无形的东西被阐释和理解时，有形的东西和无形的东西就会融合在一起（Munjeri, 2004）。巧合的是，有形的东西，比如一幢宏伟的纪念建筑或设计和比例优美的建筑，能够吸引人的眼球，而观察者或游客不一定需要详细了解它的历史或谱系。

延续这一思路，在对真实的关注方面，"真正的真实"（really real）（Harrison, 2013：88）与对无形遗产的关注之间是否有矛盾？我们认为并没有矛盾。我们的论点是，由于具有很强的政治和历史内涵，一些场所/物品（places/objects）可能确实具有内在的或固有的品质（价值），这些品质与其物质性有关，使人们能够在没有专家指导或学术论证的情况下将它们视为遗产，而无须关心其价值是否具有普遍性。例如，参观吴哥窟时，游客知道这些考古遗迹具有普遍价值，即在全球范围内具有重要意义，且本能地认为它们本身就是如此。他们可能在旅游指南或咖啡馆的杂志上读到过相关介绍，但并没有思考太多。在这里，伯林纳（Berliner）的评论很有启发性：

> ……那么，关于物品、遗址和仪式本身又如何呢？遗址、物品或仪式是否有任何内在的、固有的品质，使它们足够吸引人而成为遗产？是它们的大小、外表、颜色、质地、位置、节奏、声音、味道，还是某些感性的东西，使它们更有可能被参观者注意，引发特定的情感反应，并产生关于它们的长久记忆？换句话说，建筑、仪式行为和物品是否拥有内在的象征属性？这些属性又如何影响遗产化的进程？

总结这些思想，可以清楚地看出遗产是一种社会建构。它主要关注的不是有形的物理元素和物体，即事物（things），而是关注人，关注人与场所的关系，因此其既包含物质要素又包含非物质要素。麦克唐纳（Macdonald，2013：79）比较恰当地表达了遗产的物质性和非物质性之间的关系：

> 过去不仅被讨论和思考，它还在身体、事物、建筑和场所中被具体化。它是通过事物来感受、体验和表达的，如废墟、纪念性建筑……以及实践活动，如纪念仪式、历史再现……

本章开头提到的金边吐斯廉屠杀博物馆和奥斯威辛-比克瑙纪念博物馆的例子，可以用来说明物质和非物质（无形）遗产之间的关系。具有讽刺意味的是，吐斯廉原本是一所学校，奥斯威辛-比克瑙则是一个集中营，这两座建筑物作为一种物质象征，有助于塑造我们对这些场所的情感反应。安吉（Angé）和伯林纳（Berliner）（2015：8）将此称为"物质性（materialities）在人们与过去的关系中起到了中介作用"。上述两个案例，遗产的物质存在无法与幸存者、被谋杀者的家人或游客对其黑暗过去的持久而深刻的记忆分开。有关金边吐斯廉屠杀博物馆这样的场所的核心问题是：它关涉谁的价值？如何处理不代表积极特征的遗产价值，即处理那些不和谐的、体现遗产黑暗面的消极价值（McClelland等，2013）？关于这个问题，多尔夫-博内卡姆佩尔（Dolff-Bonekämper，2008：135，引自McClelland等：595）提出了自己的观点：

> 当遗产往往来自深刻的社会和政治冲突时，怎么会有人声称文化遗产只体现积极的历史、艺术和伦理价值（真、美、善）呢？

保护和展示这些场所的一个重要动力，往往是"出于与怀旧相反的动机，希望保留对历史事件及其物质环境的记忆，以避免其重演。这被称为反常的、苦难的或负面的遗产"（Brumann，2015a：416）。在由吐斯廉学校教室改造成的刑讯室中所发生的暴行，无疑属于这种情况，在那里，被引导穿过教室进行参观的记忆令人印象深刻（参见图 1.2）。

图 1.2　吐斯廉屠杀博物馆，金边

来源：肯·泰勒（Ken Taylor）

　　吐斯廉，又称为"S-21"监狱，是"民主柬埔寨"政权（1975—1979 年）臭名昭著的审讯和灭绝中心之一，它原本是一所学校。S-21 监狱关押过 18 000 多名政治犯及其家属。囚犯们在监牢或琼邑克（Choeung Ek）的灭绝中心被集体拷打并处死。1979 年，S-21 监狱作为红色高棉政权犯下罪行的重要证据被保护起来，并被改建成博物馆。2010 年，柬埔寨法院特别法庭（ECCC，又称红色高棉法庭或柬埔寨法庭）对 S-21 监狱的前监狱长康克由（Kaing Guek Eav，又称"Duch"）的反人类罪和战争罪进行了判决。

　　如今，吐斯廉屠杀博物馆举办了关于该场所历史的永久展览，用于纪念在红色高棉政权残暴统治下遇难的受害者。

图 1.2a 一楼的教室被分隔成一个个小单间,囚犯被铐在地板上,接受审问和折磨。混凝土地面上的血迹依然清晰可见。
来源:肯·泰勒(Ken Taylor)

图 1.2b 红色高棉保留了一组囚犯照片档案。抱着孩子的母亲的照片是悲剧的无声提醒,让人想起红色高棉政权给柬埔寨人民造成的难以言说的恐怖。
来源:肯·泰勒(Ken Taylor)

国际主义与遗产范围的拓展

许多国家都设有指南、宪章和原则,旨在明确文化遗产资源的保护与管理方法(参见第四章)。1964年国际古迹遗址理事会通过的以古迹和遗址为导向的《威尼斯宪章》,可被视为第二次世界大战后文化遗产管理新举措开始的标志,该举措旨在通过宪章的形式支持以有形遗产为重点的文化遗产管理方法。此后,在20世纪70年代、80年代和90年代初,新的宪章和文件得以颁布,重新审视了不同的价值体系,并在21世纪初的第一个十年有了新的发展思路。此外，联合国教科文组织和国际古迹遗址理事会等组织制定了相关国际公约和准则，推荐了最佳实践范例。《威尼斯宪章》反映了当时的思想，主要关注的是保护古迹和遗址（即建筑或考古遗迹）的物理性建筑结构，且主要针对的是东半球欧洲的古迹和遗址。

文化景观

从20世纪80年代开始，国际文化遗产实践发生了变化，与此同时，人们的兴趣也转移到了普通、日常的场所。这一转变是以对文化景观的关注为基础的，人类文化在"作为文化线索的景观"（Lewis，1979：15）的意义上得以展现。1992年，三类文化景观被认定为世界遗产（即由人类有意设计和建造的景观、有机进化的景观和关联性文化景观），这进一步推动了国际社会对由时间塑造的普通场所的理解和欣赏，并使"文化景观"这一术语得到了越来越多的认可。1994年，《实施世界遗产公约的操作指南》中提出了"文化景观"的总体定义，以及对各类景观多样性的描述，并在该指南的不同迭代中加以延续。以下是《实施世界遗产公约的操作指南》2019年版本的部分内容：

《世界遗产公约》第1条指出，被列入《世界遗产名录》的文化景观属于文化遗产，代表着"自然与人类的共同作品"。它们反映了因物质条件的限制和/或自然环境带来的机遇，在一系列社会、经济和文化因素的内外作用下，人类社会和定居地的历史沿革。

文化景观主要被分为以下三类：

1.第一类是容易识别的景观。该类是明确定义的由人类有意设计及建造的景观。其中包含为审美而建造的园林和公园景观，它们经常（但不总是）与宗教或其他纪念性建筑物或建筑群相结合。

2. 第二类是有机进化的景观。它们产生于最初的一种社会、经济、行政以及宗教需要，并通过与周围自然环境相联系或相适应而发展到目前的形式。这种景观反映了其形式和重要组成部分的进化过程。它们可分为两个子类别。

● 遗迹（或化石）景观，它代表过去某一时间内已经完成的进化过程，它的结束为突发性的或渐进式的。然而，它的显著特点在实物上仍清晰可见。

● 持续性景观，它在当今社会与传统的生活方式的密切交融中持续扮演着一种积极的社会角色，演变过程仍在其中，它同时又是历史演变发展的重要物证。

3. 最后一类是关联性文化景观。将此类景观列入《世界遗产名录》的理由是这类景观体现了强烈的与自然因素、宗教、艺术或文化的关联，而不仅是实体的文化物证，后者对它来说并不重要，甚至是可以缺失的。

2009年，弗朗西斯科·班达林（Francesco Bandarin）指出，《世界遗产名录》中的大多数文化景观都是活的文化景观，随着时间的推移，文化景观类别（包括遗迹景观和关联性景观）为1992年之前没有（代表）或代表性不足的文化遗产，打开了走向世界遗产中心的大门，这是一个持续发展的趋势，这些景观代表了一种特殊的生活方式，并提供了持续性的活态历史的例子（参见图1.3，卢瓦尔河谷，2000年入选世界遗产名录）。因此，它们不仅是活生生的区域景观文化的代表性瑰宝，也是世界文化的代表，值得被认可和赞美。"它们是景观作为文化过程的生动体现。"（Taylor，2009：8）对它们的认可，反映了从20世纪80年代中期开始，人们越来越认识到价值会随着时间的推移而改变，因此，文化遗产管理实践虽然基于一套原则，但需要有灵活性，承认遗产会发生变化。截至 2021 年 8 月,《世界遗产名录》中的 121 个遗产与 5 个跨界遗产（1 个被摘牌）被列为文化景观。

> 世界遗产法国卢瓦尔河谷文化景观，位于卢瓦尔河畔的叙利至沙洛那之间的卢瓦尔河谷。这一文化景观涵盖了从奥尔良以东的卢瓦尔河畔叙利到昂热以西的沙洛那的 280 千米长的河流中游，包括河道的小河床和大河床。
>
> 卢瓦尔河谷文化景观由河流、由它所灌溉的耕地和历史上在那里生活的人与自然环境之间许多世纪的相互作用而形成。
>
> 自高卢－罗马时代（Gallo-Roman）直到 19 世纪，卢瓦尔河一直是一个主要的水运交通和商业中心，促进了卢瓦尔河谷及其城镇的

图 1.3a 卢瓦尔河谷，法国
来源：肯·泰勒（Ken Taylor）

图 1.3b 卢瓦尔河谷,法国
来源:肯·泰勒(Ken Taylor)

经济发展。其见证者就是众多旨在引导河流航行、保护人和土地免受洪水侵袭的工程,它们是港口或堤坝系统,有的是石砌的,穿插在河道之中。

  卢瓦尔河谷在土地管理和文化类型(观赏园艺、葡萄庄园)方面形成了与城市景观一样多的乡村景观,人类居住区、独立的农场、村庄和城镇,既有河流不同部分的物理特征,又有其历史演变,凝灰岩和石板建筑、穴居住宅和城市结构都反映了这一点。卢瓦尔河岸边有许多村庄和城镇,其中包括苏利、奥尔良、布卢瓦、昂布瓦兹、图尔和索米尔等。(https://whc.unesco.org/en/list/933/)

文化景观的概念有助于提高人们的认识，即遗产地不是孤岛，人、社会结构和生态系统与景观保护之间存在着相互依存的关系。此外，在历史性城镇景观（HUL）方法影响下，现在人们越来越重视城市文化景观。HUL 是一种历史性城镇保护方法，它将城镇和城市区域视为由文化景观概念中的历史层积构成。以下关于文化景观的定义，总结了其在理解社区所拥有的地方感方面的意义和作用（Plachter 和 Rössler，1995：15）。

> 文化景观反映了人与自然环境在空间和时间上的相互作用。在这种情况下，自然是人类社会的对应物；两者都是动态的力量，共同塑造着景观……文化景观是一种复杂的现象，具有有形和无形的特征。无形的部分产生于对景观的感知和塑造有影响的思想和互动过程，如与景观密切相关的神圣信仰和长期以来对它的感知方式。文化景观反映了创造它们的文化。

1995 年，大卫·雅克（David Jacques）在一篇题为《文化景观的兴起》（*The Rise of Cultural Landscapes*）的论文中提出，文化景观这一主题可能会"引起保护界的极大兴趣"，特别是"文化景观带来的价值概念"（Jacques，1995：91）。杰拉德·帕滕（Gerald Patten，1991：1）在为美国国家公园管理局（NPS）编写的《文化资源管理》（CRM）一书的导言中，预言性地提到了"文化景观：时代的意向和基调"。他指出，"越来越迫切地需要认识和保护我们的文化景观遗产，因为它们具有历史价值，并对当今的社会做出贡献"。在作为一种运动或活动的"基调"（tenor）的意义上，文化景观的概念——作为涉及有形和无形特征的复杂现象，具有不可分割的意义和价值，已经成为我们在遗产管理过程中思考和行动方式的哲学基础要素之一。

在此，有必要提出一个问题：与景观相关的"文化"一词是否多余？

面对"文化景观"一词现在已成为国际遗产词汇的重要组成部分,不可能轻易抛弃的事实,这是一个令人困扰的问题。事实上,"我们可能会想,是否真的有不属于文化的景观?"(Greffe,2010:1)如果关于"景观"的讨论,与文化、自然、多样性和人类身份的各个方面密不可分,导致所有景观都是由文化定义的,为什么还要使用"文化"一词?这样看来,"文化景观"一词是同义反复吗?在亚洲,尤其是在中国,中国学者、景观设计师韩锋(2006年和2012年)认为,这是一个事实。例如,她认为,在中国,"文化景观"这个表述一直是有问题的。她认为人是景观体验的一部分,自然环境中的景观有其特定的含义,这些含义与西方的概念形成了对比,其中包括它是人文的而非宗教的,它是美学的而不是科学的,在自然中旅行的目的是享受而不是孤独,艺术化重建的自然比原始的自然更美。所有对景观的认识都是以文化为基础的,并且是由文化决定的,这也包括荒野的概念吗?

在20世纪80年代后半期和90年代初,遗产研究学术界和专业界开始接受文化景观的概念。人们越来越认识到,景观是反映人、事件、场所和时间之间互动的社会历史记录。同时,并非偶然,学术界和专业界对景观的兴趣,特别是景观的非物质联想方面,与从过度关注遗产的物质方面转变为对遗产的无形意义的认识同步进行。实际上,出现了一份宣言,呼吁人们采取一种全新的思维和行动方式,遗产和景观在哲学上开始"舒适地在一起"(Harvey,2015:911)。景观和遗产之间的联系是非常明显的。因此,我们可能会问,文化景观的概念在遗产变化观念中的定位是什么,以及如何嵌入其中?(有关更详细的讨论,请参见Taylor,2017)在这方面,哈维(Harvey,2015:911)指出:

遗产和景观研究的近期历史似乎紧密相连，它们在认识论、意识形态和方法论上的变化是在一个共同的、广泛的知识和跨学科领域中进行的……遗产和景观这两个概念，似乎已经在学术、政策和大众想象中舒适地结合在一起。

全球化遗产

联合国教科文组织（UNESCO）、国际古迹遗址理事会（ICOMOS）、国际博物馆理事会（ICOM）和国际文物保护与修复研究中心（ICCROM）等国际组织的全球化实践趋势引人注目。虽然它们为文化遗产领域的专业实践——"全球最佳实践"制定了国际标准，并以不太直接的方式影响着这些领域的思维，但它们可被视为"通过寻求将'良好行为'标准强加给成员方和其他各方的方式，给全世界的文化遗产管理工作施加了一个共同的印记，由此创造了一种全球文化统一的逻辑"（Logan，2001：54）。威廉·罗根（WilliamLogan，2001）认同的另一个有说服力的观点是，上述这些组织已经建立了一种明确的、可理解的、可复制的共同工作方式，因而其有效性是可以检验的，且可以对调查结果和管理建议进行比较与评估。此外，还需要强调的是，这些方法必须以适合从业者所在国家的文化的方式来加以应用。这意味着要根据特定的文化背景进行调整（参见第三章）。为了实现这一点，还需要制定国家和地方法律，以确保国际实践有法律依据。

当然，关于国际遗产保护实践是否受到西方意识主导，尤其是与"欧洲中心主义"文化现象相关的来自欧洲或北美的意识，仍然存在争论。与这些文化冲突相关的问题越来越多，例如，在亚洲，人们对西方/欧洲的文化遗产保护方法提出了越来越多的质疑，即在不同的文化背景上叠加西方背景，并认为这是一种优势。温特（Winter，2014：123）将此称为"出现了一种差异话语,亚洲在物质上、文化上和历史上都与西方不同,尤其是与作为现代保护运动发源地的欧洲不同"。温特恰当地使用了"差异政治"(politics of difference)这个术语,描述事实上可能成为不可逾越的东西方鸿沟的危险。我们认为,不应将其看作一个鸿沟,而应在"文化相对主义"的保护伞下,通过对不同文化背景的跨文化理解来弥合分歧。

我们提出这样一个问题:在亚洲,由"欧洲中心主义"主导和控制的遗产保护理念,是否由于民族主义的政治原因而被夸大了?因此,明智的做法是,对"欧洲中心主义"的概念采取反思性而不是本质主义的方法(Taylor 和 Xu,2019)。本质主义的方法假设,欧洲从以物质结构为导向的方法到保护著名的纪念物和遗址,并没有发生任何变化,从 20 世纪 70 年代到 80 年代可能都是如此。但从 20 世纪 90 年代开始,一股变革之风渐起,从那时起,"物质文化的保护话语在欧洲继续变化"(Winter,2014:134)。与西方主导的观念不同,赤川夏子(Akagawa Natsuko,2016)饶有趣味地考察了东西方交流话语(transactional discourse)是如何发生,以及如何影响全球对遗产及其价值构成的理解的。她举的例子是日本参与国际遗产保护,特别是 1994 年奈良会议以来的保护活动。有人还推测,将"欧洲中心主义"的观念用于亚洲,很可能是为了使进入全球世界遗产舞台的动机变得模糊及合法化,即带来政治和民族主义方面的威望,以及吸引游客消费,增加政府财政收入。

然而,在审视通常以西方保护准则为基础的国际标准时,不可避免地会产生一个问题:"我们关注的是谁的价值,它是谁的文化遗产?"(Taylor,2014:1939)需要特别指出的是,这是本书的一个基本主题。在承认建立全球文化遗产保护的专业标准的重要性的同时,必须确保遗产保护实践所遵循的普遍标准不能替代本地价值观。相关的宪章和公约

（参见第四章）旨在帮助定义价值或意义的概念，该概念必须同时涵盖无形价值和有形价值。在这里，遗产地的完整性及其持续的真实性是基本问题，特别是当遗产的概念包含了传统社区、日常场所以及国家象征时。

2000年以来，在讨论什么是遗产及其全球化趋势的同时，对所谓"权威化遗产话语"（Authorised Heritage Discours，AHD）的批评也在增多（Smith，2006）。AHD的支持者认为，它主要是对主流的、正统的遗产观的批判，这种遗产观体现在古老的、宏伟的优秀建筑和废墟中，游客在这里可以获得审美体验（不管这意味着什么）。正统的方法也被称为"常规方法"（Wijesuriya等，2013：12），它与价值导向的方法并驾齐驱（参见第三章）。AHD认为，传统的遗产管理方法具有社会排他性，忽视或边缘化了各种社会群体和阶层。遗产叙事是由专家在一个自上而下的机制中提供的，在这个机制中，价值的概念是由专家和精英们以不具有社会或文化包容性的方式宣称的。毕玲玲等人（2016：192）从比较视角对AHD的历史进行了有益的讨论，认为"国际遗产领域出现了一种从单一话语转向多重话语的趋势，当今的多重话语仍处于前一种话语（即AHD）的框架之下"。当然，正如毕玲玲等人（2016）所思考的那样，它在20世纪70年代初至80年代初的主导地位并非没有受到挑战。

尽管AHD的立场和它的假设，以及国际思辨遗产研究协会（The Association of Critical Heritage Studies，ACHS）的立场和其宣言，都提出需要为遗产研究开辟新的理论路径，但重要的是要了解，从20世纪90年代中期开始，国际专家机构如联合国教科文组织和国际古迹遗址理事会，都已经发生了变化。这些变化涉及对人在遗产保护实践中所起作用的思考，拓宽遗产实践方法，对文化多样性和文化景观构建的兴趣，以及应选择何种价值观和本地社区在遗产管理实践中的作用，是1992年将三个文化景观类别列入世界遗产的一个潜在前兆。这些变化在现实中的成功程度受到遗产政策的限制，政府机构经常强调遗产的经济影响，例如，促进遗产旅游或城市发展以获得经济收益（参见 Hayes, 2020）。这些方法基本上将遗产纳入国家认同的范畴，并在国际经济和政治舞台上寻求国际地位。这是否相当于抹除了文化和记忆仍然有待讨论（Bevan, 2006）。例如，在国际范围内，世界遗产委员会（WHC）曾因将西方观念强加于具有不同价值体系的国家，被批评为文化霸权主义。这些批评回避了联合国教科文组织和国际古迹遗址理事会等机构的作用，即他们将其标准和理念强加到西方（即欧美）世界以外的文化中所产生的作用。他们忽视了这样一个事实，即世界各国政府，尤其是东南亚和东亚各国政府，经常利用诸如世界遗产中心这样的工具来推进其民族主义议程。马克·阿斯科（Askew, 2010：21/22）对此进行了尖锐批评，他认为：

  欧洲中心主义和隐性帝国主义的（crypto-imperialist）"主张"既是多余的，又是一个概念上的误导：它误认为全球遗产博弈中权力和剥削的真正中心是民族国家，而不是任何占主导地位的全球机构或遗产分类话语。

  世界遗产委员会缔约国，无论是西方国家还是非西方国家，都在政治上利用该系统在国内和国际上实现自己的民族国家议程，特别是在利润丰厚的旅游经济领域。此外，对联合国教科文组织和国际古迹遗址理事会在世界遗产提名和名录方面的负面评价，大多是由于缔约国将该过程政治化，做出提名决定时，代表缔约国出席世界遗产委员会会议的政治人物也发表了越来越多的意见（参见 Brumann, 2015b）。事实上，国际古迹遗址理事会评估官员通过联合国教科文组织世界遗产中心提出的暂缓提名或移交提名的建议，并未得到委员会的支持。因此，对联合国教科文组织的批评往往被误导,而忽略了联合国教科文组织只是一个政府间国际组织[4],而"缔约国对其国家主权慎之又慎"(Logan,2012:115)的事实。与此类批评相伴而生的是人权的作用或侵犯人权的问题。斯特纳·埃克恩等人(Stener Ekern,2012:214)对此进行了反思,认为"可通过案例证明,在世界、州、省和地方各级层面的遗产地管理中存在某种问题,并牵涉到人权问题"。这是对马科·肖尔兹(Marko Scholze,2008:227-228)批评的回应,即联合国教科文组织、国际古迹遗址理事会、国际文物保护与修复研究中心和世界自然保护联盟等机构,"没有或很少意识到它们的干预措施对文化、政治或经济的影响,(也)不了解地方和国家行为之间的微妙关系以及导致它们分裂的冲突"。正如洛根(Logan,2012:113)精辟地指出,通常"批评的矛头指向联合国教科文组织,却没有考虑到它作为一个政府间组织(IGO)的特性及其对工作的限制"。阿斯科(Askew,2010:21/22)发表的观点(如上所引)是对国际机构负面效应更尖锐的批评。

在世界遗产体系中,尽量减少自上而下治理方法的重要性(Logan,2012),其必然结果是,在文化遗产保护实践中,需要认识到哪些价值应该被重视,尤其是地方和区域价值的关键作用(Taylor,2010)。洛根(Logan,2012:115)强调,联合国教科文组织已经认可这种方法,他说:"联合国教科文组织现在认为,当务之急是充分理解、尊重、鼓励当地社区的价值和实践,以及传统的管理制度,并在管理计划中予以考虑。"教科文组织和国际古迹遗址理事会等国际机构的态度和观念的变化,在各种倡议中得到了体现,如基于研究出版的文件(ICOMOS 2005; UNESCO 2004, 2009, 2012)。这也体现在以下这些举措和倡议中:

-1994 年,世界遗产委员会(WHC)构建了具有代表性、平衡性、可信性的《世界遗产名录》"全球战略"（http：//whc.unesco.org/en/globalstrategy），目的是确保名录反映具有突出普遍价值的世界文化和自然多样性。世界遗产委员会希望扩大世界遗产的定义，以更好地反映世界文化和自然财富的各个方面，并为实施《世界遗产公约》提供一个全面的框架和操作方法。国际古迹遗址理事会于1987年至1993年进行了一项全球研究，结果显示，欧洲、历史城镇和宗教遗迹、基督教、历史时期和"精英"建筑（相对于乡土建筑而言），在《世界遗产名录》中的占比过高，而所有活的文化，特别是"传统文化"，却没有得到充分体现。

-2005年，国际古迹遗址理事会（ICOMOS）提出了研究分析报告《世界遗产名录：填补空白——未来行动计划》，该计划旨在为进一步制定具有代表性、平衡性、可信性的《世界遗产名录》"全球战略"做出贡献。

-2004年，联合国教科文组织世界遗产文件13：《将普遍价值和地方价值联系起来》。

-2009年，联合国教科文组织世界遗产文件26：《世界遗产文化景观：保护和管理手册》。

-2012年，联合国教科文组织世界遗产文件31：《通过世界遗产促进社区发展》。

- 世界遗产委员会在2007年新西兰克赖斯特彻奇（Christchurch）会议上决定，将"社区"（community）纳入《关于世界遗产的布达佩斯宣言》（UNESCO2002）的四个"C"（即可信度/credibility，保护/conservation，能力建设/capacity-building,宣传/communication）。此外，在这次会议上，委员会要求国际古迹遗址理事会和世界自然保护联盟提交关于将本地居民纳入世界遗产提名权的说明[5]。

- 联合国教科文组织世界遗产文件40：《让本地社区参与世界遗产的管理：基于 COMPACT 经验的方法》（Brown，Eadie-Smith，2014）。

-《管理世界文化遗产》（Wijesuriya 等，2013）。

如本书第四章表4.1所示，这些都是一些重要的里程碑事件，表明从20世纪90年代开始，国际遗产保护机构越来越意识到拓展文化遗产思维和实践的必要性。

遗产与遗产研究

一些主张持续进行"权威化遗产话语"（AHD）讨论的人和团体（如国际思辨遗产研究协会，ACHS），它们与联合国教科文组织和国际古迹遗址理事会等机构在工作上存在分歧，这种理念上的不同倾向已经固化。这种状况会产生反作用，因为它有可能促使理论与实践之间的不和谐和断裂，而我们需要的是合作思维和行动，尤其是在遗产（和博物馆）研究在世界各个大学中蓬勃发展的时候。正如威廉·罗根（William Logan，2010）所强调的，各保护机构对遗产的态度已经发生了变化。现在的保护重点包括整个地区、历史城市中心、城镇和村庄、历史性城镇景观、联想价值和非物质文化遗产，并伴随着大学教学和研究项目的发展而变化。由此产生的结果是哲学辩论和实践的转变，以及具有理论和实践意义的研究议题。遗产研究不再聚焦于建筑和物理保护技术——尽管这一领域仍然是学习和研究的关键领域——还包括社会科学的思维方式和政治考虑。遗产研究已经成为一个真正的跨学科研究领域，人们越来越意识到对遗产本身的理解，需要在研究和专业实践上采用多学科方法。尤泽尔（Uzzell，2009：343）认为，多学科方法是"我们采取（它）的原因之一，是与他人沟通和接触，以便以明智的方式发展和运用方法来理解遗产"。事实上，我们可能会问，遗产研究现在是否是一门独立的学科？（参见 Uzzell，2009）。这个问题在某种程度上因为其多学科性质而变得复杂，它是"许多学科的学者之间的联系，然后由实践者和专业人士培育的结果"（Uzzell，2009：326）。我们认为，正是这种学术理论与实践之间的交叉融合，赋予了遗产作为遗产研究领域的目的和适用性。

无论遗产研究领域相关学科之间是否存在争议（肯定存在争议），都需要通过相关学科之间的合作，继续发展和认识用于理解遗产的方法（Uzzell，2009）。"方法论在遗产研究中很重要，因为它是引导我们从现在进入过去之手"（Uzzell，2009：327），我们还要加上它是引导我们进入未来之手。在这种情况下，遗产研究中起关键作用的是创新研究，研究结果将支撑专业实践并为其提供指导。关于遗产研究的扩展讨论，读者可参考罗德尼·哈里森（Rodney Harrison，2013）的《批判性遗产研究》（*Critical Heritage Studies*）中的第五章。

由于人们对遗产及相关遗产研究的兴趣逐渐增强，文化遗产规划和管理的系统方法在广度和深度、意义和重要性方面都有了显著发展。在这个过程中，遗产被理解为一个活生生的实体，体现着当地社区的生活方式及其福祉。因此，我们再次强调，遗产必须被理解为一个过程（Howard，2003），而不是一个产品。在这个过程中，活态历史（living history）和活态遗产（living heritage）的概念所涵盖的内容远远超过了简单的建筑和遗址，它包含人们的场所感、传统知识及其传承、文化生产（包括公平和机会）、创造力和创新，以及对提供当地生计的硬件和软件的自然资源和文化传统的保护等全部内容。活态遗产成为当地社区可持续发展的资源这一概念，为本书对遗产管理规划的讨论提供了一个视角。与这个概念相关的是活态历史的概念。我们要向读者保证，活态历史主要不是指情景再现，即让人们穿上历史服装或进行历史重演，而是指与过去的连续性，尽管发生了一定的变化，但我们可以感受到一种超越时空的联系。另一方面，我们也不应摒弃所有的情景再现表演，例如，殖民地威廉斯堡或英国铁桥（Ironbridge），在那里，正如无可比拟的 J.B. 杰克逊（J B Jackson，1980）在他的文章《废墟的必要性》（*The Necessity for Ruins*）中所提出的，一些游客从中获得了乐趣和灵感。随着时间的推移，这些地方为遗产保护的知识体系和实践标准增添了内容。

除了认识到活态历史和活态遗产概念的广度和深度，还将它们作为当地社区可持续发展的主要资源，现在已成为人们看待文化遗产管理的一个视角。这些概念的意义源于 20 世纪 80 年代公共历史和民俗学研究中严肃而专业的学术辩论。这种思想一直延续到 20 世纪 90 年代，例如，拉斐尔·塞缪尔（Raphael Samuel）的著作《记忆剧场》（*Theatres of Memory*，1994）。国际文化财产保护与修复研究中心（ICCROM）在 21 世纪初发起"活态遗产计划"（Living Heritage Programme）（ICCROM，2015），采纳并推广了这些思想。这种关注是对传统文化遗产管理方法重新定位的一部分，即从仅仅关心遗产的物理结构，转向承认无形文化遗产的重要意义和生活社区的相关价值，以及作为这些遗产保管人的社区的需求和愿望。这种观点认为，将活态遗产放在中心位置，可以确保更多人参与,更好地了解当地情况,以及扎根于当地的保护管理过程,从而使遗产保护更具可持续性。根据约安尼斯·鲍里斯(Ioannis Poulios, 2014)的说法,以下三个关键原则决定了"活态遗产方法":

1. 承认当地社区是遗产地真正的长期保管者。

2. 在保护和管理过程中赋予社区权利,并从它们的传统知识、管理系统和保护实践中获益。

3. 将保护与社区的可持续发展联系起来,制定一个管理变化的过程,使遗产与当代社区的需求相关联。

诸如此类的考虑,将我们带回到之前我们提出的问题:"我们在关注什么价值,以及这是谁的遗产?"

术语

在国际和国内语境中,尽管有被普遍接受的、跨文化的背景术语,但用于涵盖文化遗产管理主题的术语仍是广泛而多样的。以下是常用的术语。

文化遗产(cultural heritage):一种在社区发展起来并代代相传的生活方式的表达,包括习俗、惯例、场所、物品、艺术表现形式和价值观。文化遗产通常表现为物质文化遗产或非物质文化遗产。作为人类活动的一部分,文化遗产是价值体系、信仰、传统和生活方式的有形表征。作为整体文化的一个重要组成部分,文化遗产包含从古代到近代的那些看得见、摸得到的痕迹。文化遗产曾一度专指文化的纪念碑式遗存,现在作为一个概念,已经逐渐包括新的类别。我们发现,遗产不仅表现为有形的形式,如人工制品、建筑或景观,还表现为无形的形式。无形文化遗产包括声音、价值观、传统和口述历史。一般来说，这可以通过美食、服装、住房形式、传统技艺、宗教仪式、表演艺术和讲故事来体现。我们认为物质文化遗产或非物质文化遗产有着千丝万缕的联系[6]。

关于文化遗产的内涵，联合国教科文组织（UNESCO，2002）提供了以下简明的描述："文化遗产是一个群体或社会从过去几代人那里继承下来的、保存至现在的、为后代人谋福利的物质性人工制品和具有非物质属性的遗产。"在理解文化遗产的概念时，要特别注意通过文化遗产管理（cultural heritage management，CHM）过程识别、保护和管理文化资源（cultural resources）。在美国，这一过程被称为文化资源管理（cultural resource management，CRM）。作为一个通用术语，皮尔逊（M.Pearson）和沙利文（S.Sullivan）（1995：4）将"文化资源"简明地定义为：

> ……它是人类与自然界或自然资源相互作用或干预的结果。从广泛的意义上讲，"文化资源"一词包括人类的所有表现形式：建筑、景观、人工制品、文学、艺术、音乐、民俗和文化机构……

因此，文化遗产管理（CHM）是指在更广阔的景观环境中，对被认定为拥有遗产资源以及有价值的场所进行维护和管理的过程。在此意义上，本书所指的"场所"是遗产地或遗产场所（heritage places）或历史场所（historic places），而非孤立的"遗址"，即地图上单独的点，也不是在更广泛的（文化）景观环境中联系在一起的场所概念。

在这里，场所指的是遗址、区域、土地、景观、建筑或其他工程、建筑群或其他工程，并可能包括被认为具有文化遗产意义的组成部分、内容、空间和景观（国际古迹遗址理事会澳大利亚国家委员会，2013）。在政府的官方文件中，"历史环境"（historic environment）一词也常用于指遗产场所的存在。"建成遗产"（built heritage）一词也被用来表示"我们建成环境的历史层次……建成遗产包括大教堂和墓地、工厂和围墙、房屋和酒店、博物馆和市场。它包括地区、街区和街景,是我们文化发展的实物证据。在我们的城市、区域和街区内建成遗产是了解我们共同历史的关键。"[7]

在遗产场所范围内,经常提到不可移动的文化遗产(immovable cultural heritage)。这些场所,例如建筑物,是固定在物理环境中的,也是物理环境的一个组成部分。当一幢或多幢建筑遗产被安排搬迁时,就会出现这样的困境:一旦该幢或多幢建筑重新选址并脱离其文化背景,其意义和价值是否会丧失?在这方面,《奈良真实性文件》指出,"对所有文化的尊重要求必须在遗产所属的文化背景下对其进行考虑和判断"(ICOMOS,1994:11)。这预示着需要结合与遗产场所相关的社区的地方和区域价值来理解遗产。

价值(value)和意义(significance)是遗产规划和管理工作中的两个关键词:它们是理解文化遗产资源的关键性通用语言的一部分。社会普遍承认,遗产场所在地方、区域、国家和国际层面都很有价值,因此,这些资源的规划和管理需要一种衡量和评估其价值的方式。在处理价值问题时,意义(significance)的概念被用作衡量价值或其重要程度的一种方式(参见第三章)。必须记住,对价值和意义的理解基本上是基于定性的、经验性的标准,而不是客观事实。意义无法被客观地评估。我们看待和感知场所的方式总是受到我们意识的深刻影响,正如吉迪恩·比格(Gideon Biger,2006)所表达的那样,在不同文化的社区中,人们如何认定和看待景观是他们共同的信仰和意识形态系统作用的结果。例如,我们可能会说有 X 个特定的遗产场所,但这些场所对各种利益相关者的意义,尤其是对社区的意义,才是价值概念的基础。在这里,我们不仅要考虑数量上的多少，尽管数量可能在定义稀缺、稀有或濒危的场所等方面发挥一定作用。换言之，规划者和管理者必须能够理解为什么这个场所是重要的，为什么它采取这样的形式，以及谁曾经/正在参与这个场所的塑造。在可能没有任何实物遗迹的情况下，意义、价值和重要性就取决于对曾发生的历史和事件顺序的理解。遗产的意义包括对遗产属性的欣赏和理解，以及它的象征属性。

历史的（historical）和有历史意义的（historic）是两个经常被错误使用的词语。"历史的"是一个通用术语，意思是与一般历史或过去的事件有关。"有历史意义的"是一个更具体的术语，它暗示了历史上的某些著名或重要的事物或人物。这里重要的是，不要假定"有历史意义的"排除了普通的、日常的场所和人物——事实并非如此。"有历史意义的"包括日常的遗产场所和相关人物，反映了拉斐尔·塞缪尔（Raphael Samuel，1994）在探讨"遗产的社会作用"时的观点（Harrison，2010：241），其视野从富人和名人、精英的乡村别墅和公园的历史和遗产形象，扩展到人民的历史或"来自下层的历史"（history from below）（West and McKellar，2010：196，另见 Harrison，2010：241）。

规划和管理：规划是为实现预期目标而组织活动的过程，涉及创建一系列需要概念化能力的行动计划。管理是在规划建议/决策的基础上为控制和维护资源而采取的行动。这个过程包括开展 CMP（保护管理计划），以指导对遗产场所的保护（照顾）行动。第三章中的图 3.3 是本书使用的规划/管理过程的一个示例。

本章注释

1.Oxford English Dictionary (OED)。

2.另请参见 Nara + 20: ON Heritage Practices, cultural Values, and the Concept of Authenticity. http://www.japan-icomos.org/pdf/nara20_final_eng.pdf。

3.这并不意味着对《世界遗产公约》的批评，而是对过去社会和政治态度的反思。

4.Intergovernmental Organisation。

5.参见 UNESCO (2007), Convention Concerning the Protection of the World Cultural and Natural Heritage, World Heritage Committee Thirty-first Session, Christchurch, New Zealand 23 June-2 July 2007: WHC-07/31.COM/9. Paris: UNESCO World Heritage Centre. http://whc.unesco.org/en/sessions/31COM/documents/。

6.Culture in Development. What is Cultural Heritage. http://www.cultureindevelopment.nl/Cultural_Heritage/What_is_Cultural_Heritage。

7.网址 https://www.environment.nsw.gov.au/Heritage/aboutheritage/builtheritage.htm。

本章参考文献

•Angé, O. and Berliner, D. (2015), 'Introduction. Anthropology of Nostalgia – Anthropology as Nostalgia' in O. Angé and D. Berliner (eds.), Losing Culture: Nostalgia, Heritage, and Our Accelerated Times, New York and Oxford: Berghahn, 1–15.

•Australia ICOMOS (2013), The Burra Charter. The Australia ICOMOS Charter for Places of Cultural Significance. Australia ICOMOS. http://australia.icomos.org/publications/charters/.

- Akagawa, N. (2016), Rethinking the global heritage discourse – overcoming 'East' and 'West,' International Journal of Heritage Studies, 22 (1), 14–25.
- Askew, M. (2010), 'The Magic List of Global Status: UNESCO, World Heritage and the Agencies of States' in S. Labadi and C. Long (eds.), Heritage and Globalisation, Routledge Key Issues in Cultural Heritage Series, Abingdon and New York: Routledge, 19–44.
- Brown, J., and Eadie-Smith, T., (2014) World Heritage Papers 40 Engaging Local Communities in Stewardship of World Heritage. A Methodology Based on the COMPACT Experience, Paris: UNESCO World Heritage Centre.
- Biger, G. (2006), 'Introduction: ideology and landscape' in H. Baker and G. Biger (eds.), Ideology and Landscape in Historical Perspective. Essays on the Meanings of Some Places in the Past, Cambridge: Cambridge University Press, 1–10.
- Bandarin, F. (2009), 'Preface' in N. Mitchell, M. Rössler, and P. Tricaud, (eds.), World Heritage Cultural Landscapes. A Handbook for Conservation and Management, Paris: UNESCO World Heritage Centre (World Heritage Papers 26), 3–4.
- Berliner, D. (nd), 'Can Anything Become Heritage?', postscript to M. van de Port & B. Meyer, (eds.), Heritage Dynamics: Politics of Authentication, Aesthetics of Persuasion and the Cultural Production of the Real. https://www.academia.edu/31058805/Can_anything_become_heritage (accessed 3 May 2020).
- Bevan, R. (2006), The Destruction of Memory. Architecture at War, London: Reaktion Press.
- Bi, L., Vanneste, D. and van der Borg, J. (2016), 'Cultural Heritage Development in China: A Contextualized Trajectory or a Global-Local Nexus,' International Journal of Cultural Property, 23, 191–207.
- Brumann, C. (2015a), 'Cultural Heritage' in International Encyclopedia of the Social and Behavioral Sciences, 2nd edition, Volume 5. Amsterdam: Elsevier, 414–419. http://dx.doi.org/10.1016/B978-0-08-097086-8.12185-3.

•Brumann, C. (2015b), 'Community as Myth and Reality in the UNESCO World Heritage Convention' in N. Adell, R.F. Bendix, C. Bortolotto and M. Tauschek (eds.), Between Imagined Communities and Communities of Practice. Participation, Territory and the Making of Heritage, Gottingen: Gottingen Universitätsverlag, 291–306.

•Byrne, D. (2009), 'A critique of unfeeling heritage' in L. Smith and N. Akagawa (eds.), Intangible Heritage. Abingdon and New York: Routledge, 229–252.

•Chen, C.-N. and Han, D. (2019), 'Rediscovering the Idea of Cultural Heritage and the Relationship with Nature: Four Schools of Essential Thought of the Ancient Han Chinese,' Heritage, 2(3), 1812–1834. https://doi.org/10.3390/heritage2030111.

•Chippindale, C. (1993), "Putting the 'h' in Stonehenge", History Today, 43, 5–8.

•Cleere, H. (2001), 'The uneasy bedfellows: universality and cultural heritage' in P. Layton, P.G. Stone and J. Thomas (eds.), Destruction and Conservation of Cultural Property. London and New York: Routledge, 22–29.

•Davison, G. (2008), 'Heritage: From Patrimony to Pastiche' in G. Fairclough, R. Harrison, J.H. Jameson and J. Schofield (eds.), The Heritage Reader, London: Routledge, 31–41.

•Dolff-Bonekämper, G. (2008), 'Sites of Memory and Sites of Discord: Historic Monuments as a medium for discussing conflict in Europe' in G. Fairclough, R. Harrison, J.H. Jameson and J. Schofield (eds.), The Heritage Reader, London: Routledge, 134–138.

•Ekern, S., Logan, W., Sauge, B. and Sinding-Larsen, A. (2012), Human Rights and World Heritage: preserving our common dignity through rights-based approaches to site management,' International Journal of Heritage Studies, 18 (3), 213–225.

•Fukuyama, F. (1992), The End of History and the Last Man. New York:

Macmillan.

- Greffe, X. (2010), 'Urban Cultural Landscapes: An Economic Approach,' Working Paper 1/2010, Turin: Department of Economics, University of Turin. https://www.researchgate.net/publication/254455944_Urban_cultural_landscapes_an_economicapproach.
- Han, F. (2006), The Chinese View of Nature: Tourism in China's Scenic and Historic Interest Areas, PhD submitted in part-fulfilment of the requirements for the Degree of Doctor of Philosophy, School of Design, Queensland University of Technology, Brisbane.
- Han, F. (2012), 'Cultural landscape. A Chinese way of seeing nature' in K. Taylor and J.L. Lennon (eds.), Managing Cultural Landscapes, Abingdon and New York: Routledge, 90–108.
- Harrison, R. (2010), 'Heritage as Social Action' in W. West (ed.), Understanding Heritage in Practice, Manchester: Manchester University Press, 240–276.
- Harrison, R. (2013), Heritage. Critical Approaches, Abingdon and New York: Routledge.
- Hayes, M. (2020), 'The Coloniality of UNESCO's Heritage Urban Landscapes: Heritage Process and Transnational Gentrification in Cuenca, Ecuador,' Urban Studies 2020, Doi: 10.1177/00420980119888441.
- Harvey, D. (2015), 'Landscape and Heritage: Trajectories and Consequences,' Landscape Research, 40 (8), 911–924.
- Howard, P. (2003), Heritage: Management, interpretation and identity, London: Continuum.
- Horne, D. (1986), The Public Culture: the triumph of industrialism, London: Pluto.
- ICOMOS (1964), International Charter for the Conservation and Restoration of Monuments And Sites Venice Charter, Paris: ICOMOS. https://www.icomos.org/charters/venice_e.pdf (accessed 5 July 2020).
- ICCROM (2015), People Centred Approaches to the Conservation of Cultural

Heritage: Living Heritage, Rome: ICCROM. https://www.iccrom.org/sites/default/files/PCA_Annexe-2.pdf (accessed 4 June 2020).
•ICOMOS (1994), The Nara Document on Authenticity, Paris: ICOMOS.
•ICOMOS (2005), The World Heritage List. Filling the Gaps: An Action Plan for the Future, Paris: ICOMOS.
•Isar, R.J., Viejo-Rose, D. and Anheier, H. (2011), 'Introduction' in H. Anheier and R.J. Isar (eds.), Heritage, Memory and Identity, The Cultures and Globalization Series 4, London: Sage Publications, 1–20.
•Jackson, J.B. (1980), The Necessity for Ruins and Other Topics, Amherst: University of Massachusetts Press.
•Jacques, D. (1995), 'The Rise of Cultural Landscapes,' International Journal of Heritage Studies, 1 (2), 91–101.
•Kong, L. (2010), 'Creative Economy, Global City: Globalizing Discourses and the Implications for Local Arts,' Cultural Expression, Creativity and Innovation. The Cultures and Globalization Series 3, London: Sage, 166–175.
•Lewis, P. (1979), 'Axioms for Reading the Landscape. Some Guides to the American Scene,' in D.W. Meinig (ed.), The Interpretation of Ordinary Landscapes. Geographical Essays, New York and Oxford: Oxford University Press, 11–32.
•Logan, W. (2001), 'Globalising Heritage: World Heritage as a Manifestation of Modernism and Challenges from the Periphery' in Proceedings of the Australia ICOMOS National Conference 2001, 20th Century Heritage—Our Recent Cultural Legacy, Adelaide, 28 November–1 December 2001. Burwood: ICOMOS Australia, 51–57.
•Logan, W. (2010), 'Development in World Heritage Studies in University Education' in D. Offenhöußer, W. Zimmerli and M.-T. Albert (eds.), World Heritage and Diversity. Germany: German Commission for UNESCO, 38–45.
•Logan, W. (2012), 'States, governance and the politics of culture: World Heritage in Asia' in P. Daly and T. Winter (eds.), Routledge handbook of heritage in Asia, London, Abingdon and New York: Routledge, 113–128.

•Lowenthal, D. (1979), 'Age and Artifact. Dilemmas of Appreciation' in D.W. Meinig (ed.), The Interpretation of Ordinary Landscapes. Geographical Essays, New York and Oxford: Oxford University Press, 103–128.
•Lowenthal, D. (1998), The Heritage Crusade and the Spoils of History, London: Viking.
•Macdonald, S. (2013), Memorylands. Heritage and Identity in Europe Today, London and New York: Routledge.
•McClelland, A., Peel, D., Christa-Maria, L. and Montgomery, H.I., (2013), 'A Values-based approach to heritage planning: raising awareness of the dark side of destruction and conservation,' Town Planning Review, 84 (5), 583–603. Doi:10.3828/tpr2013.31
•Munjeri, D. (2004), 'Tangible and Intangible Heritage: From Difference to Convergence,' Museum International, 56 (1–2), 12–20.
•Patten, G. (1991), 'Cultural Landscapes: The Intent and Tenor of theTimes,' CRM, 14(6), 1–3.
•Pearson, M. and Sullivan, S. (1995), Looking After Heritage Places. The Basics of Heritage Planning for Managers, Landowners and Administrators, Melbourne: Melbourne University Press.
•Plachter, H. and Rössler, M. (1995), 'Cultural Landscapes: Reconnecting Culture and Nature' in B. von Droste, H. Plachter and M. Rössler (eds.), Cultural Landscapes of Universal Value - Components of a Global Strategy, Jena: Fischer, 15–19.
•Poulios, I. (2014), 'Discussing Strategy in Heritage Conservation. Living Heritage Approach as an Example of Strategic Innovation,' Journal of Cultural Heritage Management and Sustainable Development, 4 (1), 16–34.
•Samuel, R. (1994). Theatre of Memory. London and New York: Verso.
•Scholze, M. (2008), 'Arrested heritage: the politics of inscription into the UNESCO World Heritage List: the case of Agadezin; Niger,' Journal of Material Culture, 13 (2), 215–231.

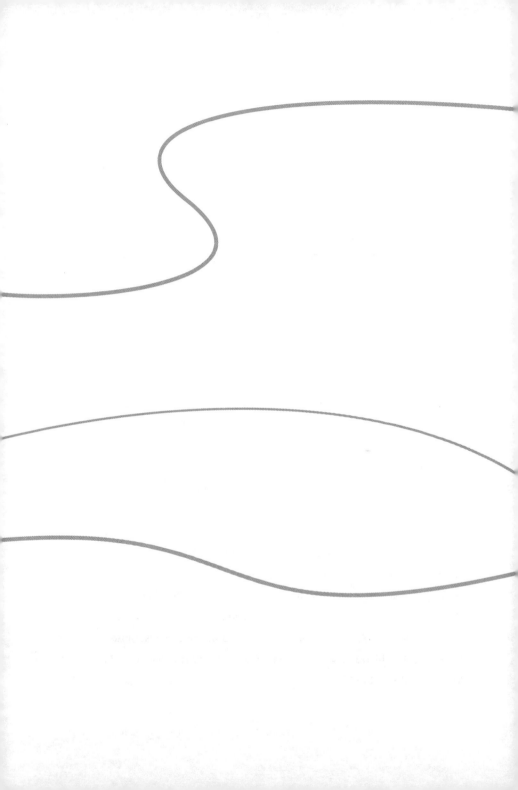

第一部分
遗产思想体系

第二章

遗产与经济发展

遗产、文化与经济发展

背景

人们普遍认为，在管理遗产地的实践中，应适当考虑如何平衡保护和发展的问题。事实上，近年来，主要的保护政策论述认为，保护与发展应是相辅相成的，首先是在经济和物质方面，则体现在社会复兴方面，越来越强调历史环境的社会经济价值（Pendlebury，2009:216）。这一趋势反映在制定的政策中，如联合国教科文组织 2011 年颁布的《关于历史性城镇景观的建议书》（UNESCO，2011），该建议书旨在促进更适合当代城市复杂性的城市保护新方法（Bandarin，2015）。其基本思想是保护本身不能保证文化遗产的长期可持续性，因此，遗产专家这一角色未来应该扩大，包括管理当代城市社会经济动态的能力（van Oers，2015）。如第六章所述，这对从业者选择适当的遗产管理策略所需的一系列技能，包括适当的公民参与和金融工具都有影响。

然而，关于遗产或广义上的文化与经济发展关系的讨论并不是中立的，无论过去还是现在，它仍然受意识形态、对世界的不同愿景以及对自由和经济改善愿望的影响。因此，不能仅仅从保护专业实践的演变来讨论该问题。相反，它与围绕发展的各种话语的历史渊源有关，从侧重于经济增长和功能主义的话语，到最近关注与发展实践中更广泛的文化可持续性概念。将发展政策中的文化话语与规划和保护中的文化遗产话语相提并论，可以揭示文化遗产保护理念的演变线索——我们以前将过去的遗产视为一种负担，而现在我们将其视为一种文化资源。

发展理念：历史视角

20世纪50年代，现代化理论将传统文化贬低为发展的障碍（Rostow，1953），从而使一种有争议的假设合理化，即无论当地条件如何，仅仅依靠提高物质福利就能缩小发展的差距（Hoselitz，1952）。同样，战后现代主义城市规划实践往往只是为了改善城市的物质基础设施和住房供应，而很少考虑当地的情况。从欧洲战后重建实践中可以发现，在考文垂或鹿特丹等严重受损的城市中，几乎没有修复主要的古迹，而是重新建设了现代化的新中心（Diefendorf，1989）。美国的城市更新也不例外，主要城市的中心区域都有大规模的拆迁（Jacobs，1961）。

在西方国家，正是在对这种发展模式的日益不满和对社会经济成本担忧的背景下，出现了激进的遗产保护活动。这是对旨在清除过去的城市现代化策略的抵抗，这些抵抗活动往往有专业人士和知识分子的参与。早期的城市保护实验的案例有意大利的阿西西和博洛尼亚，或英国的切斯特（Cody和Siravo，2019），或者为保护唐人街和波士顿内城的斗争（Lee，2019）。这一时期对于保护学说的发展来说尤为有利，例如，1964年通过的《威尼斯宪章》（ICOMOS，1964）（另见第三章和第四章）以及1972年通过的《联合国教科文组织世界遗产公约》（Cameron和Rössler，2013）。此外，这种理念的变化也引发了民间团体发起捍卫过去的行动，民间团体逐渐变成遗产保护斗争中的关键角色（Pendlebury和Townshend，1999）。然而，正如第一章已经提到的，这是争论的结果，主要集中在过去的物质损失上，并且在地理上仅限于西方国家（参见图2.1），这是可以理解的。这个话题的历史背景将在第四章中进一步讨论。

图 2.1 20 世纪 60 年代欧洲内城更新情况

朱利奥·威尔迪尼（Giulio Verdini）

20 世纪 60 年代末是欧洲城市保护史上的一个转折点，涉及城市更新实践与公众舆论之间的关系变化。在文化精英的支持下，自上而下拆除重要历史城区的公共决策开始遭到"新草根运动"的激烈反对（Verdini 和 Yang，2018）。巴黎市中心的巴黎大堂（Les Halles）和伦敦的考文特花园（Covent Garden）重建计划就是这样，在这两个案例中，都需要大规模拆除历史建筑和工人阶级住房，为新的现代住宅、金融和行政中心腾出空间。考文特花园的案例有比较充分的记录，其鉴于抗议活动的成功最终免于被拆除，它与英国"现代主义的衰落"以及公民行动主义在保护规划中的日益重要相关（Pendlebury，2009）。同样，尽管戴高乐总统下令搬迁巴黎大堂食品市场的宏伟计划使 19 世纪中叶的巴尔塔（Baltard）食品市场商亭被拆除[1]，但新项目在很大程度上进行了修改并缩小了面积（Wakeman，2007）。有趣的是，在这两个案例中，可以肯定的是，这一时期促进了公民社会在城市转型方面的觉醒（Klemek，2011）。然而，随后的故事充满争议。考文特花园的案例，虽然物质方面没有遭到破坏，但被描述为"最终是一个失败和痛苦的故事"，因为保护并没有阻止当地人流离失所和绅士化的进程（Pendlebury，2009: 66）。在巴黎，一系列新项目被提出和讨论，设计比赛开始举办，启动的项目被停止。20 世纪 70 年代末的最终方案一直被认为是平庸的，引起了强烈的批评，并最终导致一个新项目的实现（参见图 2.1），该项目于 2010 年完成，主要是基于在巴黎市中心开辟一个新的大型公共公园的想法（Wakeman，2007）。

图 2.1 新的巴黎雷阿勒市场（Forum des Halles）是一座面向新纳尔逊·曼德拉公园的现代建筑，它取代了 20 世纪 70 年代末为替代巴尔塔（Baltard）食品市场商亭而建造的建筑。
来源：朱利奥·威尔迪尼（Giulio Verdini）

来源

1.Klemek, C. (2011), The transatlantic collapse of urban renewal. Post-war urbanism from New York to Berlin, London: The University of Chicago Press.

2.Pendlebury, J. (2009), Heritage in the age of consensus, London and New York: Routledge.

3.Verdini, G. and Yang, X. (2018), 'Voices for alternative urban regeneration practices in China: the case of the historic district of Taohuawu' in J. Zhou and van Oers (eds.), Operationalising the Historic Urban Landscape – A practitioner's View, Shanghai: Tongji University Press, 189–211.

4.Wakeman, R. (2007), 'Fascinating Les Halles, French Politics,' Culture & Society, 25 (2), 46–72.

在20世纪80年代，学术辩论和政策领域中关于文化和发展的讨论开始发生变化。现代化不仅在西方引发了辩论，也在非洲和亚洲的大部分地区引发了去殖民化的讨论，人们的注意力集中在文化差异、另类现代性（alternative modernities）以及持久的南北分歧上。发展研究中的依附论（dependency theories），特别是其在南美的传播，强调了由西方的文化统治而导致的持续发展不足（Frank，1967）。在这种情况下，以前被忽视的地方知识和本土文化开始成为关注的对象（Munck和O'Hearn，1999）。虽然这种早期的话语在后殖民马克思主义（postcolonial Marxism）和民族解放斗争中找到了肥沃的土壤，正如1969年在阿尔及尔举行的泛非文化节所倡导的那样（Young，2001），但后来它在国际层面上也传播开来。1982年在墨西哥城召开的世界文化政策与可持续发展会议（UNESCO，1982）上，一些发展中国家在当时所谓"第三世界理论家"的支持下，公开批评了西方经济模式的普遍有效性及其对经济增长的过度强调。这种反思在联合国教科文组织内部开辟了"一片沃土"，促使人们有兴趣对保护实践的范围进行深入修正（Wiktor-Mach，2019）。联合国教科文组织将文化和本土差异重新纳入围绕发展的讨论中，开始挑战保护的原则，逐步扩大保护类别，最终包括非物质文化遗产（ICH）（UNESCO，2003）和文化表现形式的多样性（UNESCO，2005）。位于摩洛哥马拉喀什的杰马夫纳广场（Jemaa-el-Fna）（参见图2.2）就是对非物质文化遗产认可的一个很好的例证，这是一个神话般的阿拉伯人和柏柏尔人相融合的市场，尽管它没有突出的建筑价值，但它先是被认定为"文化空间"，后来成为联合国教科文组织非物质文化遗产（Bortolotto，2007）。

图 2.2 摩洛哥马拉喀什的杰马夫纳广场，这是位于麦地那边界的一个大型公共空间，人们聚集在这里进行交易和休闲。
来源：朱利奥·威尔迪尼（Giulio Verdini）

作为一种资源的有形和无形文化

虽然多年来关于民俗和传统文化的讨论仍然是文化研究中的小众兴趣，但有趣的是，针对经济发展的新的后现代文化方法开始盛行（Inglehart，1997）。值得注意的是，这种对文化方法的兴趣伴随着1989年东欧剧变同时出现，特别是由于发现了新的区域发展形式，如南亚资本主义。在一个日益全球化的世界中，这些国家表现出有弹性的内生式发展，取决于特定的社会经济和文化特征，如社会资本（Fukuyama，1995；Vasquez Barquero，2002）。虽然这些理论也受到一定的批评，但越来越多的人认为，构成所谓的"地域资本"（territorial capital）的因素（如基础设施和人力资本），以及各种有形和无形资产（文化遗产、景观、创意）的组合，在其使用中具有不同程度的竞争性（私人、半公共和公共），可以确保竞争力和长期可持续发展（Camagni，2008）。然而，它们的获取可能会受到限制，也可能不受到限制，这应该考虑在内，以了解谁能真正从中受益，或者是否能从中获利。例如，创造力、企业家精神和专有技术（private know-how）通常都是纯粹的私人物品；然而自然和文化资源，包括文化景观和文化遗产则是半公共或公共物品，如果管理不当，就会枯竭。直观地看，人们越来越清晰地认识到，在竞争日益激烈的全球环境中，地方文化多样性作为地方可持续发展的潜在资源，已经越来越具有吸引力。有形和无形的文化表现形式开始——并将继续——因其固有的潜在经济价值而受到重视（Throsby，2001），它被概念化为文化资本，甚至对破旧的历史中心的保护也因其独特性产生的效益而获得关注（Licciardi 和 Amirtahmasebi，2012）。

　　过去几十年，文化和遗产保护的话语发生了深刻变化。它最初是由精英主义和进步主义观点塑造的，反对狭隘和短视的现代化理念。随后，它接受了在新的全球经济中，与基于地方的可持续地域发展新实践携手并进的可能性。这一进程与近期的国际议程和文件，如《21世纪议程》（世界城市和地方政府联盟，UCLG，2008）和《联合国可持续发展目标》（联合国，2015）有实质性的协同作用，它们强调了文化在捍卫人权、社会包容、参与和民主等方面的核心地位。此外，正如联合国教科文组织全球报告《文化：城市未来》（UNESCO，2016）中所述，文化遗产和创造力被认为有助于城市的可持续发展。然而，经济优势的可能性，在某些情况下，对整个地方甚至国家经济来说并不是边缘化的，它们所呈现的多样化的私人、半公共和公共性质，使事情变得更加复杂。诚然，非物质文化可以在良性和创新发展进程中获得培育、传播、创造性再生产和利用，相对于物质文化容易腐朽，非物质文化则不同，但对非物质文化的滥用或私人占有则会威胁其存在。不仅如此，虽然西方（仍然占主导地位）保护实践的传统重点是遗产实体、建筑和城市脉络，但一个地方的文化、当地人的技能和知识，或者仅仅是他们的价值观和生活方式（如其他地方所说的"活态遗产"），可能会随着其社区的迁移、改变而消失。遗产商品化的内在风险可能是批判性遗产研究（critical heritage studies）中争论最多的话题之一。它可以追溯到有关北美城市因历史保护而导致绅士化的重要开创性著作（Zukin, 1987）。然而，这种认识并没有影响到遗产保护实践的改进，在某些情况下，遗产实践往往容易受到以营利为目的的私人利益影响，但重要的是，显然没有能力提出替代性的和更可持续的做法来加强地域资本。回到本章第一段，这需要新的技能和能力，本书试图解决这个问题。

在本章的以下小节中，我们将介绍文化遗产经济学的概况，同时探讨可持续发展所面临的机遇及其与经济价值相关的潜在风险。这有助于拓宽关于如何保护过去的讨论，挑战当前文化遗产保护的做法，该做法受到过度利用遗产趋势以及另类的非物质主义（在这个意义上是非西方的）世界观的双重削弱（Verdini，2017）。

文化遗产场所的经济问题

有用的知识或知识的诅咒

关于遗产保护及其经济价值的批判性讨论并不新鲜，它可以追溯到 20 世纪 60 年代。这些讨论反映了文化遗产从一个崇拜对象逐渐转变为一个产业的过程。弗朗索瓦丝·萧伊（Françoise Choay）在她的开创性著作《历史纪念物的发明》(2001年英文版本，1992年法文版本)中对此进行了很好的总结。正如萧伊(1992)所直言不讳地提出的，西方发生的这种转变根植于现代国家遗产管理模式，反映了当时消费主义社会中的知识民主化进程，以及对休闲时间和旅行行为的再认识。随着大众旅游的爆炸性增长及其对遗产地的重大影响，这种转变成为激烈争论的对象，特别是面对威尼斯这样依赖旅游的城市经济的极端案例。正如塞尔瓦托·塞蒂斯(Salvatore Settis)的著名小册子(2014年)所报道的那样，威尼斯旅游业的过度竞争以及旅游业驱动的房地产压力，使当地大量居民流离失所，导致该城市有死亡的风险。在这种背景下，遗产场所被越来越多地宣传为主题公园或休闲景点的变种，引发了危险的侵占形式，甚至是公共空间的私有化，同时，主要为了提高旅游消费者体验的做法，对当地的地方意识和居民的生活方式产生了负面影响(Sorkin，1992)。这是克罗地亚杜布罗夫尼克历史中心(参见图2.3)、里斯本的一些传统街区(如基亚多和巴里奥阿尔托)以及马来西亚的乔治城等不同场所的共同特征。这些例子反映了旅游业发展往往以牺牲当地社区为代价，这也导致了当地人之间利益分配不均，获益者寥寥无几(通常是租户)，而受损者范围广泛(通常是租房者，包括学生、移民群体等)。尽管这种趋势在世界各地都存在，但在新兴国家尤为严重(Timothy，2002)。例如，在厄瓜多尔的昆卡，有关殖民时期的怀旧叙事助长了绅士化进程，导致弱势群体受到的影响最大(Hayes，2020)。

因此，保护主义者往往对任何遗产商品化的过程持批评立场，这是可以理解的。除此之外，他们通常拒绝参与任何有关遗产的经济讨论，将其视为知识上的"诅咒"(Mason，2008：308)。因而遗产保护的专业传统主要局限于解决技术问题，通常围绕着物质保护，而不是试图理解复杂的社会现象，以及文化遗产场所如何从经济角度发挥作用。然而，在学者和从业者中，

图 2.3 修复后的克罗地亚杜布罗夫尼克历史中心受到旅游业冲击。
来源：朱利奥·威尔迪尼（Giulio Verdini）

越来越多的人意识到，文化遗产保护也应该关注经济学，以便做出可持续的保护决策（Throsby，2001）。至关重要的是，我们要在非常不同的区域背景下，了解如何解决或至少限制社会和环境成本，并了解文化融资方面的挑战（Ost，2016）。最后需要指出的是，对历史文化保护目标的政治支持，往往是以明确的资源分配和成本效益分析为条件的（Mason，2008）。

认识到遗产的经济价值及其对整个社会日益增长的需求的重要性，无疑是确保对过去进行更全面保护的一个基本步骤。例如，中国的经验可以证明这一点。在很长一段时间里，文化遗产保护在这里一直被忽视。在有争议的重建项目推动下，传统城市街区遭到拆除（He 和 Wu，2005），一些传统乡村在城市化进程的冲击下渐渐消失（Verdini，2015a），这些典型案例说明,在中国在经历经济持续增长阶段的同时,对文化遗产的价值缺乏足够的重视。当前,情况发生了巨大变化。这可以部分解释为,早期和更成熟的民间社会对遗产的文化和象征价值日益认可,他们更愿意为保护自己的过去而努力(Verdini,2015b),但更务实的原因则是城市和乡村的文化资产升值。从上海和北京这样的大城市(Svensson,2014)到较小的城市(Fan,2014),几乎到处都可以看到这种情况,即文化遗产保护开始采取对破旧的老城区的低拆除性更新方式(Xie和Heath,2017),文化遗产在促进地方经济和重塑整个城市品牌方面发挥着重要作用,甚至传统乡村也被保护起来,以促进农村发展(联合国教科文组织,2019)。虽然这种趋势同样受到一些批评,特别是在对社区的影响(Shin,2016)以及场所感方面,尽管这与难以把握的"真实性"概念有关(González Martínez,2016),但它表明了一种不断变化(可能是务实的)的态度,有助于推进一些真正保护过去文化遗产的努力。

文化遗产的经济和象征价值

在理解文化遗产地的经济运作方式时,重要的是要认识到遗产的经济价值是如何产生的,以及这一过程对其长期可持续性的潜在机会和风险。文化经济学的先驱性著作已经确定了文化遗产经济学的主要方面,以及每个保护项目成本和收益的复杂计算,以试图改进与遗产保护相关的决策(Throsby,2001)。在这场讨论中,价值的概念至关重要。在新古典主义的术语中,这与个人效用和对保护项目收益的理解有关,这些收益通常是可量化的,取决于使用价值(如游客为一个景点付费,或居民为在历史区域居住或租房付费),但也取决于非使用价值(如愿意为其存在或其代际转移付费)和积极的溢出效应(保护项目周围房地产价值升值)(Hutter和Rizzo,1997;Towse,2003)。相反,由于文化遗产具有明显的公共产品效应，它可能不容易被评估，因此也不容易进行监管。事实上，它可能会受到负外部性和"免费搭车"者的影响，当有人可以从中受益、使用和消费，而不对它的持久性做出贡献时，就会出现这种情况。因此，在资源配置中容易出现市场失灵现象。一些没有限制通行和需求量巨大的地方（如大多数历史悠久的老城中心及著名的文化和自然世界遗产）就是典型例子。因此，在可能的情况下，应通过政府合法干预，投入监管工具或补贴等方式，纠正市场扭曲（Benhamou，2013）。

然而，这并不能解释在处理地方文化和历史维度时可能遇到的各种情况。除了遗产场所的个人价值，遗产的文化价值和集体价值也不容低估。这一点不太容易确定，而且并不总是能够确定。它与一个地方的象征、审美价值甚至宗教特征有关，更普遍地说，是与一系列非物质价值有关，而这些价值在狭隘的经济分析中并没有被考虑在内。这就解释了北非地区的突尼斯麦地那和阿尔及尔的两个类似案例表现如此不同的原因。突尼斯的麦地那是突尼斯的文化、政治和宗教中心，是由世界银行资助的城市更新重点项目，该项目旨在恢复内城一些地区，并将重要的历史建筑改造成豪华宾馆，以加强文化旅游（Ben Mahmoud，2007）。该项目取得了相当大的成功，实现了城市肌理的逐步改善、酒店业的发展和零售业升级，同时保留了一定程度的社会融合。这吸引了以前主要集中在海边和海滨区域的新兴的文化旅游前往该地区发展。与此相反，阿尔及尔的卡斯巴自20世纪60年代以来几乎一直没有被开发，处于严重恶化状态，缺乏遗产保护资金，几乎在任何旅游线路中都被忽视。虽然这可以部分解释为由于国家的政治不稳定，缺乏财力和规划能力（Khalil，2006），这肯定会减缓城市更新和旅游业的发展，但不可否认的是，阿尔及尔的卡斯巴象征着反抗法国殖民统治的独立战争。这种广泛的反殖民叙事，由仍旧强烈的集体记忆所巩固，阻碍人们接受任何转变。而在其他地方，如突尼斯或卡萨布兰卡，则将殖民地记忆作为促进旅游业发展的一种方式加以利用和重新审视（Coslett，2016）。安纳巴市的情况与此类似，纳入国家遗产名录阻碍了麦地那地区的改造，该地区目前已处于严重恶化状态，但有趣的是，人们已经开始采取行动来对抗这一现象（参见图2.4a/b）。

事实上，社区在成为这种变化主要参与者的条件下，可能会发现文化资源的经济增值是有益的。老挝琅勃拉邦（Luang Prabang）的世界遗产就是这种情况，当地人更愿意把他们的房子租出去，变成旅游宾馆，并搬到郊区更现代化的住房居住（Berliner，2012）。在这里，将当地社区理想化为活的遗产，是遗产专家和旅游业普遍存在的"殖民情结"的结果，却忽视了当地人的活力和创业精神（Berliner，2012）。

图2.4 阿尔及利亚的城市遗产管理：缺乏保护和更新行动，安纳巴老城的案例

Aouchal Hocine[2], Boufenara Khedidja[3], Giulio Verdini[4], Guenifi Yasser[5]

阿尔及利亚的遗产认定是高度集中的，很少或完全没有地方阐释或社区参与的空间。这是后殖民主义文化政策的遗产，它重视殖民前的中世纪伊斯兰城市形式，将其作为新的后殖民国家身份的唯一代表。有趣的是，这不仅影响了法国殖民时期留下的城市遗产，而且更普遍地将当地社区排除在遗产化进程之外。

在安纳巴的案例中，当地社区实际上对负面的记忆更加宽容，殖民时期留下的场所被重新利用，成为有用的、具有象征意义的遗产。然而，麦地那是该城市唯一被官方认可的保护区域，因为它是唯一符

合国家城市遗产定义的场所。这是该国缺乏整体性和参与性遗产管理方法的结果。城市遗产由"受保护和增殖永久计划"（PPSVSS）管理，该计划由地方制定，但主要由国家保护区机构（NASS）在全国范围内实施，这也解释了实施缓慢和不成功的原因。安纳巴的麦地那老城区自 2013 年以来被列为受保护地区，目前仍在等待 PPSVSS。这导致了对遗产的忽视、边缘化和损毁，而结构性的资金短缺更是加剧了这一问题，这也是阿尔及利亚城市遗产管理中普遍存在的问题。

当前安纳巴的麦地那处于一种令人遗憾的状态。传统习俗已经消失，当地社区大多已被取代。该地区的居民都是当地移民，为了从国家资助的社会住房项目中获益，破坏甚至拆毁传统房屋的行为已经成为常态。然而，麦地那的一些居民、协会和社交媒体正努力反对政府的消极管理，作为一个社区，他们致力于修复和改善一些街道和标志性建筑，如埃尔贝清真寺。这些行动得到了媒体的赞扬和鼓励，尽管一些遗产专家认为这类行动很危险，可能会损害麦地那的真实性。麦地那成为无能的官员、遗产专家的观点和居民利益之间冲突的焦点，居民要求一个健康和适宜的生活环境，包括新的发展机会，以避免持续的城市衰败。

安纳巴的麦地那就像许多其他阿尔及利亚的历史城市一样，被定格在时间中，失去了有形和无形的资源和意义。因此，对这一城市历史场所的保护应侧重于城市大遗址区，将其作为城市更新的机会，作为保护遗产价值及其城市和建筑特点的一种方式，同时加强、发展和更新居民的生活环境。这是一个可以重塑的地方，能够克服国家和地方之间的冲突，应与当地社区讨论如何以有意义的方式发展和更新这一地区。

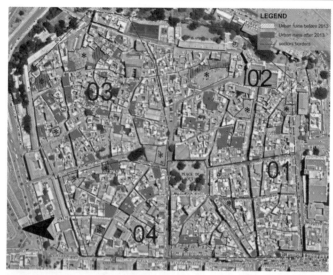

图 2.4a 2013 年前后安纳巴麦地那城市遗址图
来源：作者

图 2.4b 安纳巴麦地那的破旧建筑
来源：侯辛·阿乌夏（Hocine Aouchal）

资助文化遗产保护

在研究文化遗产场所的特点时，除了需要考虑它们的个体和集体价值，还需要考虑其他方面，以便更仔细地了解其经济运作方式及最终资金来自（或应该来自）何处。文化遗产场所在规模和所有权方面非常多样，从国家或私营部门拥有的纪念建筑和遗址，到整个历史城市中心和文化景观，其所有权可能非常分散。这对它们的管理、经济和资金选择有明显的影响，如果是私人拥有的或小规模的遗址，可能相对更容易确定，尽管从财务角度看往往同样要求很高，而如果是城市规模的遗址，由于涉及各种私人和公共行为者，一般都比较错综复杂。在认定遗产名录的过程中，私人和公共利益之间的冲突更加明显，需要仔细评估利益的分配（Throsby，2007）。

一般认为，国家或其机构有责任确定一个遗址是否值得保护，并由此为其保护或更新分配资金。有许多历史街区由于启动公共投资而重新焕发活力的故事，如著名的巴塞罗那老城区（Ciutat Vella）（Arbaci 和 Tapada-Berteli，2012）。然而，近年来，传统上由政府公共部门自上而下管理的保护资金，已经部分地由私人投资和第三部门（如慈善机构、基金会、信托基金）提供，这需要应用创新的融资工具，并完善更有效的公私合作伙伴关系以促进其发展，在复杂和利益相关者众多的环境中尤其如此（Ost，2016）。

如今，公私合作关系被认为是调动资源的必要手段，城市更新项目尤其如此。随着公共资源的普遍缩减，公共部门已经逐渐改变了自己的角色，更加注重监管和提供有针对性的激励措施。巴黎和巴塞罗那等城市的情况就是如此。近年来，这些城市出台了严格的管制措施，以限制爱彼迎（Airbnb）的扩张，因为它的副作用是扭曲租金价格，尤其是在城市的历史中心地区。然而，我们必须承认，私营部门不再仅仅追求利润，还开始实施企业社会责任战略，因此在每个项目中都被视为必要的参与者（Macdonald 和 Cheong，2014）。这种伙伴合作关系在西方国家蓬勃发展，其机构和治理机制通常比发展中国家和国家主导的经济体更为稳固。研究表明，在墨西哥城、巴拿马城和仰光等不同城市，正在尝试采用可持续的遗产保护商业模式，这些模式可以为私人投资带来经济回报（CHiFA，2021）。

在公共和私人行为者角色转变的过程中，不同的发展阶段有大量的案例，保护专业人员需要对管理一个场所的适当方式做出判断，以确保该场所得到保护，并为其长期可持续发展提供适当的资金选择。他们必须就公共管理的最佳水平提供建议，或者相反，就吸引市场力量的适当策略提出建议，以确保文化财产得到保护，而不是被毁坏或被忽视。一个经常被低估的方面，尤其是在保护领域的国际顾问中，是他们工作的环境是否有可靠的机构能够或愿意执行法规，以及是否有经验丰富的私营部门能够促进实现预期的成功结果。很明显，如果不仔细评估当地条件，管理模式、解决方案和融资机会可能会无效或适得其反。这也是大多数地方失败的原因之一，尤其是当你以西方的思维方式在全球的南部城市工作时。因此，专业人员所处的区域和国家背景决定了可实施的融资选择范围。

可以肯定的是，对文化遗产保护的需求已经发生了变化，吸引了越来越多的个体关注，而且在某些情况下受到了自下而上的影响，即受到了市民倡议的推动。对欧洲、亚洲和南美洲欠发达城镇和乡村的一系列案例研究表明，围绕乡村保护实践，有各种不同的创新方法来启动农村可持续发展项目（Verdini 和 Ceccarelli，2017）。我们特别仔细研究了两个案例，分别采取了以创意为主导的遗产保护战略，以及启动向更可持续的地方经济转型的措施：一个由愿意与当地社区合作，寻求超过一般水平融资机会的创业型地方政府领导，另一个则由积极的非营利协会领导，愿意动员社区和各种公共行为者朝着共同的发展目标迈进（Verdini，2021）。

总的来说，如此多样的案例对文化遗产的性质和最终所有权提出了质疑。正如上述案例所表明的，有一些很有希望的案例表明了调动资源的新形式。可以说，未来将会出现更复杂的共同管理文化资源的形式，公民将发挥越来越积极的作用。这与埃莉诺·奥斯特罗姆（Elinor Ostrom）在公共治理方面的开创性工作有关。她指出，需要确定合适的机构，以确保更有效的公私合作关系（Ostrom，1990）。这是一个观察城市和当代城镇进程的视角，它正变得越来越普遍，今天它被转化为"城市公共事务"（urban commons）的新话语（Borch 和 Kornberger，2015）。

伦理与遗产

总的来说，在遗产保护中应用经济思维会导致更可持续的决策，并确定合适的金融工具，以便将保护成果与真正的价值归属过程加权，作为发展和变革的杠杆。然而，当我们倡导增强遗产保护专业实践的能力时，一些批判性遗产研究学者表达了怀疑，即遗产是否可以为了唯一的商业目的而被工具化。正如梅森（Mason，2008:311）所言：

> 经济话语主要在两个方面威胁着保护的哲学和伦理基础。第一，在哲学上，以市场为中心的经济话语低估了遗产场所的非市场（文化）价值，并在进行文化评估时使文化专家边缘化。第二，商业思维作为经济话语的主要应用，往往直接威胁保护目标，因为它把保护的价值狭隘地限定在市场价值方面。当使用价值（利润）成为遗产保护讨论的一部分时，它们往往会压倒所有其他的考虑因素——尤其是文化价值，因为文化价值不容易衡量，所以被认为是"软"的，影响力较小。市场价值作为评估工具的核心地位，限制了商业驱动的经济思维在遗产保护中的适用性。

因此，保护和发展之间关系紧张的问题还没有完全解决。相反，新自由主义的主流话语可能会加剧这种矛盾，它渗透到我们社会和经济生活的各个方面，并产生了一种可能通用的模式。专业的伦理考量及其在倡导较少剥削的遗产保护成果方面的作用，对于改进遗产决策至关重要（Mansfield，2008）。然而，如果我们要为文化遗产场所的塑造过程找到更可持续的解决方案，掌握文化遗产经济学的知识仍然是基础。一个潜在的探索途径是对遗产场所的非物质和再生性资产进行识别（和重估），下一节我们将探讨这一问题。这样做的目的是促使人们将注意力从文化遗产的物质层面（物体、建筑、公共空间等）转移到这些遗产所蕴含的技能、知识和能力上。这样做的好处是关注当代先进国家在非物质文化和可复制的文化创意方面（Rullani，2010）的经验，关注知识生产的场所（Madanipour，2011），同时也关注亚洲、非洲和南美洲等不同背景的新兴社会自发表现出来的创意力量（UN/UNDP/UNESCO，2013；UNESCO，2016）。

管理文化遗产场所与寻求可持续发展

如今，保护和发展之间的关系主要与旅游和居住区的吸引力有关。这是两个主要的动机，例如，历史建筑的修复和适应性再利用，以及整个城市区域的保护。这样的发展模式往往是城市和私人开发商积极追求的，但它已显示出一些局限性，这是一种具有剥削性的经济行为，往往以游客的数量或某些地区的租金增长来衡量其成效。人们常常忘记的是，文化遗产场所也是知识、技能和能力的宝库，促进其可持续发展，既是为了保护场所及其社区的文化意义，正如《巴拉宪章》（国际古迹遗址理事会澳大利亚国家委员会，2013）所表达的，也是为了促进基于知识的发展进程（Ratiu，2013）。

例如，文化景观在几个世纪以来不断被再造，这是由于在特定地方应用了有关当地气候条件、农业耕作技术、水管理系统、干石墙等方面的隐性知识。正是这种知识的不断传播，以及经常性的动态改进和创新，确保了这些景观存在所需要的经济盈利能力。在建立保护类别后，联合国教科文组织有关文化景观的研究开始更多地关注管理，而不是被动保护（UNESCO，2003）。一方面，对于菲律宾的水稻梯田和意大利五渔村（Cinque Terre）的葡萄种植梯田等案例来说，其主要问题在于逐渐放弃了经济活动，以及其活跃人口的老龄化。另一方面，以菲律宾吕宋岛的赞杰拉灌溉系统为例，历史上正是其自治和集体管理模式确保了它的持久性。这是一个有效的政府公共治理的典型例子（Ostrom，1990），从制度分析中发现，它与文化遗产管理所面临的挑战有着很多相似之处。

文化遗产场所也是非物质文化和象征性实践、仪式和传统的宝库，它们体现在歌曲、习俗、节日、生活方式以及产品（如手工艺品）中，是文化多样性的表现形式。被联合国教科文组织列为非物质文化遗产的侗族大歌和苗族赶秋就是如此，它们在中国贵州省的许多农村地区定期表演，仍然是社区日常生活的一部分，尽管它们已经适应了现代生活方式或符合当代旅游业的期望。事实上，它们已经参与到旅游业的发展过程之中，并从中获益（Taylor，2019）。值得注意的是，生活方式的商品化引发了一些有关真实性问题的批判性反思，从经济角度来看，有一些利益分配不平等和新的边缘化现象存在（Li 等，2016）。

在大城市的历史中心，由于快速的城市转型，原居民或迁移或流离失所，社区和历史场所之间的分离更加明显，人们可能会问，物质和非物质文化遗产、物质和非物质文化之间有什么关系？即使在这种情况下，文化遗产场所仍以创新和创造性的方式保留或不断重塑和改造其无形资产。通过对联合国教科文组织创意城市网络的研究，我们注意到，在特定的历史环境中，文化和创意实践已转化为真正的产业，并得到了长期培育和塑造。巴西桑托斯市的影视制作、乌克兰利沃夫市的文学和印刷传统，以及波兰卡托维兹市的音乐节传统都是如此，尽管其过去工业发达。不仅如此，文化遗产还在创造力、创新以及城市和区域增长之间发挥着中介作用。正如最近的研究（Cerisola，2019）所证明的那样，这意味着历史悠久的场所是当地人创意灵感的来源，并可能因此而吸引更多的人。这或许是一种主要影响西方后工业城市的趋势，尽管如今创意主导的战略在欠发达国家甚至非城市地区也很常见（Verdini，2020）。毫不奇怪，亚洲的文化创意产业也在蓬勃发展，中国在其中处于领先地位（Gu 等，2020）。

重要的是，保护建筑环境的同时，培育地方文化（和创意）根基的综合和互利的效果，能够确保经济发展形式更加多样化且利益分配均匀（参见第三章图 3.8 的 Vigan 案例）。

尽管这可能不是大多数历史悠久的城市、城镇和村庄的主流经济模式，但在世界大部分地区，其呈现出日益增长的趋势。这对传统保护实践的影响是显而易见的，因为它表明，在未来以更可持续的方式管理一个文化场所，可能意味着我们需要重新评估其社会和经济变化，这与过去截然不同。它表明，需要探索可再生和非剥削性经济系统（例如循环经济），更注重无形资产的可持续性，而不仅仅是保护其物质性要素。从这个意义上说，传统的西方保护方法与世界其他地区（主要是亚洲）之间的保护实践交叉融合，已经成为新价值观交融的主要舞台，对城市的未来极为重要。

此外，这应该被视为一种尝试，即试图超越国家和市场之间的严格二分法，或者公共监管和私人效用之间的二分法，在城市中创造并管理一套新的公共物品。在这里，出现了自下而上且共同创造的城市体验，即社区和当地利益相关者一起尝试新的、可能更具共享性和集体形式的管理和保护方式，这可能有重要意义（Van Der Hoeven，2018）。这是一种在成熟而发达的西方资本主义社会中生根的运动，是对放松管制和政府不信任言论的回应。在中国近些年的经验中也可以发现这一点，尽管共同管理的保护模式有可能降低效率，但在政府的支持下，这种保护实践已经出现并得到了培育（Verdini 等，2017）。在非洲，公共空间不断被快速变化的社会和制度创新的尝试重新定义。

如果我们想保护文化遗产，就需要发挥经济方面的作用。然而，这个范围很窄，因为每个经济话语都可能落入商业思维模式的陷阱，这一点我们已强调过。在这方面，保护工作者的作用是了解利益和成本是如何分配的，以便为文化遗产保护找到公平的解决方案，并为有明显制度和社会差异的不同地方，寻找更合适和可持续的解决方案。

本章注释

1. 拆除前该地区的图片可以在这里找到：https://www.unjourdeplusaparis.com/paris-reportage/photos-halles-paris。
2. Badji Mokhtar – Annaba University（安纳巴大学）。
3. Badji Mokhtar – Annaba University（安纳巴大学）。
4. University of Westminster (威斯敏斯特大学)。
5. Badji Mokhtar – Annaba University（安纳巴大学）。

本章参考文献

• Arbaci, S. and Tapada-Berteli, T. (2012),'Social inequality and urban regeneration in Barcelona city centre: reconsidering success,' European Urban and Regional Studies, 19, 287–311.

• Australia ICOMOS (2013), The Burra Charter. The Australian ICOMOS Charter for places of cultural significance, Burwood: Australia ICOMOS.

• Bandarin, F. (2015),'Urban Conservation and the end of planning' in F. Bandarin and R. van Oers (eds.), Reconnecting the city. The historic urban landscape approach and the future of heritage, Oxford: Wiley Blackwell, 1-16.

• Ben Mahmoud, W. (2007),'Restructuring the medina in Tunis: El Hafsia' in C. Bull, D. Boontharm, C. Parin and D. Radovic (eds.), Cross-Cultural Urban Design. Global or Local Practice? London: Routledge, 94–98.

• Berliner, D. (2012),'Multiple nostalgias: The fabric of heritage in Luang Prabang (Lao PDR),' Journal of the Royal Anthropological Institute, 18, 769–786.

• Bortolotto, C. (2007),'From objects to processes: UNESCO's intangible cultural heritage,' Journal of Museum Ethnography, 19, 21–33.

• Borch, C. and Kornberger, M. (2015), Urban commons. Rethinking the city, London: Routledge.

• Camagni, R. (2008),'Regional competitiveness: Towards a concept of territorial capital' in R. Capello, R. Camagni, B. Chizzolini and U. Fratesi (eds.), Modelling

regional scenarios for the enlarged Europe, Berlin, Heidelberg: Springer, 33–47.
• Cameron, C. and Rössler, M. (2013), Many voices, one vision: the early years of the World Heritage Convention, Fahnham: Ashgate.
• Cerisola (2019), 'A new perspective on the cultural heritage-development nexus. The role of creativity,' Journal of Cultural Economics, 43, 21–56.
• CHiFA (2021), Case studies in heritage regeneration, New York: Cultural Heritage Finance Alliance. Available at http://heritagefinance.org/case-study/CHiFA-CaseStudy-book.pdf (Accessed: 16 April 2021).
• Choay, F. (1992), L'allegorie du patrimoine, Paris: Editions du Seuil (in English: The Invention of the historic monument 2001), New York: Cambridge University Press.
• Cody, J. and Siravo, F. (2019), Historic cities: Issues in Urban Conservation, Los Angeles: Getty Publications.
• Coslett, D. (2016), 'Broadening the study of North Africa's planning history: Urban development and heritage preservation in Protectorate-era and post-colonial Tunis' in C. Nunes Silva (ed.), Urban Planning in North Africa, Abingdon: Ashgate, 115–132.
• Diefendorf, J.M. (1989), 'Urban reconstruction in Europe after World War II,' Urban Studies, 26, 128–143.
• Fan, H. (2014), 'Branding a place through its historical and cultural heritage: The branding project of Tofu Village in China,' Place Branding and Public Diplomacy, 10, 279–287.
• Frank, A.G. (1967), Capitalism and the Underdevelopment in Latin America: Historical Studies of Chile and Brazil, New York: Monthly Review Press.
• Fukuyama, F. (1995), Trust: The Social Virtues and the Creation of Prosperity, New York: Free Press, 83–96.
• González Martínez, P. (2016), 'Authenticity as a challenge in the transformation of Beijing's urban heritage: The commercial gentrification of the Guozijian historic area,' Cities, 59, 48–56.
• Gu, X., Lim, M. and O'Connor, J. (eds.) (2020), Re-Imagining Creative Cities in Twenty-First Century Asia, London: Palgrave Macmillan.
• Hayes, M. (2020), 'The Coloniality of UNESCO's Heritage Urban Landscapes: Heritage Process and Transnational Gentrification in Cuenca, Ecuador,' Urban Studies, 57 (15), 3060–3077.

• He, S.J. and Wu, F.L. (2005), 'Property-led redevelopment in post-reform China: A case study of Xintiandi redevelopment project in Shanghai,' Journal of Urban Affairs, 2 (1), 1–23.

• Hoselitz, B.F. (1952), 'Non-economic barriers to economic development,' Economic Development and Cultural Change, 1, 8–21.

• Hutter, M. and Rizzo, I. (1997), Economic perspective on cultural heritage, New York: MacMillan Press.

• ICOMOS (1964), International Charter for the Conservation and Restoration of Monuments and Sites (The Venice Charter 1964), Paris: ICOMOS. https://www.icomos.org/charters/venice_e.pdf (accessed 5 July 2020).

• Inglehart, R. (1997), Modernization and postmodernization. Cultural, economic, and political change in 43 societies, Princeton, NJ: Princeton University Press.

• Jacobs, J. (1961), The Death and Life of Great American Cities, New York: Random House.

• Khalil, F. (2006), 'Learning from the past: the Kasbah of Algiers. Historical process of its formation-transformation' in L. Micara, A. Petruccioli and E. Vadini (eds.), The Mediterranean Medina, Roma: Gangemi editore, 419–426.

• Lee, T. (2019), 'An interview with Tunney Lee: the past and the future of ILAUD (Interviewed by Carmelo Ignaccolo)' in P. Ceccarelli (ed.), A movable frontier. The International Laboratory of Architecture and Urban Design from 1976, Milano: Fondazione OAMI, 53–58.

• Licciardi, G. and Amirtahmasebi, R. (2012), The Economics of Uniqueness: Investing in Historic City Cores and Cultural Heritage Assets for Sustainable Development. Washington, DC: World Bank. Available at https://openknowledge.worldbank.org/handle/10986/12286.

• Li, Y., Turner, S. and Cui, H. (2016), 'Confrontations and concessions: an everyday politics of tourism in three ethnic minority villages, Guizhou Province, China,' Journal of Tourism and cultural change, 14, 45–61.

• Macdonald, S. and Cheong, C. (2014), The role of public-private partnerships and the third sector in conserving heritage buildings, sites, and historic urban areas, Los Angeles: The Getty Conservation Institute.

• Madanipour, A. (2011), Knowledge economy and the city: spaces of knowledge, London: Routledge.

- Mansfield, J.R. (2008), The ethics of conservation: some dilemmas in cultural built heritage projects in England,' Engineering, Construction and Architectural Management, 15 (3), 270–281.
- Mason, R. (2008), Be Interested and Beware: Joining Economic Valuation and Heritage Conservation,' International Journal of Heritage Studies, 14 (4), 303–318.
- Munck, R. and O'Hearn, D. (eds.) (1999), Critical development theory: contributions to a new paradigm, London: Zed Book.
- Ost, C. (2016), Innovative financial approaches for culture in urban development in Culture Urban Future. Global Report on Culture for Sustainable Development, Paris: UNESCO.
- Ostrom, E. (1990), Governing the commons, Cambridge: Cambridge University Press.
- Pendlebury, J. and Townshend, T. (1999), 'The Conservation of Historic Areas and Public Participation,' Journal of Architectural Conservation, 5, 72–87.
- Pendlebury, J. (2009), Heritage in the age of consensus, London and New York: Routledge.
- Ratiu, D.E. (2013), 'Creative cities and/or sustainable cities: Discourses and practices,' City, Culture and Society 4, 125–135.
- Rostow, W. W. (1953), The process of economic growth, New York: Northon & Co.
- Rullani, E. (2010), Modernità sostenibile. Idee, filiere e servizi per uscire dalla crisi, Venezia: Marsilio Editore.
- Shin, H. B. (2016), 'Economic transition and speculative urbanisation in China: Gentrification versus dispossession,' Urban Studies, 53, 471–489.
- Sorkin, M. (1992), Variations on a Theme Park: The New American City and the End of Public Space, New York: Farrar, Straus and Giroux.
- Svensson, M. (2014), 'Heritage's places: heritage narratives in Chinese cities promotional films' in P. O. Berg and Björner (eds.), Branding Chinese mega-cities: Policies, Practices and Positioning, Cheltenham: Edward Elgar, 168–179.
- Taylor, K. (2019), New Lives, New Landscapes. Landscape, Heritage and Rural Revitalisation: Whose Cultural Values? Built Heritage, 3 (2), 50–63.
- Throsby, D. (2001), Economics and culture, Cambridge: Cambridge University Press.
- Throsby, D. (2007), The value of heritage. Heritage Economic Workshop.

• Timothy, D.J. (2002), 'Tourism and community development' in R. Sharpley and D. Telfer (eds.), Tourism and development: concepts and issues, Clevendon, Buffalo and Toronto: Channel View Publications, 149–164.

• Towse, R. (ed.) (2003), A Handbook of Cultural Economics, Cheltenham: Edward Elgar.

• UCLG (United Cities and Local Government) (2008), Agenda 21 for culture, Barcelona: Ajuntament de Barcelona & UCLG.

• UN (2015), Transforming our world: the 2030 Agenda for Sustainable Development, Resolution adopted by the General Assembly on 25 September 2015. New York: United Nations. Available at https://www.un.org/ga/search/view_doc.asp?symbol=A/RES/70/1&Lang=E

• UN/UNDP/UNESCO (2013), Creative Economy Report. Widening Local Development Pathways, 2013 Special Edition, New York and Paris: UNDP – UNESCO.

• UNESCO (1982), World conference on cultural policies, Final Report, Paris: UNESCO.

• UNESCO (2003), Cultural Landscapes: the challenge of conservations, Paris: UNESCO.

• UNESCO (2005), The 2005 Convention for the Protection and Promotion of the Diversity of Cultural Expressions, Paris: UNESCO.

• UNESCO (2011), The Historic Urban Landscape Recommendation, Paris: UNESCO.

• UNESCO (2016), Culture: Urban Future. Global Report on Culture for Sustainable Urban Development, Paris: UNESCO.

• UNESCO (2019), Culture 2030. Rural-urban development. China at a glance. The Meishan experience, Paris: UNESCO. Available at https://unesdoc.unesco.org/ark:/48223/pf0000368646?posInSet=3&queryId=33cb244e-0b5c-4fe6-b521-16933bdd483c.

• Van Der Hoeven, A. (2018), 'Valuing Urban Heritage Through Participatory Heritage Websites: Citizen Perceptions of Historic Urban Landscapes,' Space and Culture, 23 (2), 129–148.

• van Oers, R. (2015), 'Conclusion. The way forward: An agenda for reconnecting the city' in F. Bandarin and R. van Oers (eds.), Reconnecting the city. The historic urban landscape approach and the future of heritage, Oxford: Wiley Blackwell, 317–

332.
- Vasquez Barquero, A. (2002), Endogenous development. Networking, innovation, institutions and cities, London: Routledge.
- Verdini, G. (2015a), 'The rural villages in Suzhou: limits of the modernization of the Chinese countryside' in P. Ceccarelli and C. Occhialini (eds.), New territorial challenges, Urbino: ILAUD Yearbook 2012/13.
- Verdini, G. (2015b), 'Is the incipient Chinese civil society playing a role in regenerating historic urban areas? Evidence from Nanjing, Suzhou and Shanghai,' Habitat International, 50, 366–372.
- Verdini, G. (2017), 'Planetary Urbanisation and the Built Heritage from a Non-Western Perspective: The Question of "How" We Should Protect the Past,' Built Heritage, 1 (3), 73–82.
- Verdini, G. (2021), 'Making creative settlements. Peripheral areas in the global regime of creative economy and the policy implication for their sustainability,' International Planning Studies, 26/2, 149–164.
- Verdini, G. and Ceccarelli, P. (2017), Creative small settlements. Culture-based solutions for local sustainable development, London: University of Westminster.
- Verdini, G., Frassoldati, F. and Nolf, C. (2017), 'Reframing China's heritage conservation discourse. Learning by testing civic engagement tools in a historic rural village,' International Journal of Heritage Studies, 23 (4), 317–334.
- Whitehand, J.W.R. and Gu, K. (2007), 'Urban Conservation in China. Historical development, current practice, and morphological approach,' Town Planning Review, 78, 643–670.
- Wiktor-Mach, D. (2019), 'Cultural heritage and development: UNESCO's new paradigm in a changing geopolitical context,' Third World Quarterly, 40, 1593–1612.
- Xie, J. and Heath, T. (2017), Heritage led urban regeneration in China, London: Routledge.
- Young, R.J.C. (2001), Post-colonialism. An Historical Introduction, Oxford and Malden: Blackwell Publishers.
- Zukin, S. (1987), 'Gentrification: Culture and Capital in the Urban Core,' Annual Review of Sociology, 13, 129–147.

第三章

价值和意义

背景：管理的作用

在介绍本章时，有必要说明本章重点关注的一些关键词：文化或历史背景、意义、遗产化（heritagisation）、普遍/区域/地方价值、价值归属、保护管理计划、真实性、非物质文化遗产（ICH）、文化景观、活态历史/活态遗产（生活文化、社区需求和文化地图）。

在管理遗产地的过程中，管理者的一个主要作用是决定哪些地方需要保护，因为保护是照顾被确定为具有遗产价值的场所的整个过程（另见第五章和第六章）。必须指出，如果在这个阶段不与各利益相关者协商，不倾听他们的意见，就无法令人满意地完成这项工作，其中最重要的是听取原居民和当地社区的意见。这种想法背后的原因是，被认为可能具有意义的遗产地，对社会或特定社会群体具有重要意义。也就是说，它们对这些人来说很重要。正如皮尔森（Pearson）和沙利文（Sullivan）（1995:168）所言："（遗产地）唯一的意义是人类赋予它们的。"决定保护遗产地的一个结果是，建议采取某些行动来有效地管理它们，以保护它们的价值。这些行动包括维护、保存、修复、重建、改造、使用/兼容使用，并可能包括对一个场所环境的评估。

在提出保护文化遗产的建议时，实际上常常会考虑其他一些因素，如经济甚至政治因素。总的来说，这可能是一项有挑战性的任务，因为管理者通常要基于他们的专业判断来提出哪些场所需要保护以及为什么要保护，哪些场所可以拆除或允许不同程度的改变，或者干脆保持原状。在后一种情况下，一个重要的考虑因素是采取必要的措施维持并保护这个场所，以防止其进一步恶化。被列为世界文化遗产的澳大利亚塔斯马尼亚岛亚瑟港的监狱遗址就是一个例子（参见图3.1）。这座没有屋顶的建筑废墟位于世界上一个偏远的、鲜为人知的角落，它是对 18 世纪末和 19 世纪初从英国驱逐罪犯出境的刑罚制度，以及通过流放犯人和强制劳动来进行残酷的殖民扩张的一个鲜明提醒。它也印证了 J.B. 杰克逊（J.B.Jackson，1980）所说的"废墟的必要性"。

图 3.1 澳大利亚亚瑟港
来源：迈克尔·皮尔森（Michael Pearson）

意义评估或重要性评估（significance assessment）必须建立在严谨的方法论框架之上，这个框架既要具备学术性，又要具备专业性。有一件事不应该做，那就是对意义进行低/中/高的等级排序。如果某样东西是有意义的，那么它就有其意义。对某些场所进行所谓的排名，并认为其意义高于或低于另一个场所，这并不是表达意义高低的正确方法。然而，我们也要承认遗产场所确有四种不同的地理类型：本地、区域、国家和国际。一个场所可能代表其中的一个或几个类型。认识到其中的几种类型并不意味着一种比另一种更有意义，应适当地比较意义的高低。实际上，通过判断一个场所在多大程度上代表其类型，可以对不同的遗产场所进行比较。在国际层面上，申请列入《世界遗产名录》的提名，必须"对该遗产与国家和国际层面上的类似遗产（无论是否列入《世界遗产名录》）进行比较分析。比较分析时应说明被提名的遗产在国家和国际背景下的意义。"（UNESCO，2019:34）

当处理一个被当地社区认为是重要的，且拥有该社区特有的认同感和地方感的场所时，这可能是一项比较困难的工作。这些在当地备受珍视的场所，往往不为外人所知或了解，也不被认为是整体考虑方案中某一类型遗产地的杰出代表。然而，这并不是衡量潜在文化意义的标准，理解这一点的关键在于，只有对一个场所的文化或历史背景进行全面、深入的研究，才能进行意义评估（参见下文和图3.3所示的模型）。第五章将对这一过程进行详细的讨论。某个场所被当地社区高度重视的例子见于澳大利亚许多乡村小镇，那里的主要出入口通常连着一条林荫大道，道路两旁的树是第一次世界大战后为纪念在战斗中牺牲的士兵而种植。由于这些城镇的性质，与士兵有关的家庭往往还生活在那里，或者第一次世界大战的悲剧仍然存在于集体记忆中。林荫大道如同荣誉大道，无声地提醒着我们过去所发生的一切。在某些情况下，政府道路工程师建议砍去树木，因为这些树木被认为会造成交通隐患。但当地人对移除树木的行为表示强烈反对，从而使林荫大道得以保留。另一个例子是20世纪初英国花园城市运动的起源，以及为普通工人建造的具有工艺美术风格的房屋。如1905年建造的莱奇沃思花园城市（参见图3.2），其中部分被列入英国国家遗产名录。它是世界上第一个花园城市，是为了解决 19 世纪英国城市生活的肮脏和贫困而建造的。根据埃比尼泽·霍华德（Ebenezer Howard）在 1898 年出版的《明日：真正改革的和平之路》（*Tomorrow: A Peace Path to Reform*）一书中提出的理念，莱奇沃思城市花园成为国际花园城市运动的灵感来源。

图 3.2 英国莱奇沃思
来源：肯·泰勒（Ken Taylor）

尽管在价值评估中比较和代表性方法存在缺陷，但在试图判断什么可能是未来这类遗产的代表性意义上，这类方法对保护战略来说至关重要。整体的比较过程是以现有的数据为基础的，或作为特定研究方法的一部分确定其意义。它包括根据收集的数据做出判断,这基本上是一种定性的、比较主观的评估活动。毫无疑问,意义无法被定量评估。我们也许可以说某一特定的建筑或建筑群是罕见的,甚至是独特的("独特"是指具有唯一性的范例,与意义一样不能被限定),但它是否有意义,取决于人们与该建筑或建筑群相关的价值观。这就是为什么严格评估、分析和评价数据是文化遗产规划和管理过程中的关键步骤,它通常需要一支有多学科技能的团队参与(参见第一章的"遗产与遗产研究",以及 Uzzell, 2009)。管理者的能力体现在协调这样一个团队的工作,通过相关步骤取得进展。皮尔逊和沙利文(Pearson 和 Sullivan,1995:8/9)提出,有效管理包括四个步骤:

- 对资源进行定位、识别和记录,也就是确定地理区域内一个或多个遗产点。

- 评估该场所对整个社区或社区部分成员的价值或意义。

- 规划和决策,权衡遗产场所的价值与管理者必须考虑的一系列其他机会和制约因素,制定旨在保护文化意义的管理政策。

- 实施该场所的未来使用和管理决策,涵盖从积极保护到记录和处置等方面。

图 3.3 是处理这些步骤的一个说明性规划模型。指导遗产管理过程的规划模型的一个基本方面(图 3.3)是通过重要性陈述来表达文化意义(cultural significance)的概念,以保护那些被认定为具有文化意义的场所。在世界遗产方面,意义被称为突出的普遍价值(OUV)。因此,对遗产场所意义的评估应满足以下标准:

1. 对其他研究人员、参观者、社区和其他利益相关者来说是易懂和能够理解的。

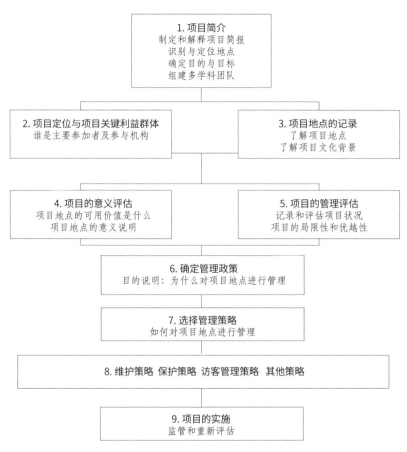

图 3.3 遗产场所的遗产保护规划模型（注：步骤 6~9 引自 Pearson 和 Sullivan, 1995: Figure 5.1, p.191）。

2. 采用可复制的方法，以便在其他地方测试其应用效果，并在适当的情况下进行改进；档案和现场研究将是为严谨的实践提供信息的重要组成部分。

3. 允许对拟议的决定或建议进行评估，使其适合场所所在国家的文化背景。

确立和阐释意义是理解遗产场所文化价值类型的直接功能。从本质上说，审查和评估就是对一个场所为什么重要的阐释，这本身是在解决我们在理解文化遗产场所时需要提出的五个关键问题——即什么、何地、何时、谁和为什么。我们在理解遗产场所时需要问这些问题：

- 发生了什么事？
- 事情是什么时候发生的？
- 事情发生在哪里？
- 谁参与其中？
- 他们为什么要这样做？

前三个问题大多是事实性的，可以通过对文件/档案来源、记录、照片和其他信息源的查询来解读。第五章将会更为详细地讨论根据这五个问题收集数据的过程。

作为解决"什么""何时""何地"问题基本研究和调查阶段的一部分，相关调研信息提供了一个场所的基本的量化和实物信息，同时在回答"谁"和"为什么"的问题时表明了该场所重要的定性方面的信息。谁做了什么？他们为什么这样做，并且创造了让我们看到和体验到的遗产场所？在这里，管理者要解决的任务体现在解读遗产场所的意识形态和文化传统等非物质及社会方面的问题，这些对遗产场所的形成过程至关重要，从而确立和认识该场所的基本文化背景。在这样的工作中，管理者很可能会深入研究各利益相关者对该场所价值的看法，以及他们对该场所的感受（参见图3.4）。

图 3.4 西湖文化景观

作者：张柔然

南宋以来，杭州西湖文化景观一直被认为是中国文化与自然融合思想的理想代表。2011年6月24日，在联合国教科文组织第35届世界遗产委员会大会上，杭州西湖被列入《世界遗产名录》。它被认为符合《操作指南》中关于突出普遍价值标准的（二）、（三）和（六）。然而，中国专家、杭州居民（当地社区）和中国游客对西湖的价值有着多层次的理解，这对管理和监测该遗产具有重要意义。

图 3.4 杭州西湖文化景观
来源：张柔然

第三章 价值和意义

中国专家的观点

中国专家在世界遗产申报过程中，旨在展示西湖所代表的中国传统文化价值的精髓。在申报之初，他们发现很难向那些拥有西方背景的专家阐释中国思想。后来，中国专家及时调整策略，研究《世界遗产公约》和《操作指南》等国际文件，用"官方话语"阐释西湖的价值。最终，国际专家终于理解了西湖的价值，包括西湖的自然山水环境、"三面云山一面城"的城湖空间特征、"两堤三岛"景观格局、"西湖十景"题名景观、西湖文化史迹和西湖特色植物，以及它在东亚国家景观设计和文化影响中的重要作用。然而，由于东西方文化的差异，西湖的文化多样性、遗产和西湖的开发，以及龙井茶园的价值并没有得到西方专家的充分认可（见张柔然，2017, 2020；张柔然和Taylor，2020）。

当地社区的看法

大多数受访的当地居民都能理解西湖景观所具有的突出的普遍价值（OUV）。他们对西湖的多元价值的认识，带有鲜明的民族主义和集体主义色彩，并融入了他们的个人背景、情感、记忆和感受。与联合国教科文组织的世界遗产话语相比，当地居民的叙事更加多样、细致和生动，反映了一种浪漫主义的怀旧情绪，并表达了自豪感和爱国主义等不同的价值观。尽管当地居民不具备遗产评估的专业知识，但他们比国际专家更能理解西湖的价值及其文化多样性（参见张柔然，2020）。

中国游客的看法

熟悉西湖故事、传说和诗词的中国游客，关于西湖有着非常浪漫和诗的体验。一些游客通过详细描述西湖的自然与文化的微妙融合之美，来表达他们的愉悦感；另一些游客则善于引用古代学者的话，甚至创作诗歌来表达自己的情感。西湖的每一处自然和文化景点都激发了不同的情感表达，并将游客与他们自己的身份和经历联系起来（参见张柔然，2020; 张柔然 和 Taylor，2020）。

来源

1.Zhang, R. (2017), 'World Heritage Listing and Changes of Political Values: A Case Study in West Lake Cultural Landscape in Hangzhou, China,' International Journal of Heritage Studies, 23(3), 215–233.
2.Zhang, R. (2020), Chinese Heritage Sites and Their Audiences: The Power of the Past, Abingdon and New York: Routledge.
3.Zhang, R. & Taylor, K. (2020), 'Cultural landscape meanings. The case of West Lake, Hangzhou, China,' Landscape Research, 45(2), 164–178. doi: 10.1080/01426397.2019.1589438.

在收集定量和定性信息的过程中，有必要对相关场所进行勘察，了解其特征和属性。如果它是一个较为广阔的区域，最好是开车观察，做笔记和拍照，以备将来参考，并尽可能使用数字技术来解读遗产场所的空间模式和环境（参见Yang等，2019）。对于较为封闭的遗址，最好在现场走一走。在这两种情况下，都建议进行若干次现场考察。研究和收集更多信息后，随后的实地考察才更有启发性。我们的观点是设法让这个场所"说话"，这样你就可以以地理学家阅读风景的方式来认识它。当你开始了解被研究的场所及它的文化背景时，将档案研究的信息与现场考察相结合就变成了一种令人愉快的体验。解决"为什么"和"谁"

的问题是这个过程中有趣的部分，因为它涉及时间和空间上的精神回溯，考虑定性的或主观的思维模式和数据。它提供了一种定性的信息，让我们可以理解为什么这个场所现在对利益相关者来说是重要的，例如，对于生活在某个地区的社区代表来说，这个地区具有场所感、意义，象征着身份认同。

另外，一个地方可能对那些不再生活在某一地区，但其祖先曾在那里生活过的人很重要。朱晓明（2020:2）以2014年来自中亚的东干人到访西安为例，从记忆、返乡和中国侨民旅游政治的视角反思了这一现象。西安是东干人的祖先在19世纪生活过的家园，朱晓明提出，"侨民团体可以通过与他们的根或祖先家园的重新联系来获得一种归属感"。

提出"谁"和"为什么"的问题，也可以为参观遗产场所的游客提供讲解和介绍材料。它可能会引发人们这样的思考："我可能参与了这个场所的营建。"这是一个理解如何与人沟通的问题，也是了解人们如何培育认同感的问题。这里关键的不仅仅是信息和事实的呈现，更是其阐释和呈现方式能够引起人们的情感反应。除了生活在那里的人，还可能包括与这个场所有联系的人，例如，对这个地方有记忆的人，如原居民或传统保持者对这个地方的集体记忆以及这个地方对他们的意义（参见图3.5 原居民价值观和布吉必姆文化景观）。它还可能包括游客和参观者对遗产场所的看法，如杭州西湖（参见图3.4）的情况。

图 3.5 原居民价值观和布吉必姆文化景观

作者：D.S. 琼斯（D.S. Jones）

列入世界遗产名录的澳大利亚布吉必姆文化景观（Budj Bim）有泰拉克/康达湖(Tae'rak/Lake Condah)用于饲养鳗鲡的水产养殖系统。令土著民族贡第杰马若人（Gunditjmara）高兴的是，他们的布吉必姆文化景观于 2019 年 7 月被列入世界遗产名录。在他们的邀请函中，"Ngatanwarr wartee pa kakay teen Gunditjmara mirring"的意思是欢迎我们来到他们的"国家"（Country），同时也有尊重他们"国家"的义务，这意味着"人、植物和动物都一样"，因为"我们的精神在这个国家"。他们所使用的"国家"与西方的"景观"的概念不同，尤其是与"文化—人—自然"相分离的荒野的概念不同，因为"国家"既离不开人类世界，也离不开自然世界。以申报世界遗产为目的而引入的三类文化景观，旨在通过文化景观处于"自然与文化、物质与非物质遗产、生物与文化多样性之间的连接"这一概念，在文化遗产管理过程中消除"文化—人—自然"的分离（Rössler，2006）。"国家"是一个拥有昨天、今天和明天的有机体。在这个区域，生命的价值是预先被赋予的，故事是一种精神力量，在特定的人和地方，它无处不在，存在于身体和意识中，形成一种永恒"存在"的生活关系。

布吉必姆文化景观列入世界文化遗产名录，体现了贡第杰马若人的"国家"的精神和整体特质，该景观是贡第杰马若人文化传统、知识、实践和独创性的杰出证明。在布吉必姆文化景观中，广泛的水产养殖网络和经过改造的水产养殖系统的古老性，为证明贡第杰马若人

图 3.5 原居民价值观和布吉必姆文化景观
来源：D. S. 琼斯（D. S. Jones）

是工程师和渔民提供了证据。贡第杰马若人的知识和实践一直流传下来，并通过他们的长者代代相传。在布吉必姆文化景观的湿地上，人们可以辨认出古老而精致的石墙"kooyang"饲养（或水产养殖）设施。贡第杰马若人的文化传统，包括相关的故事讲述、舞蹈和篮子编织技艺，继续通过他们多代人的集体知识得以传承。虽然认识到布吉必姆文化景观反映了贡第杰马若人在悠久的时间叙事中所呈现的创造结果，体现在口头传统和连续性实践的固有知识体系中，但可以认为，世界遗产提名文本更强调该水文工程系统作为一个技术组合，已经运行了六千年。布吉必姆文化景观的意义远不止于此。

布吉必姆文化景观申遗提名文本似乎没有理解"国家"的含义，没有理解这个地方的精神特质以及人类和野生动物的共生关系。原居民和贡第杰马若人的精神是四维的。在他们眼里，这既不是一种物质表现，也不是一种文化传统——这是世界遗产标准背后的假设，而是一个他们尊重、与之互动，并倾听其言说的领域。虽然遴选依据和提名标准被有意包装成传达物质生活设施与人类活动互动的信息——以此有助于同行进行科学审查——但如果我们不去体验，置身其中，与它产生一种景观亲近关系（landscape-kin relationship），不在现场倾听它，与它互动，尊重和激发它的精神，就无法理解这个地方。这是他们的祖先班吉尔（Bunjil）创造它、塑造它并赋予其人类和非人类居民力量的方式。因此，贡第杰马若人将列入世界遗产名录视为对他们的特殊领地及其所有的意义、故事，以及表现在"国家"内部与外部、上面与下面的四维精神的赞颂。六千多年的水产养殖系统是他们聚居地的一个抽象工具，表达了这种精神的一个片段，只是一个提升国际社会对其聚居地认可度的工具，并没有揭示出其真实和完整的精神特质。

来源

1.Australia (2017), Budj Bim Cultural Landscape: World Heritage Nomination. Canberra, ACT: Dept. of the Environment and Energy. https://whc.unesco.org/en/list/1577/documents/ (accessed 1 September 2020).
2.Rose, DB (1996), Nourishing Terrains: Australian Aboriginal views of Landscape and Wilderness. Canberra, ACT: Australian Heritage Commission. https://www.academia.edu/4539641/Nourishing_Terrains_Australian_Aboriginal_views_of_Landscape_and_Wilderness_Australian_Heritage_Commission_Canberra_1996_.
3.Rössler, M. (2006) 'World Heritage cultural landscapes', Landscape Research, 31(4), pp. 333–353.

遗产化，有形的、无形的和联想价值问题：谁的价值？

遗产价值的构建，被称为遗产化（heritagisation）过程（Harrison，2013，引自 Walsh，1992），它涉及一系列步骤的运作，我们应用这些步骤来理解场所、物体以及思维和行为方式如何成为文化遗产（另见 Sjöholm，2016）。在关于遗产化过程和对遗产态度变化的批判性讨论中，一个重要方面体现在学术界和专业界对非物质文化遗产概念的兴趣不断加强。有关非物质文化遗产的思想认为，文化遗产的价值并不完全或主要存在于文化的有形或物质表达中。在这方面，2003 年通过的《保护非物质文化遗产公约》（UNESCO，2003）尽管有其局限性（下文将进行讨论），但标志着"国际上对文化遗产性质和价值辩论的一个重大干预"（Smith 和 Akagawa，2009：1）。随着文化遗产管理在专业上和哲学上的发展，20 世纪 80 年代末至 90 年代初出现了对 20 世纪 60 年代和 70 年代的遗产概念的挑战，当时的遗产概念重视崇高的纪念建筑和考古遗迹、著名的建筑群或与富人和名人有关的历史遗址，尤其是突出欧洲中心主义并以此为基础（例如，参见 Byrne，2009；Cleere，2001）。

文化

在重新思考遗产的背景下，与此相关的观点是，"遗产化"过程，就其作为一种文化现象而言，是在与文化本身构建基础相同的动态和辩证的环境中发生的（Fontal 和 Gómez-Redondo，2016：66）。毫不奇怪，这些变革和遗产的重新概念化的过程，越来越关注文化和基于文化的遗产保护方法，其前提是"文化和文化多样性是人类丰富性的源泉……"（UN-Habitat，2016：4）。虽然联合国人居署的这一提法侧重于城市的可持续发展，但同样适用于所有关于文化遗产的考虑，因为从根本上说，遗产是关乎人的，而不仅仅关乎事物，而且多数情况下如此。

在第一章中，我们关注文化遗产管理思想的全球变化。延续这一思路，20世纪90年代以来，人们越来越关注价值和意义的概念，这对理解文化遗产的规划、管理和政治至关重要。与这些变化密不可分的是，学术界和专业界都强调文化的作用，将其作为一个重要的关注点，并将其纳入支撑文化遗产资源管理的各种议程中。例如，拜恩（Byrne，2009）提请人们注意文化在非物质文化遗产方面的首要地位，反对将文化的概念简化为遗产话语中的物品，以及把物质结构置于社会生活之上的做法，20世纪60至70年代，这种做法在以西方为中心的以重要纪念建筑及其遗址为主的保护思想中居于核心地位。文化与非物质文化遗产之间的哲学关系是显而易见的。在下面关于非物质文化遗产的章节中，将进一步探讨这些问题。

此外，与学术著作相呼应的是，联合国教科文组织（文化部门）在2000年的出版物表明，该机构对文化作为可持续发展的驱动因素、对文化多样性的理解和社会包容性的考虑，使文化在全球都得到重视。以下是其中的一些例子，它们强调了对文化作为一种活动领域（生活方式）和一种资源的重要作用的认可：

-2011年《促进发展和相互理解的新文化政策议程》https://unesdoc.unesco.org/ark:/48223/pf0000214747（2020年5月6日访问）。

-2015年《世界遗产可持续发展政策》https://whc.unesco.org/en/sustainabledevelopment/（2020年5月6日访问）。

-2016年《文化：城市的未来——文化促进可持续发展

全球报告》https://unesdoc.unesco.org/ark:/48223/pf0000246291（2020 年 5 月 6 日访问）。

-2019 年《2030 年文化指标》https://unesdoc.unesco.org/ark:/48223/pf0000371562（2020 年 5 月 6 日访问）。

-2019 年《2030 年可持续发展议程中的文化专题指标》https://whc.unesco.org/en/culture2030indicators/（2020 年 5 月 6 日访问）。

- 联合国 2015 年的《可持续发展议程》（https://www.un.org/sustainabledevelopment/development-agenda/）中的 17 个目标在《2030 年可持续发展议程》中得到了体现（https://www.un.org/sustainabledevelopment/development-agenda/）（2020 年 5 月 6 日访问）。

与文化遗产概念相关的价值和意义概念的出现，引发了这样一个问题：在"文化"和"遗产"这两个词的组合中，"文化"意味着什么？从词源上看，"文化"源于拉丁语"colere"，意思是居住、照顾、崇拜，也与中古英语中的耕作（栽培）地的意思有关，即一个被照料的地方（https://en.wikipedia.org/wiki/Culture#Etymology）。在这个意义上，唐纳德·霍恩（Donald Horne, 1986）将"文化"简洁地定义为：

赋予生存以特殊意义的集体思维和行为习惯的集合。

联合国教科文组织（2001）将文化定义为：

社会或社会群体的一套独特的精神、物质、智力和情感特征，它不仅包括艺术和文学，还包括生活方式、共同居住的方式、价值体系、传统和信仰。

值得注意的是，这个 2001 年的定义源于联合国教科文组织（1987 年）

的一份文件（《墨西哥宣言》），有趣的是，该文件提到了人权：

　　……现在可以说，文化是一个社会或社会群体所特有的精神、物质、智力和情感特征的整体复合体。它不仅包括艺术和文学，还包括生活模式、人类的基本权利、价值体系、传统和信仰；正是文化使人类有能力反思自己。

《东盟文化遗产宣言》（2000：3）中对文化和文化遗产的定义为：

　　文化是指作为一个社会或社会群体特征的独特的精神、智力、情感和物质特征的整体复合体。它包括艺术和文学，以及人类的生活模式、价值体系、创造力、知识体系、传统和信仰。

文化遗产是指：

a. 重要的文化价值和观念；

b. 建筑和人工制品，具有历史、美学或科学意义的住宅、宗教建筑、公共设施、视觉艺术作品、工具和器具等；

c. 遗址和人类栖息地，从历史、美学、人类学或生态学角度看具有突出价值的人类创造物或人类创造物与自然的结合物、考古遗址和人类群落遗址，或由于其自然特征，作为特定生活传统的文化生存和特性的栖息地而具有相当重要的意义；

d. 口头或民间遗产，民间习俗、民间传说、语言和文学、传统艺术和工艺、建筑、表演艺术、游戏、土著知识系统和实践、神话、习俗和信仰、仪式和其他活的传统；

e. 书面遗产；

f. 大众文化遗产，大众文化（即工业或商业文化）中的流行创意，具有突出美学、人类学和社会学价值的大众表达形式，包括音乐、舞蹈、图形艺术、时尚、游戏和体育、工业设计、电影、电视、音乐视频、视频艺术和技术导向型城市社区的网络艺术。

因此,文化遗产保护领域的价值体系逐渐扩大,包括文化景观和环境、活态历史和遗产、非物质文化遗产、乡土遗产和社区参与等。对于扩大的文化遗产观至关重要的是,过去和现在都很重视人、事件、场所之间随时间推移的相互关系,这不仅涉及——当然也不是主要涉及——遗产的物质方面,还涉及相关的非物质文化遗产的关系。同时,作为文化过程而非产品的遗产观(Harvey,2001;Howard,2003)也得以牢固确立。遗产不可避免地与"记忆和认同"的概念密不可分,伊萨尔等人(Isar,2011:2)认为,这两个词与"遗产"是不可分割的,因为它们"主要围绕作为'生活方式'的文化概念"来表达。联合国教科文组织(1987)在其关于文化政策的文件中也强调了文化认同的重要作用,指出:"每一种文化都代表着独特的、不可替代的价值体系,因为每个民族的传统和表达方式都是其在世界范围内展示自己存在的有效手段。"

遗产作为过程的概念也与过去的延续感、个人和公共记忆以及场所感相联系。因此,随着全球文化遗产保护方法的转变,非物质文化遗产的概念(见下文)已经越来越多地支配着学者、组织和机构的思维。这样的思路是一个可喜的进步。它与文化可持续性的概念有明显的联系,尤其是重新思考城市保护方法。随着全球城市人口的飞速增长,城市保护已经成为人们关注的焦点(参见 Bandarin 和 vanOers,2012)。

非物质遗产与真实性问题

非物质文化遗产"包括社区、团体和个人从他们的祖先那里获得并传给他们后代的活的表现形式和传统。这种遗产不断地被再创造,并为其传承者提供一种认同感和延续性，这种遗产也特别脆弱"（UNESCO，2007）。正如本章前几节所讨论的那样，可以看出，与记忆相联系的身份认同在有关遗产的思考中是如何成为关键词的。它们对于理解有形（物质特征和功能）和无形（精神意义或象征意义）之间相互作用的场所感至关重要。学术界对侧重于场所物质结构的确定古迹和遗址的方法提出了批评，因为遗产的物质性和非物质性之间存在着不可分割的联系（另见Harrison，2013）。因此，我们可以看到，有形的物质身份和无形的身份，以及与我们生活的世界和人类体验的独特性有关的记忆，它们都与场所对人的意义以及与场所/景观相关的符号、图像和意义交织在一起（Taylor，2008）。

我们居住的地方都有鲜明的特征，这些特征是有形的，如我们周围的物质形态及其构成部分。而无形的特征，体现在我们赋予场所、物体，以及语言、艺术、歌曲、舞蹈等传统表达方式的象征意义和价值上。通过这种方式，物质空间、场所和物体在更广泛的环境中成为充满意义的地方。

这里"环境"（setting）一词的含义与《西安宣言——保护历史建筑、古遗址和历史地区的环境》（ICOMOS，2005a）中相同。它是指"除实体和视觉方面的含义外，环境还包括与自然环境之间的相互作用；过去的或现在的社会和精神活动、习俗、传统知识、用途或活动，以及其他无形文化遗产形式。它们创造并形成了环境空间以及当前的、动态的文化、社会和经济背景"（ICOMOS 2005a，第1条）。这些场所以及环境提供了一个过去的背景，它们构成现在的一部分，并暗示着未来的延续性。正是这些场所及其关联的意义，才产生了地方认同和社区的场所感（参见图3.6）。

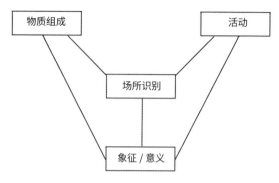

图 3.6 场所识别及其构成要素
来源：爱德华·雷尔夫（Edward Relph，2008）

与对遗产的非物质方面的考虑相联系的是真实性问题。对真实性的考察和什么是真实性问题将在下文中详细介绍。在此值得一提的是一份具有里程碑意义的文件——《奈良真实性文件》（ICOMOS，1994），它引起了人们对真实性这一主题的关注，尤其它是在有关古迹和遗址的遗产保护方法的争论加剧时出现的。该文件对保护领域的传统思维提出了挑战。在编写该文件的过程中，世界遗产委员会希望通过充分尊重所有国家的社会和文化价值的方式来进行真实性检验，基于这一愿望所提供的框架得到了认可。《奈良真实性文件》默认了处理真实性问题方法的多样性，并承认真实性并非主要存在于西方关于完整物质结构的概念之中，它通过以下方式实现：

● 承认需要尊重文化多样性和信仰体系的各个方面，是"来自边缘的强大声音，一个名副其实的分水岭"（Logan，2001:55）。

● 提出真实性判断可能与各种信息源有关，可能包括形式与设计、材料与物质、使用与功能、传统与技术、位置与环境、精神与感觉。

● 指出使用这些信息源可以详细阐释文化遗产场所的特定艺术、历史、社会和科学维度，并强调了真实性与遗产的非物质方面一样重要。

从20世纪90年代开始，国际机构越来越意识到必须扩展文化遗产的思维和实践，这一点可以从颁布的一系列文件中看出来（这些文件在第四章有详细讨论，并列在表4.1中）。在此，请注意三个表明遗产保护思想变化的例子：《保护非物质文化遗产公约》（UNESCO，2003）、《世界遗产名录：填补空白——未来行动计划》（ICOMOS，2005b），以及《千年世界遗产的挑战》（UNESCO，2007）。

国际古迹遗址理事会（2005b）和联合国教科文组织（2007）的报告，旨在确定世界遗产名录和所列文化遗产类型的区域不平衡。国际古迹遗址理事会（2005b：14）的行动计划明确指出，与《世界遗产名录》有关的平衡概念不应被视为国家之间或遗产类型之间的平衡，而是指具有突出普遍价值（OUV）的特定类型的遗产在《世界遗产名录》中的体现程度。国际古迹遗址理事会承认，考虑到文化遗产极大的多样性、分布方式以及目前在世界各地的代表情况，世界各地区和国家之间可能始终存在着某种不平衡。因此，该研究的目的是帮助缔约国努力查明遗产名录中可能存在的差距。

在《世界遗产名录：填补空白——未来行动计划》报告（ICOMOS，2005b）中，我们不难发现，《世界遗产名录》或预备名单中的大多数地方都是考古、建筑遗迹和宗教遗产，其中欧洲和北美地区居多。就亚洲而言，很明显缺少文化景观、乡土建筑、技术和农业遗址等这些体现该地区精神的综合性遗产，可能它们错过了机会（Taylor，2009）。该报告的目的是使《世界遗产名录》在地理和类型上更加平衡，鼓励那些在《世界遗产名录》中有很好代表性的缔约国[1]提交新的提名，并协助需要技术合作的代表性不足的缔约国，为编制和更新世界遗产预备清单[2]以及提名其文化和自然遗产提供条件。

20世纪90年代，《世界遗产公约》强调保护的物质方面，"不提供记录非物质文化实践的方法"（West 和 Ansell, 2010:41），这种观点逐渐占了上风。继《奈良真实性文件》（ICOMOS, 1994）之后，联合国教科文组织（2003）颁布的《保护非物质文化遗产公约》（ICHC）旨在通过国际社会对遗产、遗产意义和价值的扩展性理解来解决这种不平衡（详见第四章）。值得注意的是，该公约使用"保护"（safeguarding）一词，而不是"保存"（conservation），是指"旨在确保非物质文化遗产的生命力，包括识别、立档、研究、保存、保护、宣传、弘扬、传播，特别是通过正规和非正规教育来振兴此类遗产的各个方面（第2条）"。该公约被视为"一个大胆的尝试，旨在扩展遗产的官方类别，并将其视为活的文化过程"（West 和 Ansell, 2010: 41）。

对非物质文化遗产重要性的理解，在很大程度上得益于人们对基于人类学的文化研究的兴趣，以及与之相关的观念，即具有有形和无形联系的场所和相关社区不是静态文本的一部分，而是动态的"一个过程，通过这个过程形成某种身份"（Mitchell, 2002:1）。

与这些态度变化相关联，人们认识到遗产是由"通过社会习俗和物质遗产揭示的各种复杂和相互依存的'文化'表现形式构成的"（Bouchenaki, 2003: 106）。这与联合国教科文组织（2002）的《伊斯坦布尔宣言》是一致的，该宣言特别提到，非物质文化遗产涉及文化认同、生活和再创造的实践，而且保护非物质文化遗产必须要有遗产保护相关行动者的民主参与，如开展文化绘图（cultural mapping）工作（见下文关于文化绘图的进一步讨论和 Taylor 2013）。在这一维度中，关键是要认识到相关的无形方面是人类文化表达及其含义的显著多样性不可分割的一部分。在全球文化表达的多样性中寻求意义，深化了对社会习惯和信仰体系（包括神话）意义的认识，从而更好地理解了人们的身份、创造力和多样性（Bouchenaki，2003）。

我们必须在赋予遗产地形态和意义的思想和实践的大框架内，看待非物质文化遗产。之所以提出这一点，是因为《非物质文化遗产公约》可以被视为一把双刃剑，因为对一些评论者来说，它似乎使非物质文化与遗产地和场所脱钩，即将非物质文化与物质文化分开，反之亦然，并且回避了存在于非物质文化遗产中的真实性概念（见下文）。从本质上看，将有形和无形分离的原因可能在于1972年的《世界遗产公约》，该公约将"将物体、建筑、场所和与之相关的实践和传统分开"（Harrison，2013：137）。但与其将两者分开，不如将两者结合起来，因为遗产的非物质方面不能与场所分离。在这种情况下，卡拉夫（Khalaf，2017：266）说："有形和无形方面的融合——包括情感和感觉——比它们的分离更接近遗产的意义（《世界遗产公约》+《非物质文化遗产公约》比单独的《世界遗产公约》或《非物质文化遗产公约》更有意义）。"哈里森（Harrison，2013：137）恰当地总结了为什么将无形的情感和感觉与有形的物质分离是没有意义的：

> 《世界遗产公约》在承认非物质遗产是一个与"有形"的遗产相对立的特定类别时，继续将物体、建筑、场所和与它们相关的实践和传统分开。这维持了笛卡尔的物质和思想的二元论。

真实性

在有关遗产的有形方面和无形方面的讨论中，一个关键概念是"真实性"（authenticity）。在对《奈良真实性文件》讨论中使用的一个定义是："真实性是衡量遗产价值（注意本章下一部分将对价值进行讨论）

在多大程度上可被理解为真实、非伪造和可信的,并通过承载价值的属性来表达"(Stovel,2007:23)。《奈良真实性文件》规定(第9条和第10条),真实性是一种表现形式,即

> 对各种形式和各历史时期文化遗产的保护要基于遗产的价值,(其中)人们理解这些价值的能力,部分地取决于与这些价值有关的信息源的可信性与真实性程度。对这些信息源的认识与理解,与文化遗产的初始的和后续的特征及其意义相关,是评估真实性所有方面的必要基础……在有关文化遗产的科学研究、保护和修复规划中,以及在制定《世界遗产公约》所规定的登录程序和其他文化遗产清单时,对真实性的理解发挥着根本作用。

《奈良真实性文件》中的这些考虑引出以下问题:真实性是指尊重遗产物理结构的原初方面或基于保护和修复计划对物质结构进行的可接受的改变,它是否还包括意义和价值的无形方面?这些方面是否随着时间(包括现在)的推移而变化?在意义和价值方面,《奈良真实性文件》第11条提供了指导:

> 在不同文化,甚至在同一文化中,对文化遗产的价值特性及其相关信息源的评判标准可能会不一致。因此,对价值和真实性的判断不可能以固定的标准为基础。相反,对所有文化的尊重,要求遗产必须在其所属的文化背景下得到考虑和评判。

假设真实性概念是建立在关于各种形式的文化遗产的可信和真实的信息基础上的,则会产生进一步的问题。真实性是与"真实"(real)有关(如以西方为中心的真实物理结构的概念)还是与多样性有关?是文化信仰和系统的多样性吗?实际上,它涉及这两个方面。然而,尽管"真实性……是文化遗产的一个重要品质……'它'仍然令人费解和捉摸不定……对

真实性没有明确的界定，它完全取决于当时的情况和背景"（Karlström，2015:29）。我们可以看到，真实性与不同文化背景下不同群体所持有的特定价值有关，正如《奈良真实性文件》中所确立的那样。无论它是与材料、形式和结构的概念相联系，还是在充分尊重所有国家的社会和文化价值的大框架下，都是如此，两者都体现了价值的概念。对于物质、形式和结构的概念，卡尔斯特罗姆（Karlström，2015：30）认为，这些都蕴含在"遗产价值是普遍的，遗产属于全人类，遗产应该为未来而保存的思想中"。因此，我们可以看到，真实性并不主要存在于对过去或遗产物理结构的保存上。

在同样的思路下，关注"真正的真实"（reallyreal）（Harrison，2013：88）与对遗产无形方面的关注有矛盾吗？我们认为没有。原因在于，一些场所/物体由于具有强烈的政治和历史内涵，使人们在没有经过专家的指导或学术辩论的情况下就能将它们视为文化遗产。例如，参观吴哥窟的游客知道这些考古遗迹具有普遍意义，并本能地认识到它们的价值。他们可能在旅游指南或咖啡桌的杂志上读到过这些信息，而无须仔细考虑。在这里，柏林（Berliner，未标明年份:2）的评论很有启发：

……那么，关于物品、遗址和仪式本身又如何呢？遗址、物品或仪式是否有任何内在的、固有的品质，使它们足够吸引人而成为遗产？是它们的大小、外表、颜色、质地、位置、节奏、声音、味道，还是某些感性的东西，使它们更有可能被参观者注意，引发特定的情感反应，并产生关于它们的长久记忆？换句话说，建筑、仪式行为和物品是否拥有内在的象征属性？这些属性又如何影响遗产化的进程？

虽然《世界遗产公约》在1972年颁布时没有提及非物质文化遗产，但2005年以来，《实施世界遗产公约的操作指南》（UNESCO，2019）

通过对申报的文化遗产须符合真实性条件的规定，将非物质文化遗产的概念与物质文化遗产联系起来。其第 82 段（2005 年）准则（与 2019 年版本相同）指出，根据文化遗产的类别及其文化背景，如果遗产的文化价值（申报标准所认可的）的下列价值特征要素真实可信，则被认为具有真实性，这些要素包括：

- 外形和设计；
- 材料和实质；
- 用途和功能；
- 传统、技术和管理体系；
- 位置和环境；
- 语言和其他形式的非物质遗产；
- 精神和感觉；
- 其他内外因素。

具体而言，以上涉及语言和其他形式的非物质文化遗产。但也应该注意到，非物质文化方面与使用、环境、精神和情感等因素是密不可分的。在这方面，与《奈良真实性文件》中的信息源判断存在相似关联。

在 2005 年之前，依据 1964 年《威尼斯宪章》的精神，这些属性只包括有形的方面，其说明是"我们有责任传递它们（即历史古迹）真实性的全部信息"，这里主要指的是历史古迹的物理真实性。它开始将注意力集中在"真实性"含义这一棘手的问题上。当然，我们认为，与建筑和结构有关的真实性包括随着时间推移而进行的修复和翻新，只要它们是基于可核实的证据，并且"保护判断（如何修复和使用何种材料）不会减损文物的历史和美学品质"（Otero-Pailos 等，2010：58）。这里的难题是，"历史和美学品质"究竟是什么意思，尤其是美学品质。《威尼斯宪章》使用这些术语时并没有对此进行任何定义。大概如果一个人受过教育,那么他对精美的东西和作为艺术品的文物就有鉴赏力,也会本能地知道这意味着什么。

前文关于《非物质文化遗产公约》(UNESCO,2003)是一把双刃剑的评论,一个主要原因是该公约没有提及或使用真实性的概念。事实上,在《非物质文化遗产公约》中,真实性并没有被视为非物质文化遗产的固有品质。然而,这一思路与以下事实是脱节的,即许多场所的非物质方面与聚居地及其景观有关,在这些场所,真实性是一个决定性因素。这里我们不是指建筑形式和结构的真实性,而是指人与场所的联系以及场所的意义。《非物质文化遗产公约》本身似乎也承认了这一事实,提到了"促进保护表现非物质文化遗产所需的记忆场所"(第14条c),以及与非物质文化遗产相关的文化空间(第1条)。因此,实际上,将非物质文化遗产与场所(真实的和想象的)和物体分开的想法是人为的,混淆了无形与有形的关系,也混淆了真实性的含义。音乐、诗歌、艺术等作为文化景观,不能脱离相关场所和物体。

真实性是一个动态的概念,随着时间的推移会发生变化。这与赫伯·斯托维尔(HerbStovel,2007:28)所说的"渐进的真实性"相吻合。他进一步指出,真实性被固化在原初结构保护上的观念:"然而,从一开始,大多数参与者就认为,真实性分析是一个相对的概念,必须结合所表达信息的历史背景来使用。"

在理论和实践中,随着时间的推移和批判性话语的出现,真实性的概念已经超越了遗产的物质层面,包含了"社会和知识结构"(Nezhad等,2015:95),因此,"真实性的概念当然是由社会构建的"(Kidd,2011:25)。为了进一步说明有关文化遗产物质性和非物质性之间的联系,斯库提（Skounti，2009：77）提出：

>……并没有单一的非物质文化遗产，其范围很广，从物质遗产要素（地点、建筑、物品）的非物质维度，到典型的非物质的遗产（故事、诗歌、歌曲、音符、祈祷时的香气、香水等）。实际上，纯粹的非物质性是一种虚构：无形的东西能存在吗？显然，非物质遗产的每一个元素都有物质层面……如果没有这一物质维度，这个元素就不可能被分享，也不可能存在。

伦泽里尼（Lenzerini，2011）从国际法和人权的角度，通过非物质文化遗产代表着各民族的活态文化这一观点，对非物质文化遗产的真实性进行了中肯的讨论。伦泽里尼（Lenzerini，2011：113）认为，"事实上，鉴于非物质文化遗产与其创造者和传承者的文化身份密切相关，保持其真实性至关重要。因此，真实性的丧失可能会导致假的非物质文化遗产的产生，而这种非物质文化遗产不再与它在文化上所属的社区、群体和/或个人的文化特质相联系……在这种情况下，相关的遗产就不能再被视为代表一种有保护价值的'非物质文化遗产'。"伦泽里尼（2011:113）进一步提出了以下重要观点：

>因此，保护非物质文化遗产的真实性，意味着允许这种遗产不断适应有关社区、群体和/或个人的文化身份，通过自动重建和创新，来反映这些社区、群体和/或个人的文化和社会变迁。

价值与意义

价值

"价值长期以来一直是建筑环境中遗产及其保护理念的基础。"

（Avrami 和 Mason，2019：9）因此，价值的概念与人类对物质和非物质遗产的意义是密不可分的。《奈良真实性文件》第9条规定："各种形式和各历史时期的文化遗产的保护都是以赋予遗产的价值为根基的。"（ICOMOS，1994：第9段）早在1994年之前，澳大利亚国际古迹遗址理事会就在具有国际影响力的国际古迹遗址理事会澳大利亚国家委员会《保护具有文化意义地方的宪章》（《巴拉宪章》）中采用了自己的一套保护原则。该宪章于1979年首次颁布，比《威尼斯宪章》晚了15年，是第一个由单一国家发布的此类宪章，旨在使遗产保护的思想和实践适应特定地区的情况。该宪章经历了各种迭代升级，1984年版、1988年版、1999年版，最近的是2013年版。在创立之初，"它对遗产专业人员如何决定遗产场所的意义产生了国际影响。它通过将遗产类别从'遗址和纪念物'改为'具有文化意义的场所'，做到了这一点。这就把重点从代表物质文化的'石头和骨头'转向了场所的意义，即人类赋予物质的意义，即文化。"(West 和 Ansell，2010：38/39) 术语"场所"（place）包括物理元素、物体、空间和景观，并可能具有有形和无形的维度。

《巴拉宪章》2013版（国际古迹遗址理事会澳大利亚国家委员会，2013）的"实践指南1：理解和评估文化意义"，提出了美学、历史、科学、社会和精神价值，以及这些价值如何在表述文化意义的概念中得以体现。文化意义的概念及其国际影响，是1988年版《巴拉宪章》的一个创新，在2013年版本中被表述为：

……一个场所具有的品质或价值的总和，包括《巴拉宪章》第1.2条所列的五种价值——美学、历史、科学、社会和精神价值。通过调查场所和评估这些价值的过程，我们可以清楚地描述为什么一个场所是重要的。这是确保我们的决定和行动不会削弱其重要性的第一步。

还应注意的是,《巴拉宪章》第1.2条规定:

> 文化意义体现在场所本身以及它的结构、环境、用途、关联和意义中,以及场所对不同个体或群体而言可能具有的一系列价值。

在第1.2条的注释说明中,有一个至关重要的意见,即"对文化意义的理解可能会因新的信息而改变"。价值和相关意义会随着社区和社会的变化而变化。人类的价值观确实在变化,而且非常明显的是,人们越来越认为文化遗产并不是一个固定不变的东西,它不只存在于著名建筑和考古遗迹中,也不只存在于历史上富人和名人的纪念场所中。这一趋势反映了遗产内涵的社会变化,并且拓宽了视野,并不仅仅关注专家的观点。在此背景下,弗朗西斯科·班达林(Francesco Bandarin, 2019:11)指出:

> 文化遗产价值体系——尽管强调的重点和表达方式不同——已经从个体走向集体维度,从精确表现人类天才走向社会领域。这是一种文化维度,遗产正属于这个维度,是共同价值观、历史、过去和现在生活的表达。

文化与社会变化过程相关的一个显著特点是,随着时间的推移,文化和文化价值会随着文化背景的变化而变化。尤泽尔(Uzzell, 2009: 326/327)恰如其分地表达了这种变化:

> 遗产的意义会随着时间的推移和不同群体的变化而有所不同。它具有社会、文化和政治功能。但在这一过程中,遗产并不是静止不变的……我们利用遗产来创造我们自己的个人、团体和国家的身份。

价值类型学

国际上有遗产价值类型学。"通过使用这样的类型学——一种将意义分解为不同种类遗产价值的框架——可以更有效地表达和比较专家、公民、社区、政府和其他利益相关者的观点。"（Mason，2002：9）应该承认，《奈良真实性文件》本身就指出："对所有文化的尊重要求遗产必须在其所属的文化背景下得到考虑和评估"（ICOMOS，1994：11）。图 3.7 是一个价值类型的示例。关于价值类型更广泛的论述，参见 Fredheim 和 Khalaf（2016:468）的观点。

国际古迹遗址理事会澳大利亚国家委员会《巴拉宪章》(2013)	美学价值
	历史价值
	科学价值
	社会价值
	精神价值
国际古迹遗址理事会中国国家委员会《中国文物古迹保护准则》(2015 年修订)	艺术价值
	文化价值/社会价值
	历史价值
	科学价值
梅森 (2002)	社会文化价值
	历史价值
	文化价值、象征意义
	社会价值
	精神、宗教价值
	美学价值
	社会经济价值
	(市场) 价值
	非使用 (非市场) 价值
	存在价值
	选择价值
	遗产价值
英格兰历史遗产保护局（2015）	可作证据的价值
	历史价值
	美学价值
	公共价值
《实施世界遗产公约的操作指南》（2019）	标准 1~6：突出的普遍价值

图 3.7 遗产价值类型示例

《巴拉宪章》1977年第一个版本中提到了美学、历史、科学和社会价值，作为理解文化意义的基础，但没有对其进行定义。在1988年的版本中，对这些价值进行了定义。值得注意的是，社会价值的定义是一个地方成为多数或少数群体之精神、政治、民族或者其他文化情感焦点的能力，这表明在理解遗产的意义方面有了创新性变化。1988年和1999年版本的《巴拉宪章》提到了精神价值，但没有对其含义进行界定。这一点在2013年的版本中得到了纠正，精神价值被确定为与美学、历史、科学和社会价值并列的一种价值。总之，《巴拉宪章》关于遗产文化意义的具体说明（国际古迹遗址理事会澳大利亚国家委员会，2013：1-12）中对其各种价值的定义如下（另参见第五章，该章对如何评估价值进行了详细说明）：

　　美学价值是指对某个场所的感官和知觉体验，即我们在视觉和非视觉方面的反应，如声音、气味和其他对人类思想、情感和态度有强烈影响的因素。审美品质可能包括美的概念和形式的审美理想。审美表达受到文化的影响。

　　历史价值涵盖历史的各个方面，例如，美学、艺术与建筑、科学、精神和社会等方面的历史。因此，它通常构成其他价值的基础。一个地方可能具有历史价值，因为它影响了历史事件、阶段、运动或活动、个人或群体，或受到其影响。它可能是一个重要事件的发生地。对于任何一个场所来说，如果与事件有关联的证据在该地方保留下来，或场所的环境基本完好，其文化意义将比已被改变或证据已不复存在的地方更大。然而，在某些情况下，某些事件或与此关联的东西可能非常重要，以至于即使发生了改变或缺乏证据，这个场所仍然具有重要意义。

　　科学价值指某个场所的信息内容，以及通过对该场所进行考察或研究（包括使用考古技术），来揭示过去某个方面更多信息的能力。一个地方的相对科学价值很可能取决于其所涉及的信息或数据的重要性（即稀缺性、质量或代表性），以及为解决重要的研究问题，提供有关该场所本身或某一类型或类别场所的更深层次重要信息的潜力。为了确定这种潜力，可能需要进行某种形式的测试或取样。例如，对于考古遗址，可以通过测试挖掘来确定。

社会价值是指某个场所与一个特定社区或文化群体的关联性，及其对该社区或文化群体的社会或文化意义。

精神价值是指某个场所体现的或被唤起的无形价值[3]和意义，这些价值和意义使它在一个文化群体的精神认同或传统知识、艺术和实践中具有重要意义。精神价值也可能反映在审美和情感反应或社区关联的强度上，并通过文化习俗和相关场所表现出来。场所品质可能会激发人们强烈的和/或自发的情感或哲学上的思考，加深他们对自己在世界中的位置、目的和义务的理解，特别是与精神领域的关系。

"《巴拉宪章》使用价值类型来确定更全面的文化意义的方法，其影响范围远远超出了澳大利亚，因为它已经被世界其他官方机构所采纳。"（West 和 Ansell，2010：39）这方面的一个例子是国际古迹遗址理事会中国国家委员会（2015）制定的《中国文物古迹保护准则》，其全文都提到了意义。第一条（英译本第 58 页）将意义确定为文物古迹保护的基本标准，然后将其与具体的价值联系起来（英译本第三条第 61 页）。在 2015 年《中国文物古迹保护准则》的前言中指出（第 56 页），该文件充分吸收了国际古迹遗址理事会中国国家委员会自 2000 年第一版以来文化遗产保护理论和实践的成果。在遗产价值认识、保护原则、新型文化遗产保护和遗产的合理利用等方面，充分体现了当今中国文化遗产保护的认识水平。此外，修订后的文件还有一些新的特点和议题，使其更具针对性、前瞻性和权威性，能够更好地为从业人员提供指导。

值得注意的是，《中国文物古迹保护准则》第3条除了强调文物古迹的历史价值、艺术价值和科学价值外（这些是2000年版准则的延续），修订后的《中国文物古迹保护准则》还根据中国和国际上的遗产保护理论研究和实践，承认遗产还包含文化价值和社会价值。除了许多遗产地的物质遗产所具有的文化和社会价值外，当文物古迹在知识的记录和传播、文化精神的传承、社会凝聚力的产生等方面具有社会效益时，就体现了社会价值，文化价值则与文化多样性和非物质文化遗产紧密相连。文化价值和社会价值的概念进一步丰富了中国文化遗产的范畴和内涵，对构建中国遗产保护的价值理论体系起到了积极作用（ICOMOS China，2015：56）。

具体来说，《中国文物古迹保护准则》第3条（第61页）指出，文化古迹的价值包括历史价值、艺术价值、科学价值以及社会价值和文化价值。社会价值包含记忆、情感和教育等内容。文化价值包含文化多样性、文化传统的延续和非物质文化遗产要素等相关内容。文化景观、遗产线路、运河等文物古迹还可能涉及相关自然要素的价值。

历史价值是指文物古迹作为历史见证的价值。

艺术价值是指文物古迹作为人类艺术创作、审美趣味、特定时代的典型风格的实物见证的价值。

科学价值是指文物古迹作为人类的创造性和科学技术成果本身或创造过程的实物见证的价值。

社会价值是指文物古迹在知识的记录和传播、文化精神的传承、社会凝聚力的产生等方面所具有的社会效益和价值。

文化价值则主要指以下三个方面的价值：

1. 文物古迹因其体现的民族文化、地区文化、宗教文化的多样性特征所具有的价值；

2. 文物古迹的自然、景观、环境等要素被赋予了文化内涵所具有的价值；

3. 与文物古迹相关的非物质文化遗产所具有的价值。

在思考《中国文物古迹保护准则》2015年修订版的变化时，Li（2019：100）解释说："尽管在中国历史保护的谱系中可以找到多种遗产价值，官方的文化遗产文件仍然没有提及任何社会和文化价值。"修订后的《中国文物古迹保护准则》（国际古迹遗址理事会中国国家委员会，2015）纠正了这一遗漏，社会和文化价值被添加到'官方'的遗产价值类型中，承认传统的三大价值在界定和评估日益广泛的遗产主题方面存在不足。"

在实践中，通常会对价值进行评估和分析（见第五章），以便为所研究的遗产资源编制一份意义评估报告，并指导管理。因此，在这种情况下，意义是一个场所价值的综合，意味着基于价值的遗产保护方法"旨在识别、维持和增强意义，其中意义被理解为遗产的整体价值，或其构成遗产价值的总和。所有这些方法的共同点是强调理解有关遗产的价值，通常在意义评估报告中正式提出，以便对其进行适当的管理、使用和保护。"(Fredheim 和 Khalaf，2016：466) 世界遗产的意义在突出的普遍价值（OUV）评估标准中得以陈述。

随着时间的推移，可以看出在实践中应用的价值范围已经发展和扩大（可参见第四章，有关20世纪初文化遗产思想的背景），具有非物质文化关联的价值也越来越突出（McClelland 等，2013）。虽然人们普遍认为类型学在本质上是还原主义的，不能提供价值的绝对定义(Avrami 等，

2000；McClelland 等，2013），但人们也认识到，类型学提供了"灵活的框架，广泛承认在文化遗产管理中需要考虑的一系列价值"。(McClelland 等引用 Worthing 和 Bond，2007）。

同样重要的是要理解，识别价值和确定文化意义的行为"本身并不是目的"。（McClelland 等，2013：593）相反，它是一种手段，目的是确保对一个遗产地进行合理的、基于价值的管理，其基础是该地的遗产为什么重要（有意义），对谁重要，这取决于谁的价值应该被重视。这种方法的优势在于"相对于更传统的、以专家和监管为重点的方法，这种方法有可能特别用于那些适用范围较小的价值"。（McClelland 等，2013：593）。这种传统方法被认为是由"一小部分专家团体所制定的，他们更关注物质结构保护以及与材料真实性和完整性有关的问题"（dela Torre，2005；McClelend 等，594）。这里提及专家并非有意引发专家和非专家之间的分歧，而是"为了反映遗产的多面性，以及不同的人和组织对遗产的不同判断方式"，并理解"基于价值的方法有能力在现代保护实践中提高社区参与度"（Mason，2006；McClelland 等，2013：594）。鉴于以下观点，应促进社区及其价值与那些可能更关注物质结构的专家之间的潜在联系：

> 虽然价值观的转变体现在众多的参与性保护实践中，这些实践吸引了更多利益相关者参与进来，但重点是将公众赋予场所的更广泛的社会价值，转化为一套可以通过专业保护、规划和管理以及干预来保存的遗产价值。遗产专家通过还原法筛选相关的社会价值，并将其纳入决策过程，这一过程是自我强化的，它最终将支持保护地方文脉的基本目标。
>
> （Avrami 和 Mason，2019：22）

这一观察也强化了人们的认识，即遗产地的物质和非物质文化之间确实存在着联系。

总之，遗产保护实践中调查研究和文献记录的过程，旨在揭示价值和意义，应当遵循三个标准：易懂的和可理解的，采用可复制的方法，便于评估结果。

基本价值和工具价值：多重话语

21世纪初以来，人们对以价值为基础的遗产保护方法的意义和利弊进行了广泛讨论，有时会产生分歧，作为对权威化遗产话语（AHD）范式霸权的回应（见第一章）。学术界、遗产专家、政府机构和越来越多的社区团体参与了这场讨论。尽管一些人对基于价值方法的效能不断提出负面评论，但"基于价值的决策持续渗透到典型的保护过程中并占主导地位，从确定要保护的场所，到关于保护和管理遗址的决策"（Avrami 等，2019：1）。在讨论权威化遗产话语（AHD）之外的国际遗产出现的多元话语时，毕玲玲等（2016：192）认为，"20世纪80年代以来，关于文化多样性、文化景观和社区发展等方面的兴趣，在学术界和类似于联合国教科文组织和国际古迹遗址理事会（ICOMOS）的专业机构中逐渐获得认可并得以推动"。当一些国家的政府机构忽视、否定或把自己的议程强加于有社区参与的基于价值的方法时，问题就出现了。同样，在世界文化遗产层面，世界遗产委员会也时常出于政治原因，做出无视最佳实践和国际古迹遗址理事会等机构建议的决策。

在考虑文化遗产价值时，会涉及将价值视为基本和/或工具性价值（参见下面的Wijesuriya等）。传统的基本价值方法在许多保护实践中起着基础作用，支持它的专家关注文化遗产的有形的物质性，即保护古迹和遗址的物理结构和布局。然而，对更广泛的社会价值和精神价值（与场所的非物质性关联）的认识及其意义不断增强，与所谓的"以价值为导向的遗产保护方法"有关，即使专家重视的基本价值与更广泛的社会价值之间的关系有时并不和谐，但该方法已在基本价值评估方法中占据一席之地。

工具性价值反映了超越文化遗产范畴的社会价值，因为"它们旨在引发其他非保护性的结果。虽然遗产法规和政府政策经常引用社会价值作为其公共投资的理由之一——从教育到经济利益——但这些更广泛的目标与基于场所的保护实践之间常常是脱节的"（Avrami 和 Mason，2019：12）。尽管如此，基本价值和工具价值的方法不应被视为相互排斥。相反，我们应该关注的是，它们彼此之间有哪些重叠，并且在大多数文化遗产场所中，它们如何共存。这种思维植根于价值不断变化的现实，保护管理者必须考虑可接受的变化水平，因为在现实生活中"遗产的社会用途不一定与保护理念完全一致"（Avrami 和 Mason，2019：12）。在处理价值和诸如谁的价值等问题时，保护管理者必须与一系列公共和私人利益相关者接触。反过来，这往往涉及在更广泛的背景下试图平衡相互竞争的政策，包括土地使用规划和经济发展，如旅游收入，始终旨在保持一个场所的意义。为了引导这样一个过程，阿芙拉米等（Avrami 等，2019：2）建议：

> 基于价值的保护方法通过在决策过程中纳入不同的观点来引导不同的保护规模和利益。随着国际上民主进程的快速推进，以及社会流动性的增强创造了更多样化的社区，许多公众（一些有权势，另一些则被严重剥夺了权力）的观点在影响专业人士做出保护什么和如何保护的决策方面，变得越来越重要。

弗雷德海姆（Fredheim）和卡拉夫（Khalaf）（2016:467）在探讨基于价值范式的弱点时，并不主张整体放弃这一范式，而是探讨其失败的地方。这是因为，他们认为我们对遗产及其价值的理解是不完整的，"基于价值的方法经常被不加考虑地贴上相对主义和后现代主义的标签"。与这种观念相关的是，保护遗产场所的过程是价值判断的结果，其认识论和专业基础是定性/主观数据（参见第一章）。在这里，与上文讨论的本质主义遗产观相比，工具性遗产观（即遗产是由人们赋予场所价值而形成的一种社会建构）的概念与此有明确联系。本质主义的观点意味着价值是一个场所或对象本身所固有的，作为一个基本要素，它本身是有价值的，这是不言而喻的，即价值内隐于场所或对象之中，它体现于古迹和遗址以及保护物质遗产的方法。与遗产保护的方法相对应，"列入遗产名录的标准在很大程度上仍然是由策展规则驱动的"（Avrami 和 Mason，2019:22），而且，我们可以补充说，国际上所重视的遗产分类登记作为遗产项目清单，其价值主要还是由遗产管理专家决定[4]，在此意义上，遗产的价值仍然是固有的，是由专家确定场所/物体所固有的价值，而不是由人所感知的场所价值。

因此，可以得出结论："基于价值的理论（我们可以补充一点，实践）通过评估感知价值（perceived values），可以使潜在的保护决策变得更为明确，实现更有效的沟通和质询，从而做出明智的战略性决策。"（Fredheim 和 Khalaf，2016：467）将价值明确化的基本考虑是，在实践中，运用价值类型学来指导文化遗产保护，不仅要考虑专业或专家的意见，还要考虑非专业人士的意见，特别是社区的意见，弄清楚为什么该场所对社区有价值。这是因为，遗产是一种社会建构，而不是一种事物（thing）（另见 Avrami 和 Mason，2019：23）。它是关于人与场所的关系，因此包含了物质性和非物质性。正如史密斯（Smith, 2006：3）所言，它是"一种多层次的表现……体现了记忆和纪念的行为，同时……在当下构建了一种场所感、归属感和认同感。"（参见图3.8）

图 3.8 维甘，菲律宾

作者：肯·泰勒（Ken Taylor）

菲律宾西北部被列为世界遗产的维甘市就是一个例子，在遗产得到保护的同时，当地社区身份、地方精神和地方文化不仅得以延续，而且蓬勃发展。该市的经济发展在很大程度上来自旅游业，以及对该市优秀建筑和街景的保护，同时也得益于社区中不同群体的社会凝聚力，这些群体被统称为"比格尼奥斯（Bigueños）"，他们对自己的城市有着共同的依恋感、自豪感和场所感。1572年，西班牙人来到这里，将城市规划成网格状，从中央公园向外延伸，周围是行政建筑和宗教建筑。后来，华人移民与当地菲律宾人通婚，形成了一个富裕的群体，他们沿着狭窄的街道建造房屋，与西班牙人房屋的宏伟规模形成鲜明对比。如今，许多城市街道禁止机动车通行，带给人一种可以随意漫步的迷人感觉。

1999年，维甘被列为世界遗产，这是市长伊娃·玛丽·S·梅迪纳（Eva Marie S Medina）与当地社区合作提出的倡议。这是地方政府与当地人民合作的典范。梅迪纳女士从一开始就以她富有感染力的信念和热情，让当地人参与进来，正如她所观察到的那样（联合国教科文组织曼谷办事处等，2010）：

> 我们开始认识到我们的独特优势，即我们身处一个独特且具有特殊性质的历史场所。我们开始意识到遗产保护的社会经济潜力，它是建立社区自豪感和责任感、提高生活水平、发展文化产业和创造生计机会的工具。随着维甘获得新的国际认可，它成为

居民的骄傲,成为游客必去的目的地,这反过来又促使房主们愿意更好地保护他们祖先的房子,并赋予其新的用途。通过建立共识,颁布地方法律,确定了城市历史核心区的边界、开发限制和实际干预措施,以保护城市结构的完整性和真实性。

一本游客手册上写道:"维甘仍然是骄傲的比格尼奥斯(Bigueños)的家园,我们欢迎每个人……现代的形象和声音已在此存在,但它们无法淹没过去的静谧和优雅。维甘敞开大门接受变革,但并没有因此牺牲其丰富的遗产财富。"维甘被誉为"一座活着的历史名城",其历史悠久的城市布局、网格状街道格局和开放空间保持完好。尽管发生了一些变化,如内部被分割成更小的公寓,以及使用镀锌金属屋顶,但商业建筑的下层仍在继续,上层则是住宅。在维甘古城管理中,当地人的参与支撑着社区和社会历史的真实感,人与地方之间的非物质文化遗产联系为真实性提供了强有力的支持。

从这个意义上说,维甘肯定其居民社区所表达和维护的多元化身份、传统价值和信仰体系。毫无疑问,维甘被确认为世界遗产的一个主要结果是,在市政府的鼓励下,维甘成为游客必到的旅游目的地,游客大量涌入,但由于经济效益良好,当地社区显然对此表示支持。这也强化了当地人对自己家园的自豪感,重要的是,维甘并不像某些地方那样只是向游客兜售旅游时尚乡土主义。(另见 Ashworth 和 Graham, 2012: 594 关于时尚乡土主义的主题)

在 2012 年《世界遗产公约》颁布 40 周年之际,维甘被公认为世界遗产管理的最佳实践典范,同时其市长收到了证书。该证书上说,维甘的成功和可持续管理是在资源相对有限的情况下实现的,这使其适用于所有国家的遗产场所，当地社区很好地融入了该遗产可持续保护和管理的诸多方面，并制定了多方面的遗产保护方法。[5]

图 3.8 菲律宾维甘，街道
来源：肯·泰勒（Ken Taylor）

来源

1.Ashworth, G. J. & Graham, B. (2012),'Heritage and the Reconceptualization of the Postwar European City' in Stone, D. ed., The Oxford Handbook of Postwar European History (pp.582–599), Oxford: Oxford University Press.
2.UNESCO Bangkok & City Government of Vigan (2010), World Heritage City of Vigan Philippines. Heritage Homeowner's Preservation Manual, Bangkok: UNESCO and Vigan: City Government.
3.See also Taylor, K. (2020),'The ideology of the urban cultural landscape construct,' in Kapila D Sylva (ed), The Routledge Handbook on Historic Urban Landscapes in the Asia-Pacific, Abingdon & New York: Routledge, 48–66.

对遗产的反思可能会进入有争议的领域，即遗产价值和社会价值之间的分歧，但正如阿夫拉米和梅森（Avrami 和 Mason，2019：11）所建议的那样，不应过分强调其分歧。这个建议很及时，否则两种价值视角之间就会出现不和谐的观点：传统遗产保护实践依赖遗产价值，而学术批判理论家相信"向社会价值的根本转变"（同上），这种转变与保护实践就可能脱节。正如第一章所述，当我们需要合作思考和行动时，理论与实践之间的断裂可能会适得其反。然而，这并不意味着在遗产政治的背景下，要接受强加的专家观点而无视社会价值。

维杰苏里亚等（Wijesuriya 等，2013:20）颇有说服力地讨论了遗产价值和社会价值方法，作为理解与文化遗产有关的可持续发展问题的一种方式，并将它们分别定义为"内在的"（即本质主义）和"工具主义"方法：

第一种方法基于这样一种假设，即文化遗产和通过其物质遗存了解过去的能力，作为文化多样性的属性，在培育强大的社区、支持个人的物质和精神福祉以及促进相互理解与和平方面发挥着根本作用。根据这一观点，就文化遗产对社会的贡献而言，保护和促进文化遗产本身就是一个合理的目标。

第二种方法源于这样一种认识，即遗产部门作为更广泛的社会领域中的一个重要角色，以及作为一个更大的组成系统中的一个元素，应该承担其在可持续发展的全球挑战方面的一份责任……

他们进一步将内在的（本质主义）方法归纳为两个子集（Wijesuriya 等，2013：24/25），强调这两者并不相互排斥，传统方法和价值主导的方法定义如下：

传统方法是指西方世界现代保护运动诞生后，保护专业人员所采用的方法。该方法将重点放在保护过去的材料或结构上，这些材料或结构被确定为为子孙后代而保存的古迹和遗址。保护专家们开始确定和界定需要保护的东西（后来各国为此制定了相关法律）。对建筑结构的现有状况进行检查后，采取了各种干预措施，以延长材料的使用寿命。在20世纪中期，这种方法通过《威尼斯宪章》等文件和国际古迹遗址理事会等组织的工作得到了全球认可。

传统方法涉及的步骤：

- 定义（识别）（蕴含的意义）；

- 文件记录；

- 评估条件；

- 规划保护干预措施。

在许多方面，价值主导的方法是对遗产日益复杂认识的一种回应。它在世界各地发展，例如在加拿大和美国，并通过1979年国际古迹遗址理事会澳大利亚国家委员会首次制定、后续更新的《巴拉宪章》而广为人知。该宪章提倡根据所有利益相关方（而不仅仅是专家）赋予的价值来评估一个地方的重要性，并使用"意义声明"（Statement of Significance）作为制定保护和管理策略的基础。1982年，詹姆斯·科尔（James Kerr）在关于保护规划的工作中进一步发展了这一概念（参见Kerr, 2013）。他提出了一种以价值为基础的系统化方法，更重要的是，以遗产场所对社会的文化意义为基础，制定保护和管理规划。采用这种方法的前提是社会中人们赋予遗产不同的价值。

价值主导的方法涉及的步骤：

- 收集数据；

- 评估意义（价值和属性）；

- 评估条件；
- 保护管理规划。

活态历史/活态遗产方法

21世纪初以来，在活态历史/活态遗产这一主题下，以人为中心的遗产思维方法获得很大的发展（Taylor和Altenburg，2006；ICCROM，2015；Poulios，2014；Poulios，2010）。这与国际上对文化遗产兴趣和认识的不断提高有关，世界各国，无论是发达国家还是发展中国家，如东亚、东南亚、南亚及其他地区和国家都开始接受这种遗产观。举例来说，在世界舞台上，亚洲国家对其遗产的认识和真实性的信心日益增强，尤其是其在吸引游客和增加旅游收入方面的重要作用。从根本上说，这是对历史和遗产的一种充满活力和生命力的关注，历史和遗产不仅仅被理解为已逝的过去，而是延续到此时此地，并与遗产作为一种社会建构的概念相联系（图3.9）。继续以亚洲背景为例，我们看到了对"持续的、鲜活的历史存在"的赞颂，在这里它与历史"持续滋养传统"（continuous nourishing tradition）这一概念有直接联系，戴维·洛温塔尔（David Lowenthal，1998：3）在讨论历史、传统、记忆和遗产的作用以及人类与过去的联系时，推测遗产可能是其继承者（Taylor和Altenburg，2006：269）。洛温塔尔主张，历史已经放弃了其滋养传统的作用，而遗产接过了这个责任（参见第一章）。在本书中，我们倾向于在活态的意义上将历史与遗产联系起来，并注意到安尼斯·鲍里斯（Ioannis Poulios，2010：2104）等学者只提及"活态遗产"。

回顾基于材料（传统）和基于价值的方法时，安尼斯·鲍里斯（Ioannis Poulios，2014）提出，这些方法不足以适应社区价值，实践中需要一种合理的活态遗产方法：

图 3.9 文化景观环境，柬埔寨吴哥。柬埔寨：活态历史及人与环境之间互动持续滋养传统的典范，共同创造了吴哥古迹的文化景观和环境。
来源：肯·泰勒（Ken Taylor）

活态遗产（living heritage）的概念与连续性概念密不可分，首先是遗产原初功能的连续性，即遗产最初的目的；其次是社区与遗产之间联系的连续性。社区持续通过（传统）知识、管理系统和保护实践关照遗产；并通过不断演变的物质和非物质遗产表现形式来应对不断变化的环境——从这个意义上说，变化成为连续性的一个组成部分。

鲍里斯认为，基于价值的方法有缺陷，因为它"没有充分考虑当代人的需求和权利"（Buckley，2019:53）。"活态遗产"方法（Poulios，2014：28）主张要"从纪念物转向人，从有形的结构转向无形的联系……

从不连续性转向连续性",并以更有意义的方式与本土社区和原居民互动。其推论是,现有的基于价值的方法不能胜任处理和表达原居民群体和本土社区与其遗产场所、文化观念和意义的关联价值。这种批评反过来又提出了一个相反的论点和问题,即问题不在于基于价值方法的所谓缺陷,也不在于认识到更广泛的自下而上的参与需求,而在于它"在许多地方的应用方式仍然不一致,其过程和结果未得到充分研究"(Avrami 和 Mason,2019:2)(参见图 3.5 布吉必姆文化景观,澳大利亚原居民世界遗产地,它表明现有的基于价值的方法在实践中是可行的)。

文化绘图

以人为本的方法贯穿遗产思维、非物质文化遗产和公众参与,是文化绘图(cultural mapping)实践的核心。全世界对日常文化、生活方式和行为方式的兴趣显而易见,而这些正是场所感的基础。我们越来越清楚地认识到,世界上存在着丰富多彩的文化,其内涵和意义也多种多样,这就是人们常说的"平凡的神圣"(Sexson,1992)。这种兴趣越来越多地反映在我们对文化遗产管理的思考中,因为我们生活的地方具有鲜明的特征。这些特征是有形的,如我们周围环境的物理模式和组成部分;这些特征也是无形的,如我们赋予地方的象征意义和价值,以及我们赋予物体和传统表达方式的象征意义和价值,如语言、艺术、歌曲、舞蹈、文学等。通过这种方式,物理空间、地点和物体就成为广泛的文化景观环境中的场所。它们提供了过去,是当下的一部分,并预示着未来的延续性。正是这些具有身份和意义感的场所,为人们带来了所谓的地方特色(local distinctiveness)和场所感。

在文化绘图(记录)的意义上,文化并不仅限于被统称为艺术的领域,包括绘画、雕塑、音乐、舞蹈、语言、传统等,无论这些是在所谓的高级艺术/高级美学领域，还是在同样重要的民间艺术领域。虽然包括艺术，但"文化"是一个整体性的概念，涵盖了我们在地方、地区或国家社会层面上集体做事的方式。它是对我们自己的展示。因此，世界各地非凡的文化多样性，为我们提供了丰富的遗产，值得我们珍惜和重视。这在很大程度上推动了以文化旅游为形式的大众旅游业发展，通过这样的旅行，我们可以观赏和体验其他的文化形式和做事方式。

1994年出版的一本专著《文化地图》提出：

> 文化绘图涉及一个社区对当地文化资源的识别和记录。通过这项研究，文化元素被记录下来，其中包括有形的元素，如美术馆、手工业、独特的地标、当地活动和产业，以及无形的元素，如记忆、个人历史、态度和价值观。在研究了使一个社区更加独特的元素后，文化绘图涉及启动一系列社区活动或项目，以记录、保存和使用这些元素……文化绘图的基本目标是帮助社区认识、肯定和支持文化多样性，以促进经济、社会和区域发展……
>
> 文化绘图是一种界定文化对社区意味着什么的方式，识别能增加价值（包括社会和经济）的文化元素，记录、保存或以新的和创造性的方式发展这些元素。每个文化绘图项目都会像它所反映的社区一样各具特色（作者强调）。

文化绘图被公认为保护世界无形和有形文化遗产的关键工具和技术（联合国教科文组织曼谷办事处，2017）。它包含从基于社区的参与式数据收集和管理到使用地理信息系统（GIS）进行复杂测绘等广泛的技术和活动。从本质上讲，文化绘图的想法源于地方或国家层面的社会、经济或文化需求。尽管文化绘图本身不是目的，但它是满足这种需求的工具和方法。通过这种方式，文化绘图有助于识别和记录当地的文化资源和活动（Cook 和 Taylor，2013：31；另见 Pillai，2013）。

在保护文化多样性的背景下（这是联合国教科文组织的一项目标），调动现有的工具和手段，作为实现其保护文化多样性总目标的一个基本步骤。文化绘图作为一种工具，包含一系列的技术和活动，从基于社区的参与性方法到识别和记录当地文化资源和活动，再到使用创新和复杂的信息工具，如地理信息系统（GIS）。收集到的文化遗产数据可以通过地图、图表、数据库等多种形式表示。图3.10a/b说明了在菲律宾科迪勒拉水稻梯田（1995年被列为世界遗产）的一个研究项目是如何探索该遗产对于当地土著伊富高人（Ifuago）的意义的。

图 3.10 当地人眼中的景观：菲律宾洪端市水稻梯田

菲律宾科迪勒拉水稻梯田申报为世界遗产后，伴随着各种媒体的图像宣传，该地旅游业得到了发展。很多研究都集中在外来者对当地景观的印象上，但对当地居民的景观印象却分析得较少。在这个项目中，我们进行了一项调查，旨在考察当地居民对世界遗产菲律宾科迪勒拉水稻梯田洪端市（Hungduan）部分景观的看法（图3.10a）。具体来说，2012年，由筑波大学组织的一个日本研究小组（见下面的参考清单）在洪端市进行了一个实地研究项目，以弄清楚当地人认为景观的哪些要素是重要的，即水稻梯田对生活在这个文化景观区的人们有什么意义。研究小组明确指出，当地居民对从祖先继承下来的空间以及与他们的生计和食物供应有关的空间，有着敏锐的意识。这种意识反映在当地居民拍摄的景观照片中，这也是研究的一个重点。这些照片有力地说明了当地居民对其景观的依恋，研究小组认为，他们应该努力了解当地居民对景观依恋的认知，尽可能减少来自调查人员的外部影响。

图 3.10a 洪端市水稻梯田景观
来源：肯·泰勒（Ken Taylor）

洪端市梯田群是组成伊富高省科迪勒拉水稻梯田的五个梯田群之一，位于马尼拉以北 450 千米处，于 1995 年作为文化景观列入世界遗产名录。拥有这块土地的伊富高人在 2000 年前就开始在山坡上开凿梯田。梯田和周围的环境（如灌溉系统和共有森林）由一个传统的社会系统管理，发挥着重要的社区作用，尽管这种作用在不断变迁。洪端的部分地区(和其他地区一样)出现了人口外流,但在哈堡(Hapao)附近的调查区域，由于梯田仍保持良好，并没有发生人口外流问题。

该研究项目的重点是在研究小组的指导下，由当地人参与的摄影调查。SITMo（拯救伊富高梯田运动）组织了当地居民参与，他们都很乐意参加。他们被分为 8 个小组，每个小组有 3 至 5 名成员（共有 31 名参与者）。活动步骤如下：

- 研究小组向参与者介绍活动步骤（图 3.10b）。
- 每组赠送两台富士 Instax 即时相机（宝丽来），配有 20 张胶卷。
- 轮换拍照。
- 每组选择自己的拍照路线，所以各组的时间、路线和距离都不同。
- 各组由研究人员和州立大学的学生陪同，他们也是 SITMo 的成员。
- 在行走过程中，摄影师被问及他们拍摄每张照片的原因，研究小组可以了解摄影对象的兴趣，并收集数据，以帮助了解居民的景观依恋。
- 通过 GPS 和 GIS 记录拍摄位置和跟踪路线。
- 团队制作海报，展示摄影之旅的数据。
- 在当周晚些时候，在 SITMo 举办的研讨会上讨论这些结果。

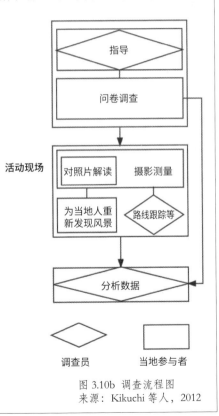

图 3.10b 调查流程图
来源：Kikuchi 等人，2012

研究团队向居民询问了他们所拍照片的相关问题，以了解他们对哈堡的感情、水稻梯田的意义以及照片中的具体对象。照片分类如下：
- 动植物；
- 传统工具；
- 灌溉系统／森林／水稻梯田；
- 日常活动；
- 熟悉的设施。

从照片中，研究小组发现，人们对生存不可或缺的物品或习俗有明确认识，尊重从祖先那里传承下来的东西和知识。根据拍摄这些照片的原因，研究小组认为，大多数主题都与当地居民生活系统相互联系，这些系统构成了广泛的社区景观。换句话说，研究小组认为，蕴含在他们生活中的观念在照片中得到了体现。当地居民的景观依恋（与游客等外来者的表现不同）和体现他们身份的景观得到了反映。当游客参观梯田时，尤其是在梯田的斜坡上攀爬时，他们惊叹于梯田景观的壮观——有些梯田是险峻的，村庄则聚集在嶙峋的山峰和壮丽的山脉背景之下。但对当地人来说，他们关注的往往是一些小规模的元素，如单个的树木和植物，以及梯田的特定部分。

来源

1. Kikuchi, Sasaki, Yoshino, Okahashi, Yoshido, & Inaba (2014), 'Local Visions of the Landscape: Participatory Survey of the World Heritage Rice Terraces Site, the Rice Terraces of the Philippine Cordilleras.' Landscape Research, 39(4), 387–401.
2. Kikuchi, Y., Yoshino, H., Sasaki, Y., Okahashi, J., Yoshida, M. & Inaba, N. (2012), What is "Heritage" for the Hungduan people?: Significance of a World Heritage Landscape for Local Lives, Tsukuba: University of Tsukuba. Available at https://books.google.com.au/books/about/What_is_heritage_for_the_Hungduan_people.html?id=BhsJmAEACAAJ&redir_esc=y (accessed 17 May 2021).

在文化绘图项目中，许多重要投入都集中在文化遗产有形和无形之间不可分割的联系上。艺术和手工艺活动、设计活动、流行文化和大众文化、表演艺术、宗教、食物、日常生活实践和传统知识体系，它们是任何社区的无形价值和意义的一部分，这些无形价值和意义与场所、物体和行为方式有关。文化绘图提供了一种挖掘这些价值和意义的方式，突显当地的独特性和真实性。文化绘图专注于肯定场所的独特性，以及人们如何为他们的文化多样性和传统感到自豪，这使文化绘图运动得以普及。例如，1983年在英国成立的非政府组织"共同基础"（Common Ground）正蓬勃发展，其理念已经在国际上传播开来。作为一个非政府组织，它鼓励普通人站出来宣传自己的家乡。目前其网站（https://www.commonground.org.uk/what-we-do/）显示，它关注人们投资于自己家乡的积极方式。

在有关遗产管理和基于价值方法的批判性讨论中，我们必须记住社区不是同质的；没有单一的社区，不同的社区在思想和观念上都是不同的，所以文化价值在文化内部（文化内价值）和文化之间（文化间价值）都存在差异。价值也会随着时间而改变。虽然过去确实比较强调专家的观点和自上而下的方法，但这些做法正受到质疑。越来越多的专家认为自己作为促进者，应与各利益相关者进行讨论，并认识到公众参与决策和理解"谁的价值"的必要性。试图在不同的观点和价值观之间寻找平衡并不容易，需要保护管理者有丰富的经验，以权衡不同的想法和相关群体的权利。

上述关于价值和意义的讨论都是围绕《巴拉宪章》展开的，因为正是这份文件使价值和意义在文化遗产讨论中凸显出来。它也引发了一些批评，主要来自学术专家（例如，Waterton等，2006），他们主要认为该宪章赋予了专家太多的权力。然而，现实情况是负责管理遗产场所的人必须要处理好日常体验和工作方式，而在地方、区域、国家和国际范围内有许多以价值为基础的方法取得了成功。实际的遗产管理工作需要相关的专家和学者。然而，需要考虑《巴拉宪章》等文件在处理无形文化遗产和社会价值方面的有效性问题。曾有人声称，该宪章做到了这一点（Fredheim 和 Khalaf，2016：473），但其有效性仍然存在疑问。2013年增加的"精神价值"是纠正这一方面的尝试，就像国际古迹遗址理事会中国国家委员会 2015 年的文件中提到的文化和社会价值一样。

最终，这些文件的有效性、应用性和实用性，取决于负责管理遗产地的保护管理者的知识、技能和共情能力。即使如此，在做了相关有效工作之后，保护管理建议也可能会因政治考虑和其他竞争性需求而被推翻。

本章注释

1. 这里指的是《世界遗产公约》的签署国。
2. 预备清单（The Tentative List）是各缔约国考虑列入《世界遗产名录》的遗产清单。预备清单概述遗产的主要属性，以及其为何会被提名。
3. 有些人认为，"价值"一词与"无形"联系在一起是不正确的，应该先验地（a priori）使用无形关联。
4. 对分类清单和登记册的这些评论并不是针对登记册的负面批评，因为它们确实具有强调遗产场所特征的功能。
5. 网址：https://whc.unesco.org/en/news/948/。

本章参考文献

• ASEAN (2000), ASEAN Declaration on Cultural Heritage (Bangkok, Thailand, 24–25 July 2000). http://arc-agreement.asean.org/file/doc/2015/02/asean-declaration-on-cultural-heritage.pdf (accessed 7 May 2020).
• Australia ICOMOS (2013), The Burra Charter. The Australia ICOMOS Charter for Places of Cultural Significance, Australia ICOMOS. http://australia.icomos.org/publications/charters/.
• Avrami, E., Mason, R. and de la Torre, M. (eds.) (2000), Values and Heritage Conservation, Los Angeles: The Getty Conservation Institute.
• Avrami, E., Macdonald, S., Mason, R. and Myers, D. (eds.) (2019), Values in Heritage Management. Emerging Approaches and Research Directions, Los Angeles: The Getty Conservation Institute.
• Avrami, E. and Mason, R. (2019), 'Mapping the Issues of Values' in E. Avrami, S. Macdonald, R. Mason and D. Myers (eds.), Values in Heritage Management. Emerging Approaches and Research Directions, Los Angeles: The Getty Conservation Institute, 9–33.
• Bandarin, F. and van Oers, R. (2012), The Historic Urban Landscape. Managing Heritage in an Urban Century, Chichester: Wiley Blackwell.

• Bandarin, F. (2019),'Reshaping Urban Conservation'in A. Pereira Roders and F. Bandarin (eds.), Reshaping Urban Conservation, Singapore: Springer Nature, 3–20.

• Berliner, D., (nd) 'Can Anything Become Heritage?,' Postscript to M. van de Port & B. Meyer, (eds.), Heritage Dynamics: Politics of Authentication, Aesthetics of Persuasion and the Cultural Production of the Real. https://www.academia.edu/31058805/Can_anything_become_heritage (accessed 3 May 2020).

• Bi, L., Vanneste, D. and van der Borg, J. (2016), 'Cultural Heritage Development in China: A Contextualized Trajectory or a Global-Local Nexus,' International Journal of Cultural Property, 23, 191–207.

• Bouchenaki, M. (2003), 'A Major Advance Towards a Holistic Approach to Heritage Conservation: The 2003 Intangible Heritage Convention,' International Journal of Intangible Heritage, 2 (2007), 106–109.

• Buckley, K. (2019), 'Heritage Work: Understanding the Values, Applying the Values' in E. Avrami et al (eds.) 2019, 50–65.

• Byrne, D. (2009), 'A critique of unfeeling heritage' in L. Smith and N. Akagawa (eds.), Intangible Heritage, Abingdon and New York: Routledge, 229–252.

• Cleere, H. (2001), 'The uneasy bedfellows: universality and cultural heritage' in P. Layton, P.G. Stone and J. Thomas (eds.), Destruction and Conservation of Cultural Property, London and New York: Routledge, 22–29.

• Cook, I. and Taylor, K. (2013), A Contemporary Guide to Cultural Mapping An ASEAN-Australia Perspective, Jakarta: ASEAN Jakarta. https://www.asean.org/wp-content/uploads/images/2013/resources/publication/Contemporary%20Guide%20to%20Cultural%20Mapping%20Rev%20X.pdf (accessed 4 June 2020).

• Commonwealth Department of Communication and The Arts (1994), Mapping Culture. A Guide for Cultural and Economic Development in Communities, prepared by G. Young Pacific Rim Planning), J. Clark, and J. Sutherland (Australian Institute of Aboriginal and Torres Strait Islanders), Canberra: Australian Government Publishing Service, pp. 1 and 5.

• de la Torre, M. (2005), 'Introduction' in M. de la Torre (ed.), Heritage Values in Site Management: Four Case Studies, Los Angeles: The Getty Conservation Institute, 3–9.

- Fontal, O. and Gómez-Redondo, C. (2016), 'Heritage Education and Heritagization Process: SHEO Methodology for Educational Programs,' Interchange (2016), 47: 65–90.
- Fredheim, L.H. and Khalaf, M. (2016), 'The significance of values: heritage value typologies re-examined,' International Journal of Heritage Studies, 22 (6), 466–481.
- Harrison, R. (2013), Heritage. Critical Approaches, Abingdon and New York: Routledge.
- Harvey, D. (2001), 'Heritage Pasts and Heritage Presents: temporality, meaning and the scope of heritage studies,' International Journal of Heritage Studies, 7 (4), 319–338.
- Horne, D. (1986), The Public Culture: the triumph of industrialism, London: Pluto.
- Howard, P. (2003), Heritage: Management, interpretation and identity, London: Continuum.
- ICCROM (2015), People Centred Approaches to the Conservation of Cultural Heritage: Living Heritage, Rome: ICCROM https://www.iccrom.org/sites/default/files/PCA_Annexe-2.pdf (accessed 4 June 2020).
- ICOMOS (1994), The Nara Document on Authenticity, Paris: ICOMOS.
- ICOMOS (2005a), Xi'an Declaration on the Conservation of the Setting of Heritage Structures, Sites and Areas, Paris: ICOMOS. https://www.icomos.org/xian2005/xian-declaration.htm (accessed 4 March 2020).
- ICOMOS (2005b), The World Heritage List. Filling the Gaps: An Action Plan for the Future, Paris: ICOMOS. http://openarchive.icomos.org/433/1/Monuments_and_Sites_12_Gaps.pdf (accessed 5 June 2020).
- ICOMOS China (2015), Principles for the Conservation of Heritage Sites in China. http://hdl.handle.net/10020/gci_pubs/china_principles_2015 (accessed 5 June 2020).
- Isar, R. J., Viejo-Rose, D. and Anheier, H. (2011), 'Introduction' in H. Anheier and J. Isar (eds.), Heritage, Memory and Identity, The Cultures and Globalization Series 4, London: Sage Publications, 1–20.
- Jackson, J.B. (1980), The Necessity for Ruins and Other Topics, Boston: University of Massachusetts Press.
- Karlström, A. (2015), 'Authenticity. Rhetorics of Preservation and the Experience of the Original' in K. Samuels and L. Rico (eds.), Heritage Keywords, Bolder: University Press of Colorado, 29–46.

- Khalaf, R.W. (2017), 'A Viewpoint on the Reconstruction of Destroyed UNESCO Cultural World Heritage Sites,' International Journal of Heritage Studies, 23-3, 261–274.
- Kerr, J. (2013), The Seventh edition. Conservation Plan. A Guide to the Preparation of Conservation Plans for Places of European Cultural Significance. (Original Text: Kerr, J. 1982. The Conservation Plan), Australia: ICOMOS. http://openarchive.icomos.org/id/eprint/2146/.
- Kidd, J. (2011), Performing the knowing archive: heritage performance and authenticity,' International Journal of Heritage Studies, 17 (1), 22–35.
- Lenzerini, F. (2011), 'Intangible Cultural Heritage: The Living Culture of Peoples,' The European Journal of Law, 22-1, 101–120.
- Letellier, R. (2007), Recording, Documentation, and Information for the Conservation of Heritage Places. Guiding Principles, Los Angeles: Getty Conservation Institute.
- Li, K. (2019), 'The Contemporary Values behind Chinese Heritage' in E. Avrami et al (eds.) Values in Heritage Management. Emerging Approaches and Research Directions, Los Angeles: The Getty Conservation Institute; 97–109.
- Logan, W. (2001), 'Globalising heritage: world heritage as a manifestation of modernism and challenges from the periphery' (pp. 51–57), Proceedings of the Australia ICOMOS National Conference 2001, 20th Century Heritage—Our Recent Cultural Legacy. Adelaide, 28 November–1 December 2001. Burwood: ICOMOS Australia.
- Lowenthal, D. (1998), The Heritage Crusade and the Spoils of History, London: Viking.
- Mason, R. (2002), 'Assessing Values in Conservation Planning: Methodological Issues and Choices' in M. de la Torre (ed.), Assessing the Values of Cultural Heritage Research Report, Los Angeles: The Getty Conservation Institute, 5–30.
- Mason, R. (2006) 'Theoretical and Practical Arguments for Values-Centered Preservation,' CRM: The Journal of Heritage Stewardship, 3, 21–48.
- McClelland, A., Peel, D., Christa-Maria, L. and Montgomery, H.I., (2013), 'A Values-based approach to heritage planning: raising awareness of the dark side of destruction and conservation,' Town Planning Review, 84 (5), 583–603. doi: 10.3828/tpr2013.31.

- Mitchell, W.J.T. (ed.) (2002), Landscape and Power (2nd ed.), Chicago: Chicago University Press.
- Nezhad, S.F., Eshrati, P. and Eshrati, D. (2015), 'A Definition of Authenticity Concept in Conservation of Cultural Landscapes,' ArchNet International Journal of Architectural Research, 9/1, 93–107.
- Otero-Pailos, J., Gaiger, J. and West, S. (2010), 'Heritage Values' in S. West (ed.), Understanding Heritage in Practice, Manchester: Manchester University Press, 47–87.
- Relph, E. (2008), Place and Placelessness, London: Pion.
- Pearson, M. and Sullivan, S. (1995), Looking After Heritage Places. The Basics of Heritage Planning for Mangers, Landowners and Administrators, Melbourne: Melbourne University Press.
- Pillai, J. (2013), Cultural Mapping. A Guide to Understanding Place, Community and Continuity, Petaling Jaya: Strategic Information and Research Development (SIRD).
- Poulios, I. (2010), 'Moving Beyond a Values-Based Approach to Heritage Conservation,' Conservation and Management of Archaeological Sites, 12 (2), 170–185.
- Poulios, I. (2014), 'Discussing Strategy in Heritage Conservation. Living Heritage Approach as an Example of Strategic Innovation,' Journal of Cultural Heritage Management and Sustainable Development, 4 (1), 16–34.
- Sexson, L. (1982) Ordinarily Sacred, Charlottesville: University of Virginia Press.
- Sjöholm, J. (2016), Heritagisation, Re-Heritagisation and De-Heritagisation of Built Environments The Urban Transformation of Kiruna, Sweden, Doctoral thesis, Luleå University of Technology Department of Civil, Environmental and Natural Resources Engineering Division of Architecture and Water.
- Skounti, A. (2009), 'The Authentic Illusion' in L. Smith and N. Akagawa (eds.), Intangible Heritage Routledge Key Issues in Cultural Heritage Series, Abingdon and New York: Routledge, 74–92.
- Smith, L. (2006), Uses of Heritage, Abingdon and New York: Routledge.
- Smith, L. and Akagawa, N. (2009), Intangible Heritage, Abingdon and New York: Routledge.
- Stovel, H. (2007), 'Effective Use of Authenticity and Integrity as World Heritage Qualifying Conditions,' City & Time, 2 (3): 3. http://www.ct.ceci-br.org.

• Taylor, K. (2008), 'Landscape and Memory: Cultural Landscapes, Intangible Values and Some Thoughts on Asia,' Proceedings 16th ICOMOS General Assembly and International Symposium: Finding the spirit of place – between the tangible and the intangible, 29 September–4 October 2008, Quebec. http://www.international.icomos.org/quebec2008/cd/ (Accessed 7 May 2020).

• Taylor, K. (2009), 'Cultural Landscapes and Asia: Reconciling International and Southeast Asian Regional Values,' Landscape Research, 34 (1), 7–31.

• Taylor, K. (2013), 'Cultural Mapping: Intangible Values and Engaging with Communities with some reference to Asia,' The Historic Environment, 4-1 April 2103, 50–61.

• Taylor K and Altenburg K. (2006), 'Cultural Landscapes in Asia-Pacific: Potential for Filling World Heritage Gaps,' International Journal of Heritage Studies, 12 (3), 267–282.

• UNESCO (1987), Mexico City Declaration on Cultural Policies World Conference on Cultural Policies Mexico City, 26 July–6 August 1982. https://culturalrights.net/descargas/drets_culturals401.pdf.

• UNESCO (2001), Universal Declaration on Cultural Diversity, Paris: UNESCO. http://www.unesco.org/new/fileadmin/MULTIMEDIA/HQ/CLT/pdf/5_Cultural_Diversity_EN.pdf (accessed 7 May 2020).

• UNESCO (2002), Istanbul Declaration, Third Round Table Meeting of Ministers of Culture: 'Intangible Cultural Heritage – Mirror of Cultural Diversity', Istanbul, Turkey, 16–17 September 2002, Paris: UNESCO. https://unesdoc.unesco.org/ark:/48223/pf0000127652 (accessed 14 May 2020).

• UNESCO (2003), Convention for the Safeguarding of the Intangible Cultural Heritage.

• UNESCO (2007), World Heritage Challenges for the Millennium, Paris: UNESCO.

• UNESCO (2007), 'Intangible Heritage – the mirror of cultural diversity,' Culture Newsletter April 2 2007. http://www.unesco.org/culture/newsletter-en/2007-4/ (accessed 4 March 2020).

• UNESCO (2019), Operational Guidelines for the Implementation of the World Heritage Convention, WHC 19/01, 10 July 2019, IIIB, para 132; Paris: UNESCO World Heritage Centre. https://whc.unesco.org/en/guidelines/ (accessed 4 May 2020).

- UNESCO Bangkok (2017). https://bangkok.unesco.org/content/cultural-mapping (accessed 27 August 2020).
- UN-Habitat (2016), The New Urban Agenda, Quito: UN-Habitat. http://habitat3.org/wp-content/uploads/NUA-English.pdf (accessed 23 April 2020).
- Uzzell, D. (2009), 'Where is the Discipline in Heritage Studies? A View from Environmental Psychology' in S. Sørensen and J. Carman (eds.), Heritage Studies: methods and approaches, Abingdon: Routledge.
- Walsh, K. (1992), The Representation of the Past: Museums and Heritage in the Post-Modern World, London and New York: Routledge.
- Waterton, E., Smith, L. and Campbell, G. (2006), The Utility of Discourse Analysis to Heritage Studies: The Burra Charter and Social Inclusion,' International Journal of Heritage Studies, 12 (4), 339–355.
- West, W. and Ansell, J. (2010), 'A History of Heritage' in S. West (ed.), Understanding Heritage Practice, Manchester: Manchester University Press, 7–46.
- Wijesuriya, G., Thompson, J. and Young, C. (2013), Managing World Cultural Heritage, Paris: UNESCO World Heritage Centre in association with ICCROM, ICOMOS, IUCN.
- Worthing, D. and Bond, S. (2007), Managing Built Heritage: The Role of Cultural Significance, London: Wiley-Blackwell.
- Yang, C., Han, F., Shutter, L. and Wu, H. (2019), 'Capturing Spatial Patterns of Rural Landscapes with Point Cloud,' Geographical Research, 58/1, 77–93. doi: 10.1111/1745-5871.12381 (accessed 4 May 2020).

Zhu, Y. (2020), 'Memory, homecoming and the politics of diaspora tourism in China,' Tourism Geographies. https://doi.org/10.1080/14616688.2020.1844286.

第四章

宪章、指导原则和机构

背景

本章阐述了宪章、公约、原则、宣言和文件（这些都是在实际应用中的各种名称）的作用及它们是如何设计的。实际上，它们为文化遗产保护和管理的过程确立了总体指导原则和基本主张。因此，它们的根本作用是为具有文化意义的场所保护和管理提供声明、原则或指南，其中保护被视为遗产场所管理的一个组成部分。宪章还可被视为在引导文化遗产保护实践方面发挥着职业道德作用。现在，相关宪章无一例外地涉及遗产价值、保护、意义，以及遗产保护规划过程的具体步骤等问题。

宪章和相关文件的使用，源于19世纪末和20世纪上半叶欧洲早期学术研究和对历史实践原则的阐明。这一工作奠定了基于价值概念的现代建筑遗产和城市保护概念的基础。作为包含建筑遗产和保护概念的欧洲现代主义运动的一部分，欧洲的保护思想处于保护历史学的中心，现已在全球生根发展，这并非偶然（Avrami 和 Mason，2019：15）。大多数开创性的基础工作都集中在纪念建筑和具有艺术和历史意义的建筑上。艺术评论家约翰·罗斯金（John Ruskin）和设计师、工艺美术运动积极分子威廉·莫里斯（William Morris）在19世纪的英国就倡导一种保护方法，即注重保护历史建筑原始结构的真实性，使其成为过去不可替代的记录，从而"确保下一代不会失去其经济、社会和文化生活的文化基础。"（Throsby，2002：109）

莫里斯于1877年在英国成立了古建筑保护协会（SPAB），该协会至今仍在运行，他们开办培训课程，开展研究，并就古建筑的保护和处理提供建议。与罗斯金一样，莫里斯也关注维多利亚时代建筑师所采用的修复技术，这些技术被认为通过引入新材料和新技术而对原有结构造成了不可弥补的损害和破坏，而不是通过传统方法来保护原有结构。这些建筑"从农舍到城堡，从小教堂到大教堂"[1]，无论过去还是现在都被视为不可替代的。莫里斯的观点被概括为："在所有已经进行的修复中，极其糟糕的是鲁莽地剥离建筑的一些有趣的材料特征，而最好的修复类似于一幅古画的修复。古代工匠的部分残破作品，被当前一些缺少独创性的、轻率的工匠之手修得整齐而光滑。"[2] 在国际文化遗产管理方法的背景下，值得关注的是西方方法与亚洲方法之间的差异，例如：

> 场所精神存在于场所及其环境的意义和象征意义（即无形价值）[3]之中，这种无形价值与有形的物质结构一样重要，因此结构的改变是可以接受的，因为场所的意义主要存在于它与日常使用有关的持续的精神意义和象征价值，而不是结构本身的卓越性……
>
> （Taylor 和 Altenburg，2006：271）

> 亚洲的保护工作与其说是保护建筑或结构的外观，不如说是保护建筑的功能。
>
> （Staiff，2016:33）

奥地利建筑师、城市理论家卡米洛·西特（Camillo Sitte）在1889年出版的《遵循艺术原则的城市设计》（*City Planning By Art Principles*）一书中，主张更多地关注城市空间，而不是单独的建筑，他认为空间是好的城市设计的主要元素。西特所说的城市空间是户外空间，它应该具有创造性的品质，增强人们的城市体验，而不仅仅是建筑的环境（图4.1）。杰出的艺术史家阿洛伊斯·李格尔（Alois Riegl，1858—1903）在他的著作《纪念碑的现代崇拜：其特征和起源》中引入了"一个认知框架或平台，用于理解和系统阐释其观点，它们是历史建筑和文物保护中各种解决方案选择的基础"（Ahmer，2020：150）。事实上，他的创新思维对文化遗产魅力的深刻洞察，是第一个对以价值为基础的保护方法进行批判性分析的著作，为当前的实践提供了指导。弗朗西斯科·班达林（Francesco Bandarin）和吴瑞梵（Ron van Oers）（2012）阐述了李格尔如何区分两类遗产价值。首先是记忆价值，因为它适用于欣赏遗产场所的年代性，这是一个所有人都可理解的因素，不需要特殊的专业知识（参见第三章中关于吴哥窟的参考文献和班达林对遗产场所固有品质及其引发特定情感反应能力的评论）。其次是古迹在当代生活中的价值，以及它们与考古遗址的区别。吴哥窟再次提供了一种模式，即吴哥古迹对于当地社区的当代生活具有的意义和用途（图4.2）。正如艾哈迈尔（Ahmer）所言，李格尔的哲学思想支撑了1931年和1964年的《雅典宪章》(详见下文）。

图4.1 威尼斯圣马可广场。拿破仑·波拿巴称之为欧洲最美丽的客厅。
来源：肯·泰勒（Ken Taylor）

图 4.2 吴哥窟：当代功能
来源：肯·泰勒（Ken Taylor）

古斯塔沃·乔万诺尼（Gustavo Giovannoni, 1873—1947）是一位对建筑和艺术史感兴趣的建筑师和城市规划师，他在为遗产保护实践奠定知识基础方面产生了深远影响。特别值得一提的是，他倡导将城市历史区域融入当代规划方案，使新建筑与历史环境有机融合。对乔万诺尼来说，历史遗迹不应被简单地视为冻结在时间中、没有当代意义和用途的博物馆展品。他主张有必要保护历史遗迹的建筑环境，因为城市肌理体现着时间的层积（Bandarin 和 van Oers，2012）。他的思想和实践支撑了当前的城市保护方法，包括对乡土风格的尊重。他的观点和实践启发了历史性城镇景观方法（HUL）。

1945年后的国际主义和全球化文化遗产倡议

许多国家都有国家层面的遗产保护法，但并非所有国家都有指导性的国家保护方法框架，例如，有效实施保护行动的宪章。此外，在国际层面上，联合国教科文组织及国际古迹遗址理事会等机构颁布了各种公约、文件、原则和宣言，旨在使某种形式具有普遍适用性。然而，将保护方法从一个国家推广和应用到另一个国家时需要保持谨慎的态度，确保承认和尊重每个国家的文化背景、价值观和传统做法。与此不谋而合的问题是，文化遗产价值是否能够以任何方式被视为普遍的（另见下文的进一步讨论）。

第二次世界大战后，一个决定性的社会进步是对世界文化遗产的关注，以及倡议和动员专业的全球机构来保护文化遗产的相关努力。最初，随着1964年《威尼斯宪章》[4]的颁布，遗产被视为艺术品而主要和实际存在于伟大的古迹和遗址中，以及古典（旧）世界的纪念建筑和遗迹中。1972年联合国教科文组织的《世界遗产公约》将文化遗产（和自然遗产）保护牢牢置于世界舞台之上，当然，早期列入《世界遗产名录》的文化遗产主要集中在著名的纪念建筑和遗址方面。随着文化遗产资源管理在专业和哲学上的发展，在20世纪80年代末和90年代初，出现了对60年代和70年代遗产观（即遗产的概念侧重于宏伟的纪念建筑和考古遗址、著名建筑群，或与富人和名人有关的历史遗址）的挑战。20世纪80年代末和90年代初，遗产的价值体系开始扩展，还涉及文化景观和环境、活态历史和遗产、非物质文化价值、乡土遗产和社区参与等问题。这是一个转变的开始，从完全专注于恩格尔哈特（Engelhardt，2007）精辟地称之为三个"P"的君主（princes）、神父（priests）和政治家（politicians），向包括人民（people）的转变。

这种文化遗产观至关重要的是，对时间长河中的人、事件和场所之间关系的欣赏，它不仅涉及有形价值，还涉及与非物质文化遗产的关联。因此，遗产与身份和连续性的概念、私人和公共记忆、场所精神（genius loci）和身份不可分割地联系在一起。故而它并不局限于过去的人、事件和场所的概念，还包括过去、鲜活的现在和记忆的未来传承之间的相互作用。

文化遗产管理的全球思维和实践发展，源于 20 世纪现代主义运动，这是一种起源于西方的文化现象。现代主义开始于 19 世纪晚期的欧洲，体现在诗歌、建筑、绘画等各种艺术领域，并持续影响 20 世纪的思想（Bullock 和 Stallybrass，1977）。它打破传统，创造新的形式，例如在建筑和规划领域。这是一种具有普遍适用性的有关理想世界的理性主义观点。它对与经济全球化并行的文化全球化运动产生了影响（Logan，2001）。同时，越来越多的人担心，全球思维的推动有可能通过文化帝国主义的进程，压制非西方国家和地区的文化价值观。文化帝国主义（cultural imperialism）的概念出现于 20 世纪 60 年代，指的是将一个民族或国家的观点或文化强加于另一个国家。爱德华·萨义德（Edward Said）在讨论英国作家历史上如何看待"国外"或异国他乡时，将其视为陌生的、"我们"可以控制的地方，并假定帝国主义式的思维方式能够成为"全球统一的愿景或各层面文化的主要元素"（Said，1994：74）。萨义德提出了社会和政治"中心"（centre）的概念，与此相连的是在其边缘（periphery）的一系列海外领地。这种批评与另一种文化相对主义观念相吻合，即承认文化多样性，并试图根据另一种文化的标准而不是自己的标准来理解和评判另一种文化（Eller，2009）。

全球文化遗产保护实践和遗产普遍性概念的验证问题一直备受关注。关于《世界遗产公约》，亨利·克利尔（Henry Cleere）在2001年曾对普遍性的核心概念提出了以下批评（2001：24）：

《世界遗产公约》文本及其序言中所使用的普遍性概念很难定义。似乎有一种隐含的假设，即存在超越地区和时间差异的价值，这一概念深深植根于欧洲文化传统，结合了源自古典哲学的历史和美学因素。这种方法与人类学和考古学理论相悖，人类学和考古学理论认为人类的成就和对自然环境多种形式的驾驭具有普遍性。从这个角度来看，多样性本身就是普遍性的表现，多样性应得到充分且平等的认可。普遍性与多样性这两者紧密联系，但直到最近，《世界遗产公约》在其实施方面显然未能认识到其重要性。

伯恩（Byrne，1991）和史密斯（Smith，2006）的批评与克莱尔（Cleere）的批评类似。尽管我们在第一章关于国际主义的一节中，提出了这些担忧，但这种批评被夸大了。哈里森（Harrison，2013：115）同样强调了该观点，例如，在承认非物质遗产，而不是主要关注遗产物质结构的转变过程中，人们可能会看到，随着对遗产内涵理解的扩展，"遗产越来越从对'事物'的关注转向对文化传统和'无形'的关注……以及对遗产作为一种话语和价值体系的关注"。哈里森饶有趣味地推测，这些变化是《世界遗产公约》普遍原则的必然结果，该公约在1972年以欧美历史为背景，从20世纪90年代末开始越来越多地适用于有不同遗产概念的国家。他还认为（Harrison，2013：116）：

正是这种对普遍性的主张，为原居民、少数民族、后殖民和非西方的批评提供了可能性，最终导致了20世纪后期和21世纪初遗产实践的转变。

这些关于普遍性的观点引发了一个问题，即20世纪全球化文化遗产管理流程是否可被视为一种文化帝国主义的观点的反映？或者，它们是否是一种系统性的方法，可以指导保护流程，并能够通过一定的调整以反映不同的文化背景？对于非西方的遗产价值观，尤其是原居民和当地社区的遗产价值观而言，考虑这些问题非常重要。关于当地社区和原居民的价值观及其实践，以及将价值普遍性强加于非西方遗产实践的相关问题，联合国教科文组织的立场值得注意，正如洛根（Logan，2012：219）的看法：

> 联合国教科文组织现在认为，如果遗产资源要持续下去，就必须充分理解、尊重、鼓励和适应当地社区的价值观和实践，以及传统的管理体系，并将其纳入管理计划中。

这里洛根说的是联合国教科文组织世界遗产文件13，该文件将普遍价值和地方价值联系起来，其论点是"在世界遗产的管理计划中强调传统知识和地方价值的整合"。（联合国教科文组织，2004：11）

时代变迁

宪章和相关文件体现了20世纪的一场运动，旨在推动一次由国际和国家机构参与的保护文化遗产的全球化努力。因此，随着时间的推移，国际和国家层面的宪章、宣言和文件相继颁布，由此引发了这样一个问题：这些宪章、宣言和文件是否已经发生了变化，以更加适应诸如非物质遗产、文化多样性、基于文化的发展方法以及遗产与可持续性等问题？在这方面，班达林（Francesco Bandarin，2019：13）认为：

> 现代对遗产的看法使我们能够更好地将文化整合到社会和人类发展政策框架中。文化、文化和自然遗产以及文化机构在可持续发展进程中的作用，事实上早已得到了提倡。

一些学者怀疑，国际机构和政府机构，特别是联合国教科文组织和国际古迹遗址理事会，不受上述思想变化及文化遗产理论和实践拓宽的影响，但与此相反的是，有证据表明1972年以来发生的变化并不支持这种观点。对这些机构的批评主要涉及"一刀切"的全球化方法，这种方法扼杀了地区的文化差异。与这种观点相反的是，已经发生的变化（见表4.1）表明"教科文组织正在逐步适应遗产多样性"（Askew，2010：28），并要求扩展其思想和实践。阿斯克（Askew，2010: 19/20)进一步给出了有力的论证，教科文组织已经扩展了其项目，以减轻资本主义对文化产业全球化的破坏性影响，其主要文本倡导在世界范围内保护文化及宝贵的物质和非物质遗产，这可被视为有益的全球化。表4.1列举了已发生的渐进性和显著变化。该表强调了二战以来特别是1990年以后，现代/后现代晚期遗产进程发展的重要里程碑和行动，包括各种宪章和宣言。国际上仍在使用的一个主要文件是1972年的《世界遗产公约》，但它常常受到批评，认为其没有随着思想和实践的进步而发生变化。例如，正如批评者所指出的，该公约第1条和第2条中文化遗产与自然遗产的截然划分仍然存在，并且没有提及非物质遗产。然而，1977年以来，《实施世界遗产公约的操作指南》在变化和扩展中已经吸收了非物质遗产、多样性、环境、文化景观、环境和文化可持续性、精神和感觉等内容的参考和准则。值得注意的是，正是这些原则指导着世界遗产提名的准备工作。

表4.1 遗产进程发展步骤和行动年表

- 1945年，联合国成立。
- 1945年11月，联合国教育、科学及文化组织(简称教科文组织)成立。

教科文组织《组织法》(1946年11月)授权本组织保存和保护世界上的书籍、

续表

艺术作品以及历史和科学纪念物（教科文组织，2007年）。在这里，确立了现代主义传统中的文化遗产保护全球化思想，即"可以在世界各地应用的思想和实践，而不受当地文化差异的影响"（Logan，2001）。早期的教科文组织成立了各种特派团，就遗产保护向会员国提供咨询。后来，这些行动发展成为国际活动，其中第一次活动是1959年在埃及阿布辛贝神庙发起的，主要是因为建设阿斯旺大坝对该神庙构成了威胁。教科文组织还合作组织了保护遗产资源的专家会议。其中包括1964年在威尼斯举行的历史纪念物建筑师及技师国际会议，会议通过了《国际古迹保护与修复宪章》（《威尼斯宪章》）。

- 1972年，在斯德哥尔摩举行的联合国人类环境会议上，有人建议教科文组织通过一项关于世界遗产的公约，并最终通过了《保护世界文化和自然遗产公约》（1972年11月16日）。该公约一般被称为《世界遗产公约》，它取得了巨大成就。"当前，它已成为最重要的国际保护工具之一，当然也是最知名的工具之一"（Bandarin，2007：18）。

- 联合国教科文组织在建立国际古迹遗址理事会（ICOMOS）、国际文物保护与修复研究中心（ICCROM）和世界自然保护联盟（IUCN）等重要国际组织方面发挥了重要作用，这些组织已成为世界遗产中心的官方咨询机构。国际古迹遗址理事会（ICOMOS）是一个总部位于巴黎的非政府组织，成立于1965年。它致力于保护世界历史古迹和遗址，并为专业对话提供论坛，为收集、评估和传播有关保护原则、技术和政策的信息提供工具。它还就世界遗产文化问题向联合国教科文组织提供咨询。国际文物保护与修复研究中心（ICCROM）由联合国教科文组织于1956

续表

年在罗马建立。它的使命是在全球范围内促进所有类型的可移动和不可移动文化遗产的保护,目的是通过培训、合作、研究、信息交流和宣传等方式,提高保护实践的质量以及人们对保护文化遗产重要性的认识。

• 1979/1999/2013 年,国际古迹遗址理事会澳大利亚国家委员会颁布《保护具有文化意义地点的宪章》(《巴拉宪章》)。

• 1987 年,国际古迹遗址理事会颁布《保护历史城镇与城区宪章》(《华盛顿宪章》)。

• 1992 年,世界遗产中心成立,它是联合国教科文组织所有与世界遗产有关事务的协调中心,包括《世界遗产公约》的管理,组织世界遗产委员会年度会议,在缔约国准备提名时为其提供咨询意见,协调遗址状况报告以及遗址受到威胁时所采取的紧急行动。该中心还举办技术研讨会和讲习班;更新世界遗产名录和数据库;编写教材,提高年轻人对遗产保护必要性的认识;并帮助公众了解世界遗产相关问题。

• 1992 年,联合国教科文组织在法国拉佩蒂特皮耶尔(La Petite Pierre)的专家会议上提出了世界遗产认可类别和世界遗产操作指南修订建议。

• 1992 年,联合国教科文组织世界遗产中心建议世界遗产委员会承认三类文化景观。

• 1993 年,蒙特利尔文化景观座谈会。

• 1993 年,在德国滕普林召开教科文组织专家会议。

• 1994 年,国际古迹遗址理事会通过《奈良真实性文件》。

• 1994 年,世界遗产委员会(WHC)启动了"建立具有代表性、平

续表

衡性和可信性的《世界遗产名录》的全球战略"工作（http://whc.unesco.org/en/globalstrategy），其目的是确保该名录反映世界上具有突出普遍价值的文化和自然多样性。世界遗产委员会希望扩大世界遗产的定义，以更好地反映世界文化和自然遗产的所有方面，并为实施《世界遗产公约》提供一个全面的框架和操作方法。国际古迹遗址理事会（ICOMOS）在1987年至1993年进行的一项全球研究表明，欧洲、历史城镇和宗教古迹、基督教、历史时期和"精英主义"建筑（与本土建筑相关）在"世界遗产名录"的比例都过高；然而，所有活态文化尤其是"传统民族文化"（traditional cultures）的代表性不足。

• 1996年，联合国教科文组织发布报告《亚洲城市》（http://whc.unesco.org/en/activities/498/）。

• 1998年，《国际古迹遗址理事会为纪念＜世界人权宣言＞发表50周年的宣言》。

• 2000年，在泰国曼谷签订《东盟文化遗产宣言》。

• 21世纪初至今：关于什么是遗产以及"文化"在文化遗产中的重要性的批判性遗产研究日益增多；质疑遗产价值的普遍性，特别是《世界遗产公约》；非物质文化遗产；对主要关注著名纪念建筑和遗址的批评。

• 2002年，教科文组织发布关于非物质文化遗产的《布达佩斯世界遗产宣言》。

• 2002年，国际古迹遗址理事会中国国家委员会发布《中国文物古迹保护准则》。

• 2003年，教科文组织世界遗产中心通过《保护非物质文化遗产公约》。

续表

• 2003 年，国际古迹遗址理事会《会安宣言——保护亚洲历史街区》。

• 2005 年，国际古迹遗址理事会（ICOMOS）发布《世界遗产名录：填补空白——未来行动计划》。该计划旨在为进一步制定具有代表性、平衡性、可信性的《世界遗产名录》的全球战略做出贡献。

• 2004 年，联合国教科文组织世界遗产文件第 13 卷，将普遍价值与地方价值联系起来。

• 2005 年，联合国教科文组织《关于保护城市历史景观的宣言》。

• 2005 年，联合国教科文组织大会通过《保护和促进文化表现形式多样性公约》。

• 世界遗产委员会 2007 年在基督城举行的会议上决定（第 31 COM 13B 号），将"社区"纳入《布达佩斯世界遗产宣言》（UNESCO 2002）的四个 C，即可信性（credibility）、保护（conservation）、能力建设（capacity building）和传播（communication）。在本次会议上，委员会还要求国际古迹遗址理事会和自然保护联盟提交关于将当地居民列入世界遗产提名人的说明。

• 世界遗产千年挑战，2007 年联合国教科文组织世界遗产中心。

• 2009 年，联合国教科文组织出台《会安草案——亚洲最佳保护范例》。

• 2009 年，联合国教科文组织世界遗产文件 26《世界遗产文化景观——保护和管理手册》。

• 联合国教科文组织世界遗产文件 31《通过世界遗产促进社区发展》（UNESCO，2012）；联合国教科文组织世界遗产文件 40《让当地

续表

社区参与世界遗产管理——基于COMPACT经验的方法》（UNESCO, 2014）。

• 2011年，联合国教科文组织《促进发展和相互理解的新文化政策议程》。

• 2011年，联合国教科文组织《关于历史性城镇景观的建议书》。

• 2013年，联合国教科文组织《历史城市新生活：城市历史景观方法阐释》。

• 2013年，联合国教科文组织《管理世界文化遗产》。

• 2015年，联合国教科文组织《世界遗产可持续发展政策》。

• 2015年，联合国教科文组织《文化：城市未来——文化促进可持续发展全球报告》。

• 2016年，联合国教科文组织等，《HUL指南：在动态和不断变化的城市环境中管理遗产——联合国教科文组织关于历史性城镇景观建议的实用指南》。

• 联合国2015年发布《可持续发展议程》及其17项目标，这些目标载于《2030年可持续发展议程》。

• 2019年，联合国教科文组织《2030年可持续发展议程中的文化专题指标》。

• 2019年，联合国教科文组织《文化2030：城乡发展 中国一览 眉山经验》。

随着保护文化遗产的全球化努力的建立，一系列应用于国际层面的宪章和文件陆续发布，由此产生了三个重要成果（Logan，2001）：

- 创立了一套供全球遵循的新的国际标准。
- 建立了负责文化遗产管理的国际机构和国家机构。
- 提出了"突出的普遍价值"（OUV）的概念。

19世纪出现了文化遗产保护的法律框架。第一次世界大战后成立的国际联盟（League of Nations）在1945年联合国成立后得以继续发展壮大。1926年，国际博物馆协会（IMO）在巴黎成立，目的是通过组织合作工作和研究，促进各国博物馆和公共收藏活动。IMO组织了许多重要活动，为文化遗产保护国际运动的发展奠定了基础。值得注意的是，1931年在雅典召开了第一届历史纪念物建筑师及技师国际会议，该次会议颁布了《关于历史性纪念物修复的雅典宪章》（《雅典宪章》）。它是有关保护历史遗迹一般原则的第一份真正的国际声明。由此，国际联盟成立了一个国际历史遗迹委员会，负责处理保护方面的教育、法律、技术问题以及文档记录。

1945年初，包括美英苏中四大发起国在内的50个国家的代表讨论并起草了《联合国宪章》。1945年11月，联合国教育、科学及文化组织（教科文组织）成立。联合国教科文组织《组织法》（1946年11月）授权本组织保存和保护世界上的书籍、艺术作品以及历史和科学纪念物（教科文组织，2007）。在这里，确立了现代主义传统中关于文化遗产保护的全球思维，即"可以在世界各地应用的思想和实践，而不受当地文化差异的影响"（Logan，2001）。

早期的联合国教科文组织成立了各种特派团，就遗产保护向会员国提供咨询。后来，这些行动发展成为国际活动，其中第一个活动是1959

年在埃及阿布辛贝神庙发起的，主要是因为建设阿斯旺大坝对该神庙构成了威胁。在其早期工作中，联合国教科文组织还合作组织了遗产资源保护专家会议。其中包括1964年在威尼斯举行的历史古迹建筑师及技师国际会议，会议通过了《国际古迹保护与修复宪章》（《威尼斯宪章》）。

1972年，在斯德哥尔摩举行的联合国人类环境会议上，有人建议联合国教科文组织通过一项世界遗产公约，最终于1972年11月16日通过了《保护世界文化和自然遗产公约》（它通常被称为《世界遗产公约》），取得了很大成就。"当前，它是最重要的国际保护工具之一，当然也是最知名的工具之一"（Bandarin，2007：18）。尽管不同学者对国际组织提出批评，但必须承认，通过这些组织的工作，我们拥有一整套知识和工作方法，这些知识和工作方法为世界各地的文化遗产保护实践提供了指导，并为文化遗产管理确定了标准。这一套知识体系不仅适用于世界遗产，它也为跨国际的遗产地管理提供了指导。

1992年，联合国教科文组织世界遗产中心成立。它设在联合国教科文组织文化部门，处理建筑遗产和非物质文化遗产问题。它管理《世界遗产公约》和相关的《实施世界遗产公约的操作指南》，它还管理2003年颁布的《保护非物质文化遗产公约》。作为联合国教科文组织所有与世界遗产有关事务的协调中心，它监督《世界遗产公约》的管理，组织世界遗产委员会年度会议，在缔约国准备提名时为其提供咨询意见，协调遗址状况报告以及遗址受到威胁时所采取的紧急行动。该中心还举办技术研讨会和讲习班；更新世界遗产名录和数据库；编写教材，提高年轻人对遗产保护必要性的认识；并帮助公众了解世界遗产相关问题。该中心还监测世界遗产的提名、世界遗产名录和世界遗产（简称遗产）的管理，并就保护管理事项向成员国（缔约国）派出特派团，并推出相关出版物，包括"世界遗产文件"系列。它的全球倡议得到了世界各地、各区域办事处的协助，并越来越重视区域文化和需求（http://whc.unesco.org/en/134）。联合国教科文组织在建立国际古迹遗址理事会（ICOMOS）、国际文物保护与修复研究中心（ICCROM）和世界自然保护联盟（IUCN）等重要国际组织方面发挥了重要作用，这些组织已成为世界遗产中心的官方咨询机构（UNESCO，2007）。

国际古迹遗址理事会（ICOMOS）是一个总部设在巴黎的非政府组织，成立于1965年。它致力于保护和阐释世界文化遗产，并设有各种专家委员会（国际科学委员会）负责保护技术（如石材、木材、玻璃、壁画）和保护管理（如教育和培训）、文化旅游和其他主题（如文化景观和文化线路，历史城镇和村庄、城市保护等）。它为专业对话提供了一个论坛，为收集、评估和传播有关保护原则、技术和政策的信息提供了工具。国际古迹遗址理事会是联合国教科文组织世界遗产文化事务的主要顾问。它是一个有影响力的组织，150多个国家设有国际古迹遗址理事会国家委员会。它是一个多学科组织，包括历史学家、地理学家、建筑师、景观建筑师、考古学家、城市规划师、保护人员、旅游专家、博物馆人员等。国际古迹遗址理事会大会通过的宪章、决议和宣言清单可在 https://www.icomos.org/en/resources/charters-and-texts 这个网站上找到。

联合国教科文组织于1956年在罗马成立了国际文物保护和修复研究中心（ICCROM）。它的任务是在世界范围内促进保护所有类型的文化遗产，包括可移动和不可移动文化遗产，旨在通过培训、合作、研究、信息和宣传，提高保护实践的质量和人们对保护文化遗产重要性的认识。国际自然保护联盟（IUCN）则就自然遗产问题提供咨询。

因此，上述这些组织制定了文化遗产管理专业实践标准和准则，并制定了具有专业地位的保护管理计划和工作方法，在国际上发挥了重要作用。在研究和审视国际标准时，有一个根本问题："我们所追求的是谁的价值，它又是谁的遗产？"虽然认识到建立保护世界文化遗产专业实践标准的重要性，但实践的普遍性和标准的采纳不应压倒当地价值观。正如本章开头所述，宪章和公约旨在帮助界定重要的关键概念，这一概念必须涉及对无形遗产和有形遗产的考虑。在这里，遗产场所的完整性及其持续的真实性是根本问题，特别是随着遗产概念已经扩展到原居民社区、传统社区和日常普通场所及其当地居民或利益相关者。重要的是，潜在的变化反映了人们对处理文化多样性的必要性的日益理解。

不可避免地，将遗产地列入名录并获得官方认可——无论是世界遗产级别，还是国家/地区和具有重要意义的地方级别——都可能带来意想不到的影响，如吸引商业服务业来支持国际和国内旅游。反过来，这可能需要进行修补遗址等善后工作，以减轻其影响。这方面的保护管理内容将在第六章中有所涉及。

在联合国教科文组织和国际古迹遗址理事会（ICOMOS）成立之前，有一份先行的国际文件，即《关于历史性纪念物修复的雅典宪章》，该文件于1931年在雅典举行的第一届历史纪念物建筑师及技师国际会议上通过。该宪章围绕历史古迹修复方面的挑战通过了七项决议：

1. 创立古迹修复方面业务和咨询的国际组织。

2. 拟议的修复项目应接受有见地的考评，防止出现有损建筑特性和历史价值的错误。

3. 所有国家都要通过国家立法来解决历史古迹的保护问题。

4. 已发掘的遗址若无法立即修复，应重新掩埋以利于保护。

5. 现代技术和材料可用于修复工程。

6. 历史遗迹将受到严格的监管保护。

7. 应注意保护历史遗迹周围的区域。⁵

值得注意的是，《关于历史性纪念物修复的雅典宪章》第二条款延续了罗斯金、莫里斯以及乔万诺尼对古迹修复处理的观点。第七条款是当今历史性城镇景观（HUL）方法的核心，它认识到理解历史城市随时间推移而呈现一系列层积的重要性，并需要将历史城市区域融入城市重建项目中。在此背景下，教科文组织（2013:5）明确了 HUL 的本质：

> 无论是现在还是将来，城市遗产对我们的城市都至关重要。物质和非物质城市遗产是社会凝聚力的源泉，是多样性的因素，也是创造力、创新和城市更新的驱动力。

国际古迹遗址理事会的章程和文件

以下是实践中常用的若干宪章和文件的概要。它并非详尽无遗，建议读者探讨其他内容及其应用。

《威尼斯宪章》（*Venice Charter*）

《威尼斯宪章》（ICOMOS，1964）是第二次世界大战后第一份标志着遗产实践准则国际化的文件。其重点是欧洲中心论、代表崇高艺术或崇高美学的古迹和历史建筑，反映了 20 世纪 60 年代保护范围的某种狭窄性。该文件由一个由有关人士（主要来自欧洲）组成的委员会编写，并在第二届历史纪念物建筑师及技师国际会议上提交。它通过的时机及保护方法，是 19 世纪末和 20 世纪上半叶欧洲早期学术研究和历史实践原则（如上所述）的逻辑结果。然而，它强调的是历史遗迹的物质结构而不是社会意义，并预示了未来的思维。必须承认，《威尼斯宪章》认识到古迹反映了悠久的传统和人类价值观，它是一个历史性的里程碑，是其他文件的先驱，标志着人们越来越关注为现在和未来保护过去。

尽管《威尼斯宪章》作为其他宪章的先驱，在历史上具有重要意义，但其普遍适用性受到了人们的质疑。20世纪80年代和90年代初以来，它已经被一些新的宪章和文件，以及对不同价值体系的限制古迹和遗址定位的反思所取代（见下文）。在世界部分地区，例如亚洲、澳大利亚、加拿大和美国，《威尼斯宪章》越来越被视为是过时的。事实上，澳大利亚作为第一个打破常规的国家，于1979年颁布了第一版《巴拉宪章》。该宪章定义了古迹，制定了处理古迹的准则。它承认古迹的概念包括建筑作品所处的环境（城市或农村），作为特定文明、重大发展或文化事件的证据。因此，该宪章试图承认文化背景，并提到了过去较为平凡的作品以及艺术作品。对于修复和保护工程的扩展范围也有了指导原则，其重点是物质结构而非社会意义，目的是保存和揭示古迹的美学和历史价值。

《威尼斯宪章》在很大程度上是一种自上而下的遗产保护方法，主要依靠专家及其对建筑物的物理保护。这并不是要否认专家、物理或实物保护的作用和重要性，但该宪章的原则并不适合欧洲和北美以外的世界其他地区，因其重点是维护和修复现有的物质结构。该宪章提出"保护和修复古迹的目的在于把它们既作为历史见证，又作为艺术品予以保护（第3条）"。在当今的实践中，这就提出了一个问题：我们为谁保护和修复？第9条和第12条也是值得商榷的，第9条指出"修复过程……旨在保存和揭示古迹的美学和历史价值……"第12条指出"缺失部分的修补必须与整体保持和谐，但同时必须与原物相区别，以便修复工作不会歪曲其艺术或历史见证"。由此提出了这样的问题：美学和历史价值的含义是什么？更换部件必须与原物区分的建议，这与亚洲建筑和场所不断被重建／替换的做法有什么关系？

《巴拉宪章》（*Burra Charter*）

国际古迹遗址理事会澳大利亚国家委员会《保护具有文化意义地点的宪章》（参见第三章）通常被称为《巴拉宪章》，于1979年首次发布，随后于1981年、1988年和1999年进行了修订与更新，并于2013年发布了大幅修订版。该文件在序言（第1页）中提出，它"凝聚了国际古迹遗址理事会澳大利亚国家委员会成员的学识和经验，为具有文化意义的场所（文化遗产地）的保护管理提供了指导"，"为从事文化遗产地工作或与之相关的人员（包括遗产地的所有者、管理者和监管者）制定了实践标准"。它由34个条款组成，包括：

- 定义 第1条；
- 保护原则 第2~13条；
- 保护过程 第14~25条；
- 保护实践 第26~34条；
- 《巴拉宪章》流程图，阐释了《巴拉宪章》流程（第6条）（见图4.3）。

《巴拉宪章》的一个重要方面是，它使用"场所"（place）一词来定义文化遗产资源，将场所的概念作为澳大利亚遗产实践的基石。"场所"是指地理上界定的区域，它可能包括元素、物体、空间和景观。场所"可能具有有形的和无形的维度。至关重要的是，场所涉及人类活动和与之相关的文化传统，这些文化传统指导着人的活动及其结果"（第1.1条）。该宪章解释说，使用"场所"这一概念，加上其相关的文化背景和意义，其内涵比纪念建筑、遗址或建筑物的概念更宽泛。"场所"的概念将文化遗产构成要素联系在一起，并将它们与其文化和知识背景联系在一起，是文化和知识背景的产物。场所的范围很广，包括自然和文化特征。场

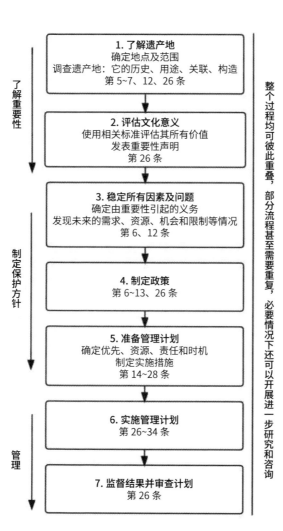

图 4.3 《巴拉宪章》流程图,规划和管理具有文化意义场所的步骤。方框中显示了与每个步骤相关的主要条款。第 6 条总结了整个过程。(国际古迹遗址理事会澳大利亚国家委员会,2013: 10)

第四章 宪章、指导原则和机构

所也可大可小，例如，一座纪念碑、一棵树、一座单独的建筑或建筑群、一个历史事件的发生地、一个城区或城镇、一个文化景观、一个花园、一个工业厂房、一艘沉船、一个有现存遗迹的地点、一个石头阵、一条道路或旅行路线、一个社区聚会地点、一个与精神或宗教有关的地点。

《巴拉宪章》作为适应性、系统化和可复制性研究的基础，其重要性和有效性在澳大利亚的实践中得到充分肯定，同时也在国际上获得了认可。《巴拉宪章》确定数据的方法是客观的。现有物质文化的证据——建筑、植物、结构、开放空间、土地利用模式——可被视为物理对象。它们是景观的有形模式和组成部分，可以加以记录和保护。同样重要的是无形的关联，即创造了这些模式和组成部分并赋予其意义的传统、信仰和意识形态。因此，对数据的可靠分析和对意义的评估，不可避免地涉及价值判断，通过阐释和展示场所的意义来进行。同时，一系列的文化景观实践指南得以发布[6]（2021年11月6日），作为《巴拉宪章》的附件，解释宪章在实践中的应用：

- 实践指南：理解和评估文化意义。

- 实践指南：制定政策。

- 实践指南：准备研究和报告——合同和伦理问题。

- 实践指南：《巴拉宪章》与考古实践。

- 实践指南：《巴拉宪章》与土著文化遗产管理。

- 实践指南：阐释。

- 实践指南：《巴拉宪章》第22条——新工作。

- 实践指南：了解文化线路。

- 实践指南：非物质文化遗产与场所。

- 实践指南：遗产与可持续性1——建筑遗产。

关于"理解与评估文化意义"的实践指南，提供了有关《巴拉宪章》关于文化意义及其评估的基本和核心论点的指导。它进一步阐述了《巴拉宪章》所包含的原则。这份指南提出了一种保护哲学和方法论，将具有文化意义场所的管理与文化价值评估相联系，最终形成一份意义陈述。该指南涵盖以下内容：

1. 目标。
2. 文化意义的概念。
3. 文化意义的评估。
4. 文化意义评估常见的挑战。
5. 可用资源。

在澳大利亚的遗产实践和法规中，文化意义（cultural significance）的概念被用来说明一个场所可能具有的所有文化价值和意义。根据《巴拉宪章》第 1.2 条的规定，文化意义体现在遗产地本身、遗产地构造、环境、用途、关联和意义中。因此，文化意义是一个场所具有的品质或价值的总和，其中包括了《巴拉宪章》第 1.2 条中列出的五种价值——美学价值、历史价值、科学价值、社会价值和精神价值。这些价值的含义已在本书第三章中阐述，在此不再赘述。第 1.2 条还强调了一个重要观点，即"遗产地对不同个体或团体而言，具有不同的价值"。在宪章第 1.4 条中对"保护"（conservation）的含义进行了简要界定，即"保护某一场所从而保存其文化重要性的一切过程"。在宪章第 1.5 至 1.9 条中，则详细阐述了在保护过程中可以采取的一系列措施或行动：

• 1.5 维护（maintenance）是指对某个遗产地及其周围环境的持续性保护与照管。维护与维修有所不同，维修包括修复和重建。保护与照管的示例包括：定期检查和清洁场所，如花园的除草和修剪；涉及修复的维修——将移位的构件重新放置到其原始位置，如建筑物上松动的屋顶排水槽或石制博拉环中的移位石块；涉及重建的维修——用新材料替换损坏的构件。

• 1.6 保存（preservation）是指保持某遗产地现有状态并延缓其退化。承认所有场所及其要素都会随着时间推移而发生不同程度的变化。

• 1.7 修复（restoration）是指通过去除增添物，或不引入新材料而将现有组成部分进行重新组装，将某遗产地恢复到已知的某一历史状态。

• 1.8 重建（reconstruction）是指将某遗产地恢复到已知的某一历史状态，它与修复的区别在于引入了新材料。新材料可包括从其他地方回收的材料。这一方法不应对任何具有文化重要性的地方造成损害。参见图 4.4。

• 1.9 改造（adaptation）是指改动某个场所以适应现有用途或拟议中的用途。

> 弗朗西斯科·班达林（Francesco Bandarin）在 2020 年 7 月 22 日的《艺术报》上，以"拒绝现代建筑方法后巴黎圣母院修复的最新进展"为题，谈到了重建该建筑受损部分，特别是尖塔和屋顶的问题：在经过长达 15 个月的讨论后，巴黎圣母院修复工程的前景变得更加明朗，人们决定按照 2019 年 4 月 15 日大火前的样子重建屋顶和尖塔，而不是按照法国总统马克龙的提议，以现代建筑的方法进行危险的重建。这是国际古迹遗址理事会（ICOMOS）国际宪章所体现的保护原则的胜利。这是国际古迹遗址理事会宪章和《世界遗产公约》所体现的保护原则的胜利，也是对大教堂首席建筑师菲利普·维尔纳夫（Philippe Villeneuve）的认可。相信负责大教堂 19 世纪重大修复工程的建筑师

欧仁·维奥莱特·勒·杜克（Eugène Viollet-le-Duc）也会对此表示赞同。他在 160 年前写道："艺术家必须完全抹去自己，忘记自己的品味和自觉……因为在这种情况下，目标不是创造新的艺术，而仅仅是服从于一个已不复存在的时代的艺术。"（注：就《巴拉宪章》而言，建议采取的行动是重建，而不是修复，实际上这两个术语通常可以互换使用，例如，参见国际古迹遗址理事会《中国文物古迹保护准则》第 27 条"重点修复"的定义[1]，"修复"（restoration）是首选术语）

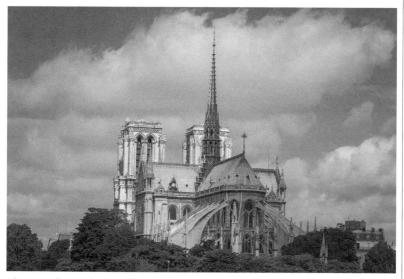

图 4.4 巴黎圣母院（2019 年火灾前）
来源：https://pixabay.com/photos/notre-dame-cathedral-paris-france-4150231/

---

[1] 国际古迹遗址理事会《中国文物古迹保护准则》第 27 条所定义的"重点修复"包括恢复文物古迹结构的稳定状态，修补损坏部分，添配主要的缺失部分等。参见国际古迹遗址理事会中国国家委员会《中国文物古迹保护准则》（2015 年修订），北京：文物出版社，2015 年，第 24 页。译者注。

通过对某个场所进行调查，并对其美学、历史、科学、社会和精神价值逐一进行评估，我们可以阐明某个场所为何重要以及有哪些重要价值。鉴于《巴拉宪章》第 2.2 条规定保护的目标是保护该场所的文化意义，这是确保我们的决策及后续行动（第 1.5 至 1.9 条）不会削弱其文化意义的第一步。

然而，在实践中我们认识到，与价值概念相关的一个具有挑战性的问题是价值阈值，即什么程度的意义或重要性才算重要？一个场所具有价值和文化意义的标准是什么？我们能否对价值和文化意义进行定性，是否应该尝试这样做？意义本身是一个主观的人类判断，很难量化，尤其是通过排序的方式（不建议这样做）。价值和意义是不能以经验分析和客观量化来实现的概念。我们可以证实，一栋建筑或一个历史环境／地区是同类建筑或地区中的稀有范例，失去它将削弱我们的物质文化。但非物质文化，即创造了我们所珍视的场所并赋予其意义和记忆的传统和习俗，则更难合理地说明（rationalise）和保护。文化意义和价值是传统和习俗的结果，这些传统和习俗创造了我们所珍视的场所，并将它们编码为具有意义的记忆之地，与场所的物质结构一样。第六章将介绍如何评估价值及其阈值指标，以编写文化意义声明。在此阶段，《布拉宪章操作指南》（第 5 页）"理解和评估文化意义"指出：

意义声明是对场所文化意义简明扼要的概括。通常的做法是，在意义声明之后，根据每项价值或标准对重要性的每个方面进行分析[7]。意义声明概括了每个方面，突出了重要的方面。意义声明是法定保护和保护行动决策的基础，因此至关重要。声明应具有可靠的证据支持，并且能够经受审查。

《中国文物古迹保护准则》

该准则首次由国际古迹遗址理事会中国国家委员会于2000年发布，在2015年进行了较大更新和扩展（ICOMOS中国2015），并获得中国国家文物局的批准。

该准则共47条，涵盖以下准则和阐释（括号中的页码来自英文版本）：
- 第1章 总则：第1~8条（第58~64页）。
- 第2章 保护原则：第9~15条（第65~70页）。
- 第3章 保护和管理工作程序：第16~23条（第71~80页）。
- 第4章 保护措施：第24~39条（第81~98页）。
- 第5章 合理利用：第40~45条（第99~104页）。
- 第6章 附则：第46~47条（第105页）。
- 文物古迹保护工作程序表（第16条，第72页）如图4.5所示。

《中国文物古迹保护准则》在其阐释中提出，文物古迹保护和管理工作程序的每个步骤都是下一步骤的基础，对每一步骤实施专家评审制度。首先由相关领域的具有理论素养和实践经验的专家组成的委员会对相关程序的工作内容进行审查，然后由文物行政部门根据专家委员会的意见对工作内容和相关措施做出审批决定，最后由文物古迹管理者根据审批决定和专家委员会意见实施相关工作。

在上述内容之后有一个有用的汉语-英语词汇表（第106~115页），其中列出了在保护领域中使用的关键英文词汇、它们对应的汉语拼音和中文词汇，以及对每个术语的注释。

虽然不太可能涵盖该书所涉及的所有条款，但这里讨论了为准则奠定基础的各条款中的一些关键主题。第1条（第58/60页）首先对文物古迹进行了积极阐释，说明了它们是什么以及它们如何成为保护实践的焦

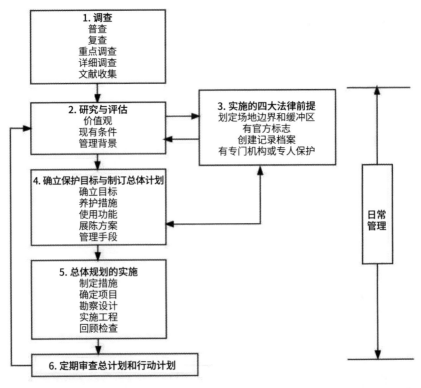

图 4.5 文物古迹保护工作程序表：《中国文物古迹保护准则》（国际古迹遗址理事会中国国家委员会，2015: 72）。

点。这里重要的是文物古迹保护实践的核心作用：

> 这些准则可以作为保护实践的指南，涵盖了一切被统称为文物古迹的内容。文物古迹是指人类历史上创造或遗留的具有价值的不可移动的实物遗存，包括古文化遗址、古墓葬、古建筑、石窟寺、石刻、雕塑、碑文、石碑和岩画、近现代遗迹和代表性建筑，以及历史文化名城、名镇、名村和其中的附属文物；文化景观、文化线路、遗产运河等类型的遗产也属于文物古迹的范畴。

《中国文物古迹保护准则》第 1 条阐释指出，文物古迹既包括各级文物保护单位，也包括经文物普查确定为文物的对象。文物古迹必须是具有重要历史要素的实物遗存，具体包括：

1. 重要历史事件和历史人物的活动；
2. 重要科学技术和生产、交通、商业活动；
3. 典章制度；
4. 民族文化和宗教文化；
5. 家庭和社会；
6. 文学和艺术；
7. 民俗和时尚；
8. 其他具有独特价值的要素。

值得注意的是，2015 年《中国文物古迹保护准则》纳入了在中国历史和文化中具有独特意义的遗址，包括：

历史文化名城、名镇和名村具有重要意义，因为它们反映了人类聚落发展、演变的历史，也是承载文化多样性的媒介。

文化景观是人类活动（包括行为和思想）与自然环境的相互作用形成的景观遗存，具有重要意义。

文化线路是由于交通、人口迁移、商贸或军事活动，在一定的地理区域内，以路网或水上交通线及相关遗迹构成的，反映不同文化之间的相互作用，促进沿线文化发展的文物古迹类型。这类遗产的意义在于其具有文化多样性。

遗产运河是指具有文物古迹价值的人工或人工与自然相结合的水路，它反映了人类的工程技术成就。它可能同时具有文化景观的特征，也可能反映了人类通过这一水路而发生的多向的文化交流，并促进了沿线文化的发展,从而具有文化线路的特征。

那些曾经发生了重大科技进步的场所及附属的科学研究设备等,具有见证科学技术发展的价值,这些场所及附属设备也是文物古迹的组成部分。

工业遗产特指能够展现工艺流程和工业技术发展的具有文物古迹价值的近、当代工业建筑遗存及设备、产品等。工业遗产的意义与其他类别的遗产同等重要。工业化是中国历史的重要阶段,工业遗产是这一历史阶段的见证。一些工业遗产的建(构)筑物已成为某些区域的地标。工业遗产对当地社会、文化发展可能产生重要的影响,是地方富有特色的文化载体。工业遗产的建筑、景观环境、重要设备及产品是文物古迹的组成部分。(参见图4.6)

图4.6 上海杨浦滨水区,原为工业区,现为遗址公园
来源:张勇

《中国文物古迹保护准则》第 1 条（第 60 页）还承认各类遗产与非物质文化遗产之间的联系：

> 许多文物古迹类型，如历史文化名城、名镇、名村、文化景观等，与传统生产、生活方式、信仰等非物质文化遗产相关，它们呈现出"活态"的特征。那些相关的非物质文化遗产是文物古迹价值的重要载体，在对文物古迹进行保护的同时也必须考虑对非物质文化遗产的保护。文物古迹所在社区的参与，是这类文物古迹保护的基础。

第 2 条（第 61 页）强调："准则的宗旨是对文物古迹实施有效保护。保护是指为保存文物古迹及其环境和其他相关要素进行的全部活动。保护的目的是通过技术和管理措施真实、完整地保存其历史信息及其价值。"（参见图 4.7）

第 3 条（第 61 页）提到遗产价值，"文物古迹的价值包括历史价值、艺术价值、科学价值以及社会价值和文化价值。社会价值包含记忆、情感、教育等内容，文化价值包含文化多样性、文化传统的延续及非物质文化遗产要素等相关内容。文化景观、文化线路、遗产运河等文物古迹还可能涉及相关自然要素的价值。"这些价值的定义已在第三章中阐述，此处不再赘述。

与《巴拉宪章》（第 1.5~1.9 条）规定的在保护过程中可以采取的一系列措施或行动相似，《中国文物古迹保护准则》第四章"保护措施"第 24 条指出：

> "保护措施是通过技术手段对文物古迹及环境进行保护、加固和修复，包括保养维护与监测、加固、修缮、保护性设施建设、迁移以及环境整治。所有技术措施在实施之前都应履行立项程序，进行专项设计。所有技术和管理措施都应记入档案。相关的勘查、研究、

监测及工程报告应由文物古迹管理部门公布、出版。"

保护措施主要包括：

- 保养维护及监测；
- 加固；
- 现状整修和重点修复；
- 保护性设施建设；
- 迁建；
- 环境整治；
- 木结构上的油饰彩画保护；
- 近现代史迹及代表性建筑保护；
- 纪念地的保护；
- 文化景观（见图 3.4）、文化线路和遗产运河保护；
- 历史文化名城、名镇和名村的保护。

最后，关于重建的挑战在第 43 条（第 101/102 页）有所涉及。该条款不提倡原址重建的展示方式，提出考古遗址不应重建。然而，在特殊情况下，如果存在足够的视觉证据和文本文献来重建缺失的结构，并且能够准确地再现结构，可以考虑进行重建。在西安重建中国古都长安就是一个有趣而著名的例子，其意义远远超出了单个建筑。长安在中国历史上约千年的时间内曾是多个重要帝都的所在地。"基于对过去的实用性利用，西安市政府实施了遗产规划，创造出一个在审美上令人愉悦且具有经济价值的旅游目的地。"（zhu，2018：181）大明宫国家遗址公园于 2010 年对公众开放，这是一个拥有唐代皇宫（大明宫）遗址和重建元素的大型考古公园，被称为"大美大明宫"，从公元 663 年起这里是唐朝的皇宫。为了修建这座公园，大面积的城市开发区域被拆除，居民被搬迁。这其实是世界潮流的一部分，即通过遗产旅游将过去的历史文化变成有利可图的商品，从而创造一个可参观的、有吸引力的过去（Salazar 和 Zhu，2015；Zhu，2018）。

《奈良真实性文件》（*The Nara Document on authenticity*）

《奈良真实性文件》（ICOMOS，1994）于 1994 年 11 月在奈良举行的"与世界遗产公约相关的奈良真实性会议"上，由与会者起草。此次会议由日本政府文化事务部与联合国教科文组织、国际文物保护与修复研究中心（ICCROM）和国际古迹遗址理事会（ICOMOS）合作举办。最终版本由雷蒙德·勒梅尔（Raymond Lemaire）和赫布·斯托维尔（Herb Stovel）编写。与《威尼斯宪章》注重遗产的物质结构和有形方面不同，《奈良真实性文件》主要关注无形遗产及其相关价值。正如本书第三章所讨论的，它是 20 世纪 90 年代早期开始的文化遗产思想和实践拓展的一部分。值得注意的是，并非偶然，它是在 1992 年联合国教科文组织世界遗产中心宣布文化景观的三个类别之后产生的[1]，这些类别受到文化多样性、人与景观之间的无形联系、普通场所的重要性以及文化与自然之间联系等观念的影响。为庆祝《奈良真实性文件》诞生 20 周年，2014 年日本政府在日本举行了一系列会议，评估过去 20 年将《奈良真实性文件》应用于遗产地识别和管理方面的实际经验和教训。这些会议为"奈良+20"遗产实践、文化价值和真实性概念的发展奠定了基础。

---

[1] 1992 年，联合国教科文组织世界遗产委员会第 16 届会议提出把"文化景观"纳入《世界遗产目录》，文化景观代表《保护世界文化和自然遗产公约》第一条所表述的"自然与人类的共同作品"。文化景观遗产包括：①由人类有意设计和建造的景观，如出于美学原因建造的园林和公园景观；②有机进化的景观；③关联性文化景观。译者注。

因此,《奈良真实性文件》(ICOMOS,1994)在保护领域中挑战了传统思维方式。世界遗产委员会希望以充分尊重所有国家的社会和文化价值的方式来检验遗产的真实性(见图 4.7)。《奈良真实性文件》默许了处理真实性问题的多种方法,并且承认真实性并不只存在于或主要存在于西方关于完整性结构的观念中。它承认需要尊重文化多样性和信仰体系的各个方面,是"来自边缘的有力声音,一个真正的分水岭"(Logan,2001:55)。《奈良真实性文件》提出(第 13 段),真实性判断可以与各种信息源相关联,包括形式和设计、材料和物质、使用和功能、传统和技术、位置和环境、精神和感受。值得注意的是,这些信息源随后在 2005 年被纳入《世界遗产公约业务准则》中。该文件指出,利用这些信息源可以对文化遗产地的特定艺术、历史、社会和科学维度进行详细阐述,并强调真实性既涉及遗产的结构,也涉及遗产的非物质方面,实际上,有些人认为更重要的是遗产的非物质方面。

图 4.7　库马利吉兹克:真实性和完整性在保护和可持续管理世界乡村遗产中的作用

文化景观:700 年的奥斯曼信托村库马利吉兹克

Meryem ATIK,Gaye TAŞKAN,阿卡德尼兹大学景观建筑系
关键词:　文化景观,乡村遗产,真实性,信托村,库马利吉兹克

布尔萨和库马利吉兹克列入世界遗产名录

　　本案例研究的重点是对库马利吉兹克(Cumalıkızık)及周边景观环境的真实性和完整性进行评估,以便对作为 2014 年世界遗产的库马利吉兹克遗址进行保护和可持续管理。库马利吉兹克位于土耳其西部

图 4.7 土耳其布尔萨市市政局
来源：艾伦·巴斯特坎勒格，http://alanbaskanligi.bursa.bel.tr/fotograf-arsivi/

的布尔萨省，是一个拥有 700 年历史的奥斯曼帝国定居点。库马利吉兹克被视为最重要、保存最完好的奥斯曼帝国早期乡村文化景观之一，是一个具有国家和国际意义的乡村聚落，拥有丰富的自然资源、山地景观和肥沃的土地，农业生产至今仍在继续（Taş & Taş, 2009）。

库马利吉兹克于 14 世纪建立，是当时的七个村庄之一（Pirselimoğlu Batman 等，2019；Perker & Akıncıtürk, 2011）。这些村庄是拥有捐赠财产的"瓦克夫信托村"，旨在造福当地居民。此外，这些村庄还拥有自治身份，它们能够独立管理定居点和乡村景观。"瓦

第四章　宪章、指导原则和机构

克夫"（Vakıf）是一个信托机构，为人民和社区利益提供财产信托，而不是为个人设立的基金会。库马利吉兹克村有别于其他信托村的重要特征是保存完好的乡土建筑、纪念遗产元素、公共空间、与当地地形有机融合的居住形式以及持续进行的农业和林业活动。这些特征是库马利吉兹克被认定为世界遗产的基础。库马利吉兹克的案例表明，当地强有力的主动性增强了遗产真实性和完整性的可持续性。该遗产被认为符合《世界遗产公约业务准则》中的第 (i)、(ii)、(iv) 和 (vi) 项标准（UNESCO, 2019: Para 77），满足了突出普遍价值的要求。

土耳其乡村文化景观的管理与规划

"乡村"（rural）一词指的是人口稀少、有村庄和牧场的地区（TDK, 2005）。农村地区被视为大都市居住区以外的村庄和小村落的空间实体，其社会保障机会较少（Tarım ve Köy İşleri Bakanlığı, 2011）。村庄作为乡村定居点，是土耳其乡村景观的核心组成部分。早期管理乡村地区及其定居点的尝试，可追溯到 20 世纪 20 年代，1924 年的《村庄法》（Village Act）赋予了村庄自治身份。该法案首次详细定义了村庄的概念，即村庄是拥有学校、牧场、高地、灌木丛和清真寺等共同财产的地区，人们居住在分散或集体的房屋中，并拥有庭院、花园和田地（Resmi Gazete, 1924）。1970 年，乡村地区开始出现在国家层面的五年发展计划中。2015 年和 2020 年，乡村发展战略和战略计划成为国家议程的一部分。

布尔萨—库马利吉兹克

布尔萨（客栈区和苏丹库利耶斯）和库马利吉兹克管理计划涵盖

了库马利吉兹克的历史建筑群和乡村遗产地，但更侧重于建筑环境。因此，考虑到景观环境的规模，真实性的作用仍然是一个悬而未决的问题。对于包括布尔萨和库马利吉兹克在内的土耳其乡村文化景观的可持续性而言，评估真实性和完整性的作用仍然是一个挑战。针对景观环境属性的具体遗址管理准则，有助于巩固遗产价值的真实性和完整性，加强有 700 年历史的库马利吉兹克乡村文化遗产的保护和可持续管理。

来源

1.Perker, Z.S. & Akıncıtürk, N. (2011), Geleneksel Konutlarda Fiziksel Değişim: Bursa'da Üç Örnek Yapı, Uludağ Üniversitesi Mühendislik-Mimarlık Fakültesi Dergisi, 16(1): 29–39. doi: 10.17482/uujfe.94577.
2.Pirselimoğlu Batman, Z. Çelik Çanga, A. & Sökmen, T. (2019), Kültürel Peyzajların Kırsal Turizm ile Kullanım İlişkisinin Değerlendirilmesi: Cumalıkızık-Bursa Örneği, Bartın Orman Fakütesi Dergisi 21(1): 1–13. doi: 10.24011/barofd.474308.
3.Resmi Gazete (1924), Köy Kanunu. Resmi Gazete 1924 tarih ve 442 sayılı Kanun.
4.Tarım ve Köy işleri Bakanlığı (2011), Kırsal Kalkınma Planı (2010–2013). https://kkp.tarim.gov.tr/KKP20102013.pdf.
5.Taş, M., Taş, N. & Cahantimur, A. (2009), A participatory governance model for the sustainable development of Cumalıkızık, a heritage site in Turkey, Environment and Urbanization 21(1):161–184. doi: 10.1177/0956247809103012.
6.TDK (2005), Türk Dil Kurumu Türkçe Sözlük. Türk Dil Kurumu 4. Akşam Sanat Okulu Matbaası, Ankara, 2243 sayfa.
7.UNESCO (2019), Operational Guidelines for the Implementation of the World Heritage Convention, WHC 19/01, 10 July 2019, IIIB, para 132; Paris: UNESCO World Heritage Centre. https://whc.unesco.org/en/guidelines/.

《奈良真实性文件》序言（第 4 段）通过以下表述为文件定下了基调和背景：

在一个日益受到全球化和同质化力量影响的世界上，在一个有时通过激进民族主义和压制少数民族文化来追寻文化认同的世界上，在保护实践中考虑真实性的重要贡献是澄清和阐明人类的集体记忆。

序言之后是对"文化多样性和文化遗产"（第 5~8 段）以及"价值和真实性"（第 9~13 段）的阐释，包括以下示例：

第 5 段　我们这个世界文化和遗产的多样性是全人类精神和智力财富不可替代的源泉……

第 6 段　文化遗产的多样性存在于时间和空间之中，要求尊重其他文化及其信仰体系的各个方面。在文化价值观发生冲突的情况下，尊重文化多样性要求承认各方文化价值的合法性。

第 7 段　所有文化和社会都植根于构成其遗产的特定的物质和非物质表现形式和手段之中，这些形式和手段应得到尊重。

第 9 段　要基于遗产的价值保护各种形式和各个历史时期的文化遗产。我们理解这些价值的能力，在一定程度上取决于有关这些价值的信息源是否被视为可信或真实的……

第 10 段　以这种方式考虑并在《威尼斯宪章》中确认的真实性，成为关于价值的基本限定因素……

《奈良真实性文件》引发了一些模糊不清的问题，正如第 3 章讨论的何为真实性的问题一样。因为根据《奈良真实性文件》（第 9 段），真实性的基础依赖于各种形式文化遗产的可信性和真实的信息。因此，真实性是关于"真实"的问题，如西方中心主义的真实的物质结构的概念？还是指文化信仰和制度的多样性？实际上，它涉及这两个方面。然而，尽管"真实性……是与文化遗产相关的一个重要品质……它仍然令人困惑和模糊不清……对真实性没有明确的描述：它完全取决于具体情况和背景"（Karlström，2015: 29）。

"奈良+20"的基础是国际公约和宪章，以及自《奈良真实性文件》起草以来在学术和专业论坛上所做的工作，这些都有助于扩大文化遗产的范围，并强调文化背景和文化多样性的重要性。该文件确定了五个相互关联的关键问题，强调了在全球、国家和地方范围内，通过更广泛的社区和利益相关者的参与，制定和扩大优先行动。

遗产过程的多样性

正如《奈良真实性文件》所指出的，真实性因文化背景而异，文化遗产的概念本身也呈现多种形式和过程。在过去20年里，遗产管理和保护实践越来越多地考虑到文化遗产如何产生、使用、阐释和保护的社会过程。此外，获取和体验遗产的新模式和新技术也影响了社会过程及对真实性的看法。

文化价值演变的影响

《奈良真实性文件》承认文化遗产经历了持续的演变过程。在过去20年里，对这一演变过程的认识给遗产管理带来了挑战，从业人员质疑普适性保护原则的有效性。此外，在此期间，社区参与遗产的进程取得了丰硕成果，使以前不被认可的新价值被接受。这些变化要求价值的识别和真实性的确定应得到定期审查，以适应观念和态度的变化，而不是基于简单的评估。

多方利益相关者的参与

《奈良真实性文件》将有关文化遗产的责任分配给产生或保护文化

遗产的特定社区。过去 20 年的经验表明，文化遗产对更广泛的社区和利益相关群体可能有不同的重要性，这些社群和利益集团现在还包括 1994 年还不存在的虚拟全球社群。由于人们认识到个人可能同时是一个以上社群的成员，而且利益相关者之间的权力不平衡，往往由遗产法律、决策机制和经济利益决定，这种情况使问题变得更加复杂。那些有权确定或确认遗产资源意义、价值、真实性、处理和使用的人，有责任让所有利益相关者参与到这些进程中来，不要忽视那些很少或没有发言权的社区。遗产专业人员应当参与可能影响遗产的社区事务。

相互冲突的主张和解释

《奈良真实性文件》呼吁在文化价值观发生冲突时尊重文化多样性。在过去 20 年里，遗产的不同价值和含义显然可能导致看似不可调和的冲突。为了应对这种情况，需要采用可信且透明的过程来调解遗产纠纷。这一过程要求即使在对遗产的意义难以达成共识的情况下，有矛盾冲突的社区也需要同意参与遗产保护。

文化遗产在可持续发展中的作用

《奈良真实性文件》没有专门讨论文化与发展问题。然而，在过去 20 年里，在可持续发展和减贫战略中考虑文化遗产的必要性已获得广泛认可。在发展战略中利用文化遗产，必须考虑文化价值、过程、社区关注的问题和管理实践，同时确保在社会经济效益方面的公平参与。文化遗产保护与经济发展之间的平衡必须被视为可持续性概念的一部分。

《西安宣言——保护历史建筑、古遗址和历史地区的环境》

《西安宣言——保护历史建筑、古遗址和历史地区的环境》（ICOMOS，2005）于 2005 年 10 月 21 日在国际古迹遗址理事会第 15

届大会上通过，会议地点为中国西安。该宣言的序言中提到了联合国教科文组织的公约和建议中关于"环境"（setting）的概念，其中包括《关于保护景观和遗址的风貌与特性的建议》（1962年）、《关于保护受到公共或私人工程危害的文化财产的建议》（1968年）、《关于历史地区的保护及其当代作用的建议》（1976年）、《保护非物质文化遗产公约》（2003年），尤其是《保护世界文化和自然遗产公约》（1972年）及其实施指南——在这些文件中，"环境"被认为是体现真实性的一部分，并需要通过建立缓冲地带加以保护。

《西安宣言》分为五个部分，每个部分都有相关要点及阐释段落：

认识环境对历史建筑、古遗址和历史地区重要性的贡献

1. 除了实体和视觉方面的含义外，环境还包括与自然环境之间的相互作用，过去的或现在的社会和精神活动、习俗、传统知识等非物质文化遗产方面的利用或活动，以及其他非物质文化遗产形式，它们创造并形成了环境空间以及当前的、动态的文化、社会和经济背景。

2. 不同规模的历史建筑、古遗址或历史地区，包括建筑个体、规划空间、历史城镇、陆地景观、海洋景观、文化线路和考古遗址，其重要性和独特性来自人们所理解的其社会、精神、历史、艺术、审美、自然、科学或其他文化价值，也来自它们与其物质的、视觉的、精神的以及其他文化的背景和环境之间的重要联系。

理解、记录和阐释不同背景下的环境

1. 理解、记录和阐释环境对于界定和评价任何建筑、遗址或地区的遗产价值十分重要。

2. 对环境的充分理解需要多学科知识和利用各种不同的信息资源。

通过规划手段和实践保护和管理环境

《西安宣言》第 5~8 条涉及需要规划和立法手段来管理环境；有关遗产建筑的法律、法规和准则等，应规定在其周围设立保护区域或缓冲地带；规划手段应包括相关规定，以控制渐变和骤变对重要天际线、景观视线以及任何公共或私人新建设施与历史建筑、古遗址和历史地区之间的充足距离等的影响；对所有新建设施都需进行遗产影响评估，评估其对历史建筑、古遗址和历史地区重要性及其环境所产生的影响。

对影响环境的变化进行监测与掌控

第 9 段和第 10 段涉及历史建筑、古遗址和历史地区环境的变化速度及其影响。

与当地、跨学科领域和国际社会进行合作增强环境保护和管理的意识

第 12 和 13 段阐述了与当地和相关社区合作制定可持续保护和管理战略的重要性，提出鼓励专业培训、社区教育和培养公众意识，以促进保护目标的实现，提高保护工具、管理计划和其他相关手段的效率。

毫无疑问，遗产地的环境属性有助于营造其氛围，提升场所感和意义（图 4.8）。然而，人们对环境的含义产生了疑问：环境是指直接环境还是更广泛的周边环境？实际上，正如婆罗浮屠（Borobudur）的例子（参见图 4.8）所显示的那样，它既可以是环境，也可以是遗产地的特征。此外，鉴于各国的规划法律，这些法律在面对重建计划和新发展时在多大程度上考虑遗产因素也是一个问题。

例如，在槟城乔治市的世界文化遗产地，对于从核心区看已被提名为缓冲区内的高层建筑的视觉影响，一直存在争议。这是在《世界文化遗产文件 25》（Martin 和 Piatti，2009）中广泛讨论的一个议题，国际古迹遗址理事会的立场文件（第 28 页）在引用《西安宣言》时指出：

……在改进"缓冲区"的定义和应用与更广泛的"环境"概念之间关系的过程中，至少提供了两个重要的思考点。第一个是，鉴

图 4.8 世界遗产婆罗浮屠及其周边环境
婆罗浮屠的核心区（考古公园）只是一个狭窄区域，但整个环境是一个巨大的圆形剧场，婆罗浮屠就矗立在中间的一座低矮山丘上，营造出一种令人难忘和回味无穷的效果。整个景观组合宛如一个规模巨大、具有戏剧性的户外博物馆（Taylor，2003）。

来源

Taylor, K. (2003), 'Cultural Landscape as Open-Air Museum: Borobudur World Heritage Site and Its Setting,' Humanities Research, 10 (2), 51–62.

于环境对帮助建立和确定文化"意义和独特性"的贡献，环境不仅仅是一个次要区域，其目的是支持一个主要的遗产重点区域，是遗产核心区的一个平等、互补和不可分割的组成部分。这一表述强化了这样一种观点，即规划条件和已划定区域、缓冲区甚至三级区域的边界必须一并设计。它进一步提出了考虑一种全新方法的可能性，这种方法将环境定义为法定区域不可或缺的组成部分。尽管放弃使用了 30 年的方法会带来不便，但这种方法是否能克服与目前实行的两级分区方法相关的一些问题，还是非常值得探讨的。

第二点很重要，即环境（也包括缓冲区）不仅仅涉及"实体和视觉方面"，还强调社会和文化背景的重要性，以及维护非物质传统习俗和知识的重要性，这些习俗和知识塑造了重要遗产地的历史发展，并继续维持着其重要价值，如"与自然环境的互动，过去或现在的社会或精神习俗、风俗、传统知识、使用或活动以及其他形式的非物质文化遗产"。确保缓冲区的设计与社会、文化和经济参数以及物理参数相关，可以确保所界定的条件能够反映一个地方遗产价值的所有来源。这两点在《西安宣言》的前两条中得到了最好的体现。

20 世纪 80 年代后期，随着遗产保护思维的扩展，城市保护也开始出现变化。人们对城市保护方法的转变越来越感兴趣，其背景是城市人口日益集中的全球现象。联合国教科文组织（2008：4）指出："城市人口出现了名副其实的爆炸式增长，每天都在增加，而且居住在城市地区的人口每周增加 125 万。"它还指出："预计在下一代的发展过程中，目前的人口总数将翻一番……"因此，人类历史上首次将有超过一半的世界人口生活在城市中。根据联合国人居署的预测，在未来 20 年内，将有 50 亿人口居住在城市中，占全球人口的 70% 左右。与这些变化同时出现的还有一些宪章和宣言，包括下面讨论的文件。这些文件可被视为"对城市环境更广泛的社会和政治历史的认识……重点转向是在遗产所处的更广泛的社会文化和政治背景下，将城市的场所理解为生活空间和集体身份的场所"（Panjabi 和 Winter，2009：20）。这些概念也与遗产地和遗产地的环境概念有关。

《保护历史城镇与城区宪章》（《华盛顿宪章》1987 年）

《华盛顿宪章》（ICOMOS，1987）是"第一个专门致力于历史城镇与城区保护的国际文件……它在定义城市遗产方面提出了许多重要创新，因为它将'真实性'不仅与实体结构及其关系联系起来，还与环境、周边环境以及城市随时间的推移而产生的功能联系起来"（Bandarin 和 van Oers，2012：48）。它超越了《威尼斯宪章》的重要理念，后者主要将遗产视为艺术品而主要和实际存在于伟大的古迹和遗址之中，以及古典（旧）世界的纪念建筑和遗迹中，正如在其原则和目标中列出的前三条所示：

1. 为了更加有效，对历史城镇和其他历史城区的保护应成为经济和社会发展政策的完整组成部分，并应列入各级城市和地区规划。

2. 所要保存的特性包括城镇和城区的历史特征以及表明这种特征的所有物质和精神要素。

3. 居民的参与对保护计划的成功至关重要，应加以鼓励。

由此，现代人开始认识到城市建筑遗产作为人们日常生活的场所的意义——存在社会价值和场所感，以及城市保护在城市和城镇规划中的潜在作用。其余的条文侧重于保护方法和手段，主要涉及保护和规划的物质方面，因此没有认识到"需要确保维护和保护周期的可持续性"等问题(Bandarin 和 van Oers，2012：49)。尽管如此，该宪章在将历史城镇及其保护的概念引入城市规划方面迈出了正确的一步，最终推动了 2011 年联合国教科文组织《关于历史性城镇景观的建议书》的出台。

《乡土建筑遗产宪章》

2000 年，国际古迹遗址理事会大会批准了《乡土建筑遗产宪章》（ICOMOS，2000），旨在确立保护乡土建筑遗产的原则。《乡土建筑遗产宪章》标志着 20 世纪 90 年代关于乡土遗产地，即日常场所重要性思想的又一次转变，正如该宪章前言中所述："乡土建筑遗产是重要的，它是一个社会文化的基本表现，是社会与其所处地区关系的基本表现，同时也是世界文化多样性的表现。"这里值得注意的是，2010 年以来，开始承认文化和多样性在遗产管理行动中的关键作用（另见第三章关于"文化"的部分）。社区文化是《乡土建筑遗产宪章》关注的核心问题，尤其是在宪章有关保护原则的条款中，乡土建筑与人们日常生活的关系得到了体现：

1. 保护乡土建筑遗产必须由多学科专业人员进行，同时要认识到变化和发展的必然性，以及尊重社区既定的文化特色的必要性。

2. 当今对乡土建筑、建筑群和村落所做的工作应尊重其文化价值和传统特色。

3. 乡土建筑很少通过单体建筑来表现，最好是各个地区经由维持和保存有典型特征的建筑群和村落来保护乡土性。

4. 乡土建筑遗产是文化景观的组成部分，在制定保护方法时必须考虑到这种关系。

5. 乡土遗产不仅包括建筑物、构筑物和空间的实体构成形态，还包括使用和理解这些建筑物、构筑物和空间的方式，以及与之相关的传统和非物质联系。

《会安宣言——保护亚洲历史街区》

该宣言是 2003 年在越南会安召开的一次会议（ICOMOS，2003）的成果，会议的背景是被列入世界遗产名录的会安古城。会安曾是一个港口，其河道和建筑反映了各个历史时期的特点，混合了不同时代的风格，从木造的中国商铺和寺庙到法国殖民时期的建筑、华丽的越南管式住宅和带有宝塔的日式拱桥。《会安宣言》的重要意义在于，它通过六项条款阐述了历史街区而非单个建筑的保护价值理念：

1. 历史街区，包括历史村落和城市街区，是亚洲国家活态文化遗产的重要组成部分。它们往往体现了数百年来亚洲各地区及其各民族之间丰富而富有成效的文化交流史。然而，由于缺乏适当的保护措施、开发建设或车辆通行控制以及足够的财政支持，亚洲许多历史街区正面临无法挽回的损害，或丧失其身份和特色。会安等地的经验提供了教训和有益的范例，应该在从事历史街区管理的各个领域和各学科专业人员之间分享（图 4.9）。

2. 历史街区的居民和使用者是保护工作的主要参与者。他们的作用应该在规划、实施和审查阶段得到认可和欢迎。应鼓励业主和使用者利用传统知识和智慧对历史建筑和街区进行持续的保护。

3. 文化遗产保护和旅游业发展从根本上说并不对立，应被视为可以相互支持的活动。特别是在亚洲，旅游业是一项快速增长的经济活动，可以为保护历史街区提供强大的动力。旅游从业者应当与政府保护部门

图4.9 会安主街（2008年）正在铺设新的路面和防洪排水系统，这是保护区规划工作的一部分。像会安的其他街道一样，这条街道禁止普通机动车通行，从而使游客和当地居民能够在相对安全的环境中行走，同时也体现了传统的街道特色。
来源：肯·泰勒（Ken Taylor）

合作，实现旅游业的可持续发展，而不会耗尽不可再生文化资源，如文化遗产。

4. 历史街区的保护措施应特别考虑风险防范，防止在发生洪水、火灾或工业事故等自然或人为灾害时文化遗产遭受破坏或损失。应采纳和应用1997年《关于文化遗产风险防范的神户—东京宣言》，该宣言吸取了许多灾害的教训。

5. 亚洲的木结构建筑遗产非常重要，尤其是在历史街区，这是文化多样性和文化影响力的重要体现。然而，这些遗产十分脆弱，尤其在人口稠密的历史街区,保护这些遗产是一项艰巨的任务,需要相互合作并付出巨大的努力。木结构建筑的保护面临雨水、高湿度、高温、白蚁等生物侵害,其保护工作是一个具有挑战性的任务,这在过去促进了有关使用木材用于结构或装饰的传统知识的发展,以及维护和修复方法的形成。正如国际古迹遗址理事会(ICOMOS) 1999 年通过的《历史性木结构建筑保护原则》所述,所有参与木结构建筑遗产保养和维修的人员,从业主到建筑工人和专家,都必须充分理解这些原则及其意义,并从公共组织和专家的支持和建议中受益(参见图 4.10)。

6. 保护历史街区是一项复杂的工作,它的成功需要各种人员、机构、非政府组织和专家的参与及合作。地方合作对于实现保护目标和协调不同利益相关者的行动是十分必要的。

《关于亚太地区遗产和大都市的首尔宣言》(ICOMOS,2007)的倡议进一步表明,城市遗产已转变为一种整体的、背景性的观点,将环境作为遗产地意义和与遗产地联系的重要组成部分,并在此基础上提出了场所感(sense of place)的概念。

《关于亚太地区遗产和大都市的首尔宣言》(ICOMOS 2007)

值得注意的是,这份宣言在更广泛理解遗产的背景下提出了以下观点:

> 这些遗产地通过其用途的多样性为大都市地区的生活和记忆做出了贡献……与地理特征和活的社会生态系统一样,文化遗产对大都市的个性和特征做出了巨大贡献。它是亚太地区大都市实现其战略和经济作用的真正可持续发展的源泉。

图 4.10 北京故宫博物院（2008 年）。地面以下木柱腐朽部分的修缮（左）和重新铺设/粉刷木柱的传统工艺（右）。
来源：肯·泰勒（Ken Taylor）

虽然该宣言具体涉及亚洲的情况，但其五项主要建议与全球可持续城市保护需求高度相关：

1. 应承认文化遗产是一种多样化的、不可再生的资产，对亚太地区大都市的可持续发展和人类发展至关重要。

2. 文化遗产保护应成为城市发展的组成部分，包括政策、计划和项目，从规划到批准、实施和更新。

3. 保护工作包括在必要的人力、科学和财政资源的支持下，对文化遗产进行持续的鉴定、评估、保护和管理。

4. 保护文化遗产需要根据公认的最佳做法和当地的条件与传统，开发并实施相应的工具。

5. 大都市地区的文化遗产保护需要公共、私营、学术和非政府部门以及市民和国际组织的信息共享、参与和合作。

联合国教科文组织公约和文件

《保护世界文化和自然遗产公约》（联合国教科文组织，1972年）

联合国教科文组织世界遗产中心成立于1992年，负责管理通常被称为"世界遗产公约"的事务。该公约于1972年在瑞典斯德哥尔摩召开的联合国人类环境大会通过，包括世界自然保护联盟（IUCN）、国际古迹遗址理事会（ICOMO）、联合国教科文组织（UNESCO）在内的几个工作小组提出建议，形成了《保护世界文化和自然遗产公约》，以回应人们对世界遗产保护的日益关注。此前，联合国教科文组织曾组织考察团就遗产地保护问题向成员国提出建议。后来，这些活动发展成为国际运动，如1959年为保护拉美西斯二世建造的埃及阿布辛贝神庙而开展的运动，该神庙因阿斯旺大坝的修建而受到威胁。截至 2021 年，有 194 个成员国（缔约国）加入了这一公约。

该公约设立了《世界遗产名录》，2021 年共有 1154 项列入名录的遗产：包括 897 项文化遗产、218 项自然遗产和 39 项混合遗产。公约由八个主要条款下的 38 条组成，这些条款"规定了为集体保护具有突出的普遍价值的文化和自然遗产建立一个有效制度"（第 1 页）以及缔约国在保护其列入名录的遗产方面的责任。特别值得注意的是，世界遗产委员会已经成立并持续运行。该委员会的成员由各缔约国的代表轮流担任，并且必须公平地代表教科文组织的不同地区和文化。委员会在任何时候都有 15 名缔约国代表。

《保护世界文化和自然遗产公约》中规定缔约国责任的主要条款有：

1. 文化和自然遗产的定义（第 1~3 条）。

2. 文化和自然遗产的国家保护和国际保护（第 4~7 条）。

3. 保护世界文化和自然遗产政府间委员会（世界遗产委员会）（第 8~14 条）。

4. 保护世界文化和自然遗产基金（第 15~18 条）。

5. 国际援助的条件和安排（第 19~26 条）。

6. 教育计划（第 27~28 条）

7. 报告（第 29 条）。

8. 最后条款（第 30~38 条）。

在这些条款中，对缔约国提出了指导，作为公约的签署国，它们必须履行其中的义务，例如以下内容：

第 4 条：本公约各缔约国均承认，确保本国领土内的文化和自然遗产的确定、保护、保存、展出和传给后代的责任首先属于该国。为此，缔约国将尽其所能，最大限度地利用自身资源，并在适当的情况下，利用任何国际援助和合作，特别是财政、艺术、科学和技术方面的援助和合作，以及可能获得的合作。

第11（1）条：本公约各缔约国应尽力向世界遗产委员会递交一份关于本国领土内适于列入本条第2段所述《世界遗产名录》的文化和自然遗产的财产清单。该清单不应被视为详尽无遗，但应包括有关遗产所在地及其重要意义的文献资料[8]。

第11（4）条：授权世界遗产委员会编制《濒危世界遗产名录》。该名录只可包括文化和自然遗产中受到下述严重和特殊危险威胁的遗产，这些危险是：加速恶化、大规模公共或私人项目或快速城市或旅游开发项目造成的消失威胁；由土地用途或所有权的改变造成的破坏；不明原因造成的重大变化；因任何原因被遗弃；武装冲突的爆发或威胁；灾害和灾难；严重火灾、地震、山崩；火山爆发；水位变化、洪水和海啸。

该名录每年审查一次。在将遗产列入《濒危世界遗产名录》之前，要对其状况进行评估，并与相关缔约国合作制定可能的整改措施计划。列入《濒危世界遗产名录》的最终决定由世界遗产委员会做出。世界遗产基金可提供资金支持。

《实施世界遗产公约的操作指南》

《实施世界遗产公约的操作指南》（简称《操作指南》）具体涉及世界遗产的实践方面，即为确保世界遗产的保护管理而应采取的行动，以保护和延续世界遗产突出的普遍价值（第五章阐述了这一过程）。《操作指南》于1977年首次发布。从那时起，《操作指南》会定期修订和更新，并根据世界遗产委员会的决定不断完善。在撰写本书时，2019年的更新版本长达177页（UNESCO，2019）。《操作指南》的开篇声明旨在通过以下评注，促进《保护世界文化和自然遗产公约》的实施：

a. 将遗产列入《世界遗产名录》和《濒危世界遗产名录》；

b. 世界遗产的保护和保存；

c. 世界遗产基金项下提供的国际援助；

d. 调动国家和国际力量为《世界遗产公约》提供支持。

《操作指南》的主要使用者是：

a. 《世界遗产公约》的缔约国；

b. 保护具有突出的普遍价值的文化和自然遗产政府间委员会，以下简称"世界遗产委员会"或"委员会"；

c. 世界遗产委员会秘书处，即联合国教育、科学及文化组织世界遗产中心，以下简称"秘书处"；

d. 世界遗产委员会的咨询机构；

e. 负责保护世界遗产的遗产地管理人员、利益相关方和合作伙伴。

此外，《操作指南》还特别规定了评估《世界遗产名录》提名遗产的标准，以确定"突出的普遍价值"的评估标准（另请参阅第五章）。

《保护非物质文化遗产公约》（UNESCO，2003）

鉴于对人权、非物质文化遗产与文化多样性之间不可分割的联系、可持续发展以及非物质文化遗产与物质文化和自然遗产之间的相互依存关系等问题的日益重视，《非物质文化遗产公约》（以下简称《公约》）于 2003 年 10 月获得通过。它由 40 个条款组成。

第 1 条规定，本《公约》的宗旨是：保护非物质文化遗产；尊重有关社区、群体和个人的非物质文化遗产；在地方、国家和国际一级提高对非物质文化遗产及其相互欣赏的重要性的意识；开展国际合作及提供国际援助。（另见 Blake 2009，关于社区在《公约》中的意义和核心作用）。

第 2.1 条将非物质文化遗产定义为："被各社区、群体，有时是个人，视为其文化遗产组成部分的各种社会实践、观念表述、表现形式、知识、技能以及相关的工具、实物、手工艺品和文化场所。这种非物质文化遗产世代相传，在各社区和群体适应周围环境以及与自然和历史的互动中，被不断地再创造，为这些社区和群体提供认同感和持续感，从而增强对文化多样性和人类创造力的尊重。在本公约中，只考虑符合现有的国际人权文件，各社区、群体和个人之间相互尊重的需要和顺应可持续发展的非物质文化遗产。"

第 2.2 条规定，非物质文化遗产主要包括：口头传统和表现形式，包括作为非物质文化遗产媒介的语言；表演艺术；社会实践、仪式、节庆活动（参见图 4.11）；有关自然界和宇宙的知识和实践；传统手工艺。

值得注意的是，《公约》使用了"保护"（safeguard）一词（第 2.3 条），而不是"保存"（conserve）。"'保护'指确保非物质文化遗产生命力的各种措施，包括这种遗产各个方面的确认、立档、研究、保存、保护、宣传、弘扬、传承（特别是通过正规和非正规教育）和振兴。"《公约》在保护非物质文化遗产方面还规定，缔约国应建立、不断更新和公布人类非物质文化遗产代表作名录（第 16 条）。图 4.11 展示了越南列入名录的一个案例。

读者可能注意到第三章我们关于非物质文化遗产和真实性问题的讨论，有些评论家将文化遗产的物质和非物质方面割裂开来，我们在此重申，许多非物质文化遗产都与生活的场所和景观有关，真实性是一个决定性因素。这并不仅指建筑形式和结构的真实性，也意味着人与场所的联系和场所的意义。《公约》本身似乎承认了这一事实，提到了"促进保护表现非物质文化遗产所需的记忆场所"（第 14c 条）和与非物质文

图 4.11 春歌（hat xoan）（越南语意为"春天之歌"）是越南民间音乐的一种流派，每年春天农历新年（Tết）的头两个月在富寿省上演。这种音乐形式包括表演、仪式、吟诵、舞蹈、击鼓和歌唱，主题涉及爱情、谜语和劳作。传统上春歌在寺庙、祠堂和公共住宅内演奏，由一名领袖（称为"trùm"）领导的行会表演，该行会由男性乐手（称为"kép"）和女性歌手（称为"dào"）组成。一个行会通常由 10~15 名表演者组成，但现在已所剩无几（https://en.wikipedia.org/wiki/Xoan_singing）。这个案例来自红河沿岸的一个村庄，展示了年长者教导年轻人的过程，从而传承了传统文化、对地方的认同感以及表演的仪式意义。
来源：肯·泰勒（Ken Taylor）

化遗产相关的文化场所（第 1 条）等空间和场所。因此，将非物质文化遗产与场所（真实的和想象的）和对象分开的想法实际上是人为的，忽视了有形与无形的关系，实际上也忽视了真实性的内涵（如图 3.6 "场所认同"所示）。音乐、诗歌、艺术等都不能脱离场所和对象（实际上是与其有着知识关系的文化景观）。关于物质性与非物质性之间的相互关系，

Skounti（2009: 77）认为：

> ……没有所谓单一的非物质文化遗产，它的范围很广，从物质遗产要素（遗址、遗迹、物品）的非物质层面到无形的方面（故事、诗歌、歌曲、音符、祈祷时的香味、香水等）。此外，纯粹的非物质性是一种虚构：无形的东西能存在吗？非物质遗产的每一个组成部分显然都有一个物质层面……如果没有这个物质层面，这个组成部分就无法共享，也不可能存在。

历史性城镇景观（HUL）

历史性城镇景观（HUL）的概念是联合国教科文组织在与世界城市变革相关的城市保护领域推出的一项重大倡议。2005 年 5 月在维也纳召开的联合国教科文组织会议上首次提出了 HUL 这一概念，并在《维也纳备忘录：世界遗产与当代建筑——管理历史性城市景观》（UNESCO，2005a）中得到倡导。此前，世界遗产委员会对现代发展对历史城市环境的影响及其与文化遗产价值保护的协调性表示关注。由此特别提出了 HUL 这个概念，作为重新诠释城市遗产价值的工具，并指出需要确定城市保护的新方法和新工具。

《维也纳备忘录》对联合国教科文组织于 2005 年 10 月通过的《关于保护城市历史景观的宣言》（UNESCO，2005b）具有关键作用。吴瑞梵（Ron van Oers，2010：8）指出：

> 《维也纳备忘录》不是一份宪章，也无意成为指导未来几十年城市发展和保护的最终文件——它是在各种专业团体参与下达成的共识性成果，是促进辩论的催化剂……它是一份过渡性文件，暗示

了人类生态学的愿景，预示着向可持续发展的转变，以及作为"景观"提出的更广泛的城市空间概念——不是大多数保护专家所熟悉的设计和演变的景观，而是联想景观或"想象中的景观"[9]。

在这种背景下，其思想和意图为审视城市保护的新方法铺平了道路。《维也纳备忘录》中确立的 HUL 概念实际上是遗产保护领域的一个高潮。它标志着从关注作为视觉对象的历史城市，转向关注作为仪式和人类体验空间的历史环境。吴瑞梵（Ron van Oers）用以下定义概括了向 HUL 范式的转变（van Oers，2010：14）[10]：

> 历史性城镇景观是一种思维方式，是对城市或城市一部分的理解，是自然、文化和社会经济进程的结果，这些进程在空间上、时间上和体验上构建了城市。它既关乎建筑和空间，也关乎人们带入城市中的仪式和价值观。这一概念涵盖了象征意义、非物质遗产、价值感知、城市历史景观综合要素之间的联系，以及包括建筑实践和自然资源管理在内的当地知识。它的有用之处在于它包含了一种变革能力。

《维也纳备忘录》的核心理念是，随着时间的推移，历史名城和名镇由各层次的重要意义组成，这推动了国际上在文化遗产保护领域已在进行的思考，即把城市视为文化景观（Taylor，2015）。文化地理学家对这一概念的理解已有几十年的历史。更重要的是，它邀请"社会各界和各学科之间就历史名城的当代发展问题展开对话。通过将仪式和经验作为理解历史性城市空间意义的出发点，保护工作者将被迫挑战 20 世纪传承下来的方法（我们可以理解为正统观念）"（van Oers，2010：8；另见 Taylor，2016）。

2011 年，联合国教科文组织大会通过了《关于历史性城镇景观的建议书》（UNESCO，2011），将国际城市保护新方法的思考推向了高潮。该建议书认识到历史城市中不同社区在不同背景下，随着时间的推移所层层积淀的各种意义和价值。这个观点在联合国教科文组织的出版物《历史城市的新生活》（UNESCO，2013：5）中得到了简要的总结：

> 城市遗产对我们的城市——无论是现在和未来都至关重要。城市物质遗产和非物质遗产是社会凝聚力的源泉、多样性的因素以及创造力、创新力和城市复兴的动力。

《关于历史性城镇景观的建议书》认识到当代城市化面临的挑战，以及城市作为增长引擎和创新与创造中心的重要性——为就业和教育提供了机会。该建议书认为，城市遗产，包括其自然环境中的物质和非物质组成部分，是提高城市地区宜居性、促进经济发展和增强社会凝聚力的关键资源。值得注意的是，《中国文物古迹保护准则》中特别提到了历史文化名城、名镇和名村，它们反映了人类聚居地发展和演变的历史，是表达文化多样性的媒介。

《关于历史性城镇景观的建议书》第四部分第24段提出了一套手段，指出以HUL为基础的方法意味着应用一系列适应当地环境的传统手段和创新手段。这些手段包括：

a. 公民参与手段应让各部门的利益相关者参与进来，并赋予他们一定的权力，让他们能够查明其所属城区的重要价值，形成反映城区多样性的愿景，确立目标，就保护其遗产和促进可持续发展的行动达成一致。作为城市治理动态的一个组成部分，这些手段应通过借鉴各个社区的历史、传统、价值观、需要和向往以及促进相互冲突的不同利益和群体间的调解和谈判，为文化间对话提供便利。

b. 知识和规划手段应有助于维护城市遗产属性的完整性和真实性。

这些手段还应考虑到对文化意义及多样性的肯定，规定对变化进行监督和管理以改善生活质量和城市空间的质量。这些手段包括记录和绘制文化特征和自然特征。应利用遗产评估、社会评估和环境评估来支持和促进可持续发展框架内的决策工作。

c. 监管制度应反映当地条件，可包括旨在维护和管理城市遗产的有形和无形特征（包括其社会、环境和文化价值的立法措施和监管措施）。必要时应承认和加强传统和习俗。

d. 财务手段应旨在建设和支持植根于传统的、能创造收入的创新发展模式。除了来自国际机构的政府资金和全球资金，应有效利用财务手段来促进地方一级的私人投资。支持地方事业的小额贷款和其他灵活融资以及各种合作模式对于历史性城镇景观方法在财务方面的可持续性具有重要作用。[1]

HUL 与城市遗产不同，其不是一个遗产类别，也不是一个固定的"做法"。它是关于如何思考城市保护的指南，摒弃了遗产是仅关于建筑物（无论是单体还是建筑群，往往是著名的纪念性建筑物和建筑群）的陈旧观点（见图 4.12 中的巴拉瑞特）。HUL 方法将文化和人置于城市遗产保护的核心。它与关于遗产的现代思考的一个基本方面相互参照，即遗产涉及以人为本的无形关联和价值。

HUL 为城市规划者、城市设计师、法律机构和政府（国家和地方）

---

[1] 关于《关于历史性城镇景观的建议书》第四部分译文参考 [意] 弗朗西斯科·班达林、[荷] 吴瑞梵：《城市时代的遗产管理——历史性城镇景观及其方法》，上海：同济大学出版社，2017 年，第 254 页。

提供了一个及时的对话机会，对话的主题是多层次的文化体验如何影响人们对城市景观的看法，以及为什么这些体验对城市更新的结果非常重要。在这一对话中，重要的是要认识到城市文化景观遗产保护的概念与经济和政治对城市发展和扩张的现实影响并不相互排斥，承认城市形态的变化将不可避免。文化景观遗产保护作为社会经济发展的催化剂，将城市视为充满活力的有机体，正如《历史城市的新生活》（UNESCO，

图4.12 联合国教科文组织的历史性城镇景观（HUL）与澳大利亚巴拉瑞特

作者：苏珊·法亚德（Susan Fayad）（澳大利亚巴拉瑞特市 文化遗产与文化景观协调员）

巴拉瑞特市位于澳大利亚维多利亚州。市区人口超过105 000人，为超过400 000人的地区提供服务。巴拉瑞特市距离维多利亚州首府墨尔本仅一小时车程，墨尔本拥有500万人口。

巴拉瑞特位于古老的原居民"国家"（country）。这里的传统原居民是地球上现存最古老的文明的一部分，原居民与他们的土地保持着紧密的联系，当前他们仍然负责管理"国家"的许多方面。

巴拉瑞特的城市遗产是在19世纪中叶全球"淘金热"时期建立起来的。巴拉瑞特位于维多利亚州中部的金矿区，从这一背景出发了解其发展、作用和大部分遗产至关重要。根据一份拟议的《世界突出的普遍价值遗产申遗声明》，该地区"代表了世界上有史以来最重要、最轰动的淘金热之一"，巴拉瑞特则被认为是"世界上现存最优秀、最具建筑特色的历史淘金城市之一"（Gamble，2020）。

图 4.12 澳大利亚巴拉瑞特市
资料来源:苏珊·法亚德(Susan Fayad)的演讲"城市历史景观方法:将城市遗产保护与城市发展纳入亚洲规划进程"。在线研讨会,WHITRAP,中国上海。2020 年 10 月 23—24 日。

当地政府采用了联合国教科文组织的《关于历史性城镇景观的建议书》（HUL），巴拉瑞特的许多市民对当地特色、历史和身份有着强烈的依恋情感。

巴拉瑞特的地方政府，即巴拉瑞特市政府，从 2012 年开始试点推行 HUL 方法。这主要有两个原因。第一个原因是，尽管这座城市因其文化遗产而受到认可，但当时政府的战略、政策和发展建议优先考虑的是改变城市的特征，而不是将其作为增长议程的一部分加以利用。第二个原因是，新出现的挑战意味着需要一种新的城市发展方法。这些挑战包括：预计 2015 年至 2040 年人口将增长 60%，这实际上使巴拉瑞特的人口翻了一番，并使其成为澳大利亚增长最快的地区性城市之一；经济前景的转变和人口结构的变化；气候变化——这意味着更炎热、更干燥的气候以及更严重的天气事件。这些因素结合在一起，呼唤我们采取行动，而联合国的 HUL 方法和国际 HUL 试点计划为尝试新的、切合实际的方法提供了机会。

巴拉瑞特于 2013 年正式加入了联合国教科文组织亚太地区世界遗产培训与研究中心（WHITRAP）的 HUL 试点项目。作为 HUL 方法的早期采用者，巴拉瑞特市必须发挥带头作用，而不是效仿其他城市。此外，还需要获得市政府内部及跨市政府领导者和从业者的支持和信心，帮助将这种方法融入政策和实践。

在巴拉瑞特实施 HUL 的第一阶段，是与利益相关者和当地社区一起探索和共同设计 HUL 在该市的应用。此外，还开展了初步研究，通过景观视角、以价值观为基础的方法以及从一开始就优先考虑的参与式互动，帮助转变城市发展思维方式。

第二阶段是开发和应用一系列 HUL 工具，推动将遗产作为地方政府城市发展总体战略的中心，并将其纳入监管框架。

第三阶段是在地方层面应用 HUL，通过整合地区规划，将遗产嵌入一系列战略、政策和巴拉瑞特规划中。这为将遗产和社区价值融入地方政府的运作提供了必要的动力。

因此，创意和文化产业以及遗产（和 HUL 方法）在巴拉瑞特发展中的作用得到了创意城市战略和总体规划的认可，该市也于 2019 年被联合国教科文组织认定为创意城市。利用和加强城市遗产的总体繁荣框架已经获得通过。此外，社区参与战略优先考虑了参与性手段，并凸显了 HUL 方法。HUL 方法是城市战略愿景的基础，它影响着参与过程，并被纳入规划和战略之中。遗产和文化的作用也在不断增强。

2019 年，巴拉瑞特市与本迪戈市（Greater Bendigo）共同发起了将维多利亚州中部金矿列入世界遗产名录的活动。其目标是"确保维多利亚州中部金矿列入世界遗产名录，与来自世界各地的人们分享维多利亚州中部金矿的非凡故事，并为该地区的每个社区和个人创造社会、文化和经济机会"。为了实现这一目标，该活动正在 13 个地方政府辖区、4 万多平方千米和 50 多万人口中应用 HUL 方法。

遗产在巴拉瑞特乃至整个地区的作用无疑正在发生变化。

http://www.hulballarat.org.au/

http://www.hulballarat.org.au/cb_pages/ballaratr_heritage_plan.php

http://goldfieldsworldheritage.com.au/

2013）中所说的那样。在这一过程中，关键是按照《历史性城镇景观方法实施指南》（UNESCO，2016：13）中列出的六个关键步骤来管理城市变化：

1. 对城市的自然、文化和人力资源进行全面调查和测绘；

2. 通过参与式规划和利益相关者的协商来达成价值共识，以明确要向后代传递哪些价值要素；

3. 评估这些价值要素在社会经济压力和气候变化影响下的脆弱性；

4. 将城市遗产价值和它们的脆弱性状态整合到一个更为广泛的城市发展框架中，作为城市发展愿景的一部分；

5. 确定保护和发展的优先行动；

6. 为每一个保护与开发项目建立适当的伙伴关系和地方管理框架，以及各种公共和私人开发活动之间的协调机制。

以下是其他相关文件的示例清单（注意这并非详尽无遗）：

-《文化财产分类图表》（日本文化厅）。

-《东盟文化遗产宣言》（东盟，2000年）。

-《城市环境保护与改善的阿普尔顿宪章》（加拿大国际古迹遗址理事会，1983年）。

-《保护具有文化遗产价值场所的宪章》（新西兰国际古迹遗址理事会，1992年）。

-《保护印度未受保护的建筑遗产和遗址宪章》（INTACH，新德里，2004年）。

-《保护原则、政策和指南》（英格兰历史博物馆）。

-《文化遗产文献计划》（美国国家公园管理局，文化资源）。

-《美国保护历史城镇和地区宪章》（美国国际古迹遗址理事会，

1992年)。

-《亚洲最佳保护实践会安议定书》(联合国教科文组织,曼谷,2009年)。

-《泰国文化遗产管理宪章》(国际古迹遗址理事会,泰国)。

-《欧洲建筑遗产宪章》(1975年)和《格拉纳达公约》(1985年)(《保护欧洲建筑遗产公约》);《欧洲景观公约》(2000年)(欧洲委员会)。

本章注释

1.SPAB，关于我们，https://www.spab.org.uk/about-us（2020 年 7 月 4 日访问）。
2.1877 年《SPAB 宣言》（The SPAB Manifesto），https://www.spab.org.uk/about-us。
3. 来自肯·泰勒（Ken Taylor）的注释：我现在不使用"无形价值"（intangible values）一词，而是使用"无形关联"（intangible associations）。
4. 国际古迹遗址理事会《国际古迹保护与修复宪章》。
5. 网址：https://www.icomos.org/en/167-the-athens-charter-for-the-restoration-of-historic-monuments。
6. 关于文化景观的实践说明尚未发布（2021 年 11 月 6 日）。
7. 例如，确定世界遗产地位的标准（见第六章）。
8. 实际上，这就是所谓的"暂定名录"，是各缔约国打算考虑提名的遗产清单（https://whc.unesco.org/en/tentativelists/）。另见第三章注释 9。
9. 设计景观（由人类有意设计和建造的景观）、演化景观（有机进化的景观）和关联性景观是联合国教科文组织 1992 年宣布为世界遗产的三类文化景观。http://whc.unesco.org/en/culturallandscape/#1（2017 年 2 月 1 日访问）。
10. 2008 年 11 月在联合国教科文组织于巴黎举行的城市历史景观专家规划会议上讨论。

本章参考文献

• Ahmer, C. (2020), 'Riegl's "Modern Cult of Monuments" as a theory underpinning practical conservation and restoration work,' Journal of Architectural Conservation, 26(2), 150–165. DOI: 10.1080/13556207.2020.1738727.
• Askew, M. (2010), 'The Magic List of Global Status: UNESCO, World Heritage and the Agencies of States' in S. Labadi and C. Long (eds.), Heritage and Globalisation, Routledge Key Issues in Cultural Heritage Series, Abingdon and New York: Routledge, 19–44.
• Australia ICOMOS (2013), The Burra Charter. The Australia ICOMOS Charter

for Places of Cultural Significance, Australia ICOMOS. http://australia.icomos.org/publications/charters/.
• Avrami, E. and Mason, R. (2019), 'Mapping the Issues of Values' in E. Avrami, S. Macdonald, R. Mason and D. Myers (eds.), Values in Heritage Management. Emerging Approaches and Research Directions, Los Angeles: The Getty Conservation Institute, 9–33.
• Bandarin, F. (2007), 'Introduction: present and future challenges to the World Heritage Convention' in World Heritage – Challenges for the Millennium, Paris: UNESCO World Heritage Centre, 18–24.
• Bandarin, F. and van Oers, R. (2012), The Historic Urban Landscape. Managing Heritage in an Urban Century, Chichester: Wiley Blackwell.
• Bandarin, F. (2019), 'Reshaping Urban Conservation' in A. Pereira Roders and F. Bandarin (eds.), Reshaping Urban Conservation, Singapore: Springer Nature, 3–20.
• Blake, J. (2009), 'UNESCO's 2003 Convention on Intangible Cultural Heritage. The implications of community involvement in "safeguarding"' in L. Smith and N. Akagawa (eds.), Intangible Heritage Routledge Key Issues in Cultural Heritage Series, Abingdon and New York: Routledge, 44–73.
• Bullock, A. and Stallybrass, O. (eds.) (1977), The Fontana Dictionary of Modern Art, London: Fontana/Collins.
• Byrne, D. (1991), 'Western Hegemony in Archaeological Heritage Management,' History and Anthropology, 5: 269–276.
• Cleere, H. (2001), 'The uneasy bedfellows: universality and cultural heritage' in P. Layton, P. G. Stone and J. Thomas (eds.), Destruction and Conservation of Cultural Property, London and New York: Routledge, 22–29.
• Eller, J.D. (2009), Cultural Anthropology Global Forces Local Lives, London and New York: Routledge.
• Engelhardt, R. (2007), comment in his keynote presentation (unpublished) to Heritage and Development, 12th International Conference of National Trust, INTACH, New Delhi 3–5 December 2007.
• Gamble, B. (2020) Initial Draft Proposed Statement of Outstanding Universal Value for the Central Victorian Goldfields. UK: Regional Development Australia Loddon Mallee.
• Harrison, R. (2013), Heritage. Critical Approaches, Abingdon and New York: Routledge.

- ICOMOS (1964), International Charter for the Conservation and Restoration of Monuments And Sites (Venice Charter), Paris: ICOMOS. https://www.icomos.org/charters/venice_e.pdf (accessed 5 July 2020).
- ICOMOS (1987), Charter for the Conservation of Historic Towns (Washington Charter), Paris: ICOMOS.
- ICOMOS (1994), The Nara Document on Authenticity, Paris: ICOMOS.
- ICOMOS (2000), Charter on Built Vernacular Heritage of Asia, Paris: ICOMOS.
- ICOMOS (2003), The Hoi An Declaration on Conservation of Historic Districts of Asia, Paris: ICOMOS.
- ICOMOS (2005), Xi'an Declaration on the Conservation of the Setting of Heritage Structures, Sites and Areas, Paris: ICOMOS. https://www.icomos.org/xian2005/xian-declaration.htm (accessed 4 March 2020).
- ICOMOS (2007), Seoul Declaration on Heritage and in Asia and the Pacific, ICOMOS Asia and the Pacific Regional Meeting, Seoul, 29 May–1 June 2007. Seoul: ICOMOS Korea, 2007 in ICOMOS News Vol 17, June 2008 (Central Supplement, p. 5–7). http://www.international.icomos.org/newsicomos/news1991/2008-06-1-EN.pdf (accessed 29 July 2020).
- ICOMOS China (2015), Principles for the Conservation of Heritage Sites in China.
- Karlström, A. (2015), 'Authenticity. Rhetorics of Preservation and the Experience of the Original' in K. Samuels and L. Rico (eds.), Heritage Keywords, Bolder: University Press of Colorado, 29.
- Logan, W. (2001), 'Globalizing Heritage: World Heritage as a Manifestation of Modernism and Challenges from the Periphery' in Proceedings of the Australia ICOMOS National Conference 2001, 20th Century Heritage—Our Recent Cultural Legacy, University of Adelaide, 28 November–1 December 2001. Burwood: ICOMOS Australia, 2001: 51–57.
- Logan, W. (2012), 'States, governance and the politics of culture: World Heritage in Asia' in P. Daly and T. Winter (eds.), Routledge handbook of heritage in Asia. London, Abingdon and New York: Routledge, 113–128.
- Martin, O. and Piatti, G. eds. (2009), 'ICOMOS Position Paper' in World Heritage Papers 25. World Heritage Buffer Zones, Paris: UNESCO World Heritage Centre, 23–42.
- Panjabi, S. and Winter, T. (2009), 'Understanding the tensions in place: conflict and conservation in Kashmir,' Historic Environment, 22(1), 19–25.

• Said, E. (1994), Culture and Imperialism, London and New York: Vintage Books.
• Salazar, N. and Zhu, Y. (2015), 'Heritage and Tourism' in L. Meskell (ed.), Global Heritage: A Reader, Hoboken, NJ: Jogn Wiley & Sons, 240–258.
• Skounti, A. (2009), 'The Authentic Illusion' in L. Smith and N. Akagawa (eds.), Intangible Heritage Routledge Key Issues in Cultural Heritage Series, Abingdon and New York: Routledge, 74–92.
• Smith, L. (2006), Uses of Heritage, Abingdon: Routledge.
• Staiff, R. (2016), 'Is Cultural Sustainability Diminishing the Heritage Enterprise,' AHMT (Journal of The International Program in Architectural Heritage Management and Tourism) and NAJUA Architecture, Design and Built Environment, 31-4, Bangkok: Silpakorn University, 21–38.
• Taylor, K. (2003), 'Cultural Landscape as Open Air Museum: Borobudur World Heritage Site and Its Setting,' Humanities Research, 10 (2), 51–62.
• Taylor, K. (2015), 'Cities as Cultural Landscapes' in F. Bandarin and R. Van Oers (eds.), Reconnecting the City. The Historic Urban Landscape Approach and the Future of Urban Heritage, Chichester: Wiley Blackwell, 179–202.
• Taylor, K. (2016), The Historic Urban Landscape paradigm and cities as cultural landscapes. Challenging orthodoxy in urban conservation,' Landscape Research, 41(4), 471–480. DOI: 10.1080/01426397.2016.1156066.
• Taylor, K. (2017), 'Landscape, culture and heritage. Changing perspectives in an Asian context,' Australia: Deakin University Library. http://dro.deakin.edu.au/view/DU:30102152.
• Taylor, K. and Altenburg, K. (2006), 'Cultural Landscapes in Asia-Pacific: Potential for Filling World Heritage Gaps,' International Journal of Heritage Studies, 12(3), 267–282. DOI: 10.1080/13527250600604555.
• Throsby, D. (2002), 'Cultural Capital and Sustainability Concepts in the Economics of Cultural Heritage' in M. de la Torre (ed.), Assessing the Values of Cultural Heritage, Los Angeles: Getty Conservation Institute, 101–117.
• UNESCO (1972), The Convention Concerning the Protection of the World Cultural and Natural Heritage, Paris: UNESCO World Heritage Centre.
• UNESCO (2003), Convention for the Safeguarding of the Intangible Cultural Heritage, Paris: UNESCO World Heritage Centre.
• UNESCO (2004), Linking universal and local values. Managing a Sustainable Future for World Heritage. Heritage Papers 13, Paris: UNESCO World Heritage Centre.

• UNESCO (2005a), World heritage and contemporary architecture—Managing the historic urban landscape, Vienna: International conference, UNESCO World Heritage Centre in cooperation with ICOMOS and the City of Vienna at the request of the World Heritage Committee, adopted at its 27th session in 2003.

• UNESCO (2005b), Declaration on the conservation of historic urban landscapes (WHC-05/15,GA/7). http://whc.unesco.org/archive/2005/whc05-15ga-inf7e.pdf.

• UNESCO (2007), World Heritage – Challenges for the Millennium, Paris: UNESCO World Heritage Centre. http://uis.unesco.org/sites/default/files/documents/world-heritage-challenges-for-the-millennium-2007-en.pdf (accessed 28 June 2020).

• UNESCO (2008), Historic Districts for All: A Social and Human Approach for Sustainable Revitalization, Paris: UNESCO Division of Social Sciences.

• UNESCO (2011), Recommendation on the historic urban landscape, Paris: UNESCO. http://portal.unesco.org/en/ev.phpURL_ID=48857&URL_DO=DO_TOPIC&URL_SECTION=201.html.

• UNESCO (2013), New Life for Historic Cities. The Historic Urban Landscape Approach Explained, Paris: UNESCO.

• UNESCO (2016), The HUL Guidebook. Managing heritage in dynamic and constantly changing urban environments, Paris: UNESCO and Shanghai: WHITRAP UNESCO. http://historicurbanlandscape.com/themes/196/userfiles/download/2016/6/7/.pdf.

• UNESCO (2019), Operational Guidelines for the Implementation of the World Heritage Convention, Paris: UNESCO World Heritage Centre.

• van Oers, R. (2010), 'Managing cities and the historic urban landscape initiative – an Introduction' in R. Van Oers and S. Haraguchi (eds.), UNESCO World Heritage Papers27 Managing Historic Cities, Paris: UNESCO World Heritage Centre, 7–17.

• Zhu, Y. (2018), 'Uses of the past: negotiating heritage in Xi'an,' International Journal of Heritage Studies, 24(2), 181–192.

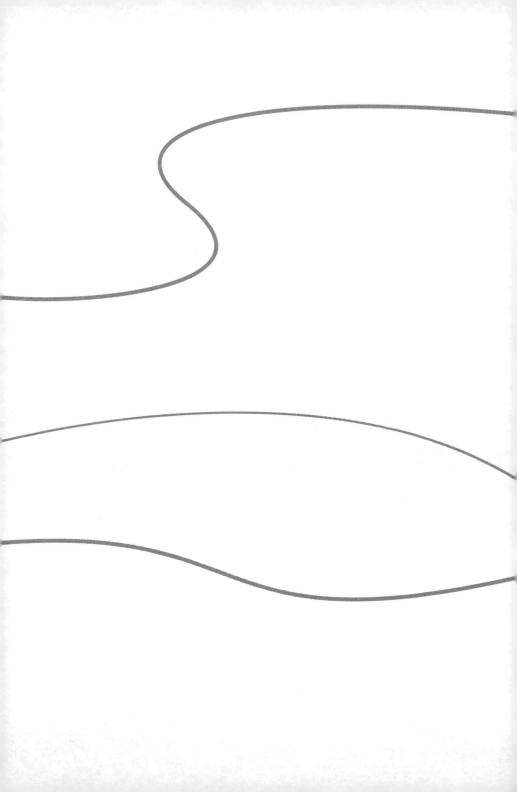

第二部分
管理规划：实施与方法

第五章

记录、评估和分析

背景：记录遗产场所

本章将要处理图 5.1（另见图 3.3）所示的遗产场所保护管理行动建议中关键且不可或缺的步骤，尤其是步骤 1~4。实际上，图 5.1 所示的各个步骤可以分解为下面列出的四个主要操作阶段，其中阶段 1 和阶段 2 将在本章中讨论。这四个阶段类似于皮尔森（Pearson）和苏利文（Sullivan）（1995: 8/9）在第三章中概述的四个总体步骤。

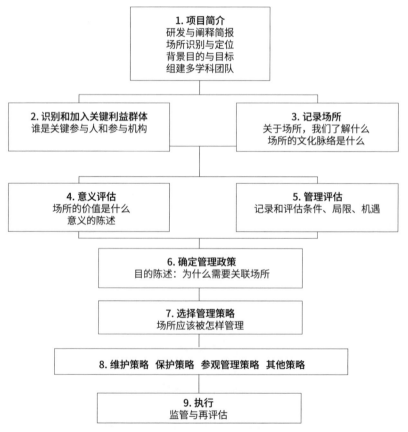

图 5.1 遗产场所的保护管理规划模型（注意：步骤 6~9 引自皮尔森和苏利文，1995: 191）

• 第一阶段：系统收集遗产场所信息。

• 第二阶段：场所特征评估与分析，旨在推荐价值和意义（此阶段通常涉及与类似场所进行比较）。

• 第三阶段：信息评估，旨在充分了解该场所，从而提出保护行动建议，以保留其意义。

• 第四阶段：实施保护管理行动。

这一保护过程的关键是收集信息，从而深入了解一个场所的本质及其文化背景。通过记录、归档和管理活动收集信息被视为：

> ……遗产保护管理决策过程（以下简称为保护过程）的核心活动，在研究、调查和处理（涉及）遗产信息使用和流程中充分融入的部分。

（Letellier，2007：11/12，参见图5.2）

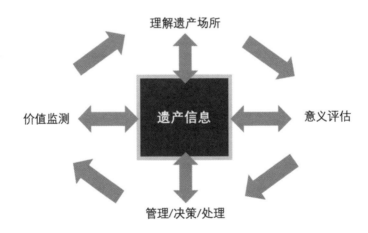

图5.2 遗产信息的使用和流程（Letellier, Robin,《遗产场所保护记录、归档与信息管理：指导原则》。盖蒂保护研究所：洛杉矶。© 2007 J. Paul Getty Trust）

实际上，它与阐明人物、事件和地点的故事，以及它们在时间推移中的相互作用有关。在这个故事中重要的是要记住：

> 保护过程本身并不是目的，而是为某事或某人提供服务。保护是一项持续的活动，最好将其描述为一个循环过程。遗产信息是每个涉及遗产的人都为其做贡献并从中检索信息的知识库。如果没有这样一个在各个阶段收集和传播信息的知识库，保护过程就没有可参考的信息。

(Letellier, 2007: 11)

因此，收集遗产信息的指导原则是：

> ……获取知识，理解意义和价值，提高兴趣和参与度，允许知情管理，确保遗产场所的长期维护和保护。它也可以被认为是一种防止损失的保险政策，是为子孙后代留下的记录。

(Letellier, 2007: 13)

记录

遗产场所的研究、记录和评估任务包含一系列步骤（图5.1）。形成记录的第一步是要有一个清晰的概要以及后续的发展和解释。第二步是确定关键利益群体，在研究过程中哪些人员和机构应该参与进来。

项目简报

项目简报是为指导研究而发布的一套说明，列出研究应该或需要涵盖的内容以及预期或潜在的结果。它还要对研究的遗产场所进行识别和定位——它是什么，它在哪里。这些基本信息适用于你的工作，无论你是一名被赋予团队领导或团队成员的身份进行遗产研究的政府雇员，还是受政府部门或私人实体邀请进行研究的顾问。初期的基本任务之一是开始思考研究团队需要哪些专业知识和学科知识。如果你的同事不具备你认为需要的特定专业知识，那么你必须带着相关专业知识进入团队，以组成一个多学科小组，这是大型项目研究中的常见情况。

你必须仔细研究简报，以确保其清晰，你要能理解它，并且它也能清晰阐述研究预期。如果你不清楚想要什么，请向发布简报的当事人或部门提出问题并寻求更多信息。这被认为是解释和完善简报的重要的行动。如果简报中缺少某些内容或不清楚，请与当事人讨论。如果需要其他信息或说明，请与当事人以及将与你一起工作的同事讨论。应避免在研究进入最后阶段时，当事人就简报中遗漏的主题提出特定问题，但这些问题本应包含在内，或者没有得到彻底解决。请记住，最终客户对工作的评估将在很大程度上取决于简报及其涵盖的内容。这也是为什么建议定期与当事人举行专题会议的原因。实际上，一份好的简报包含分阶段报告，并在其中讨论进展情况以及可能发生的或变得清晰的任何问题。

从解释和完善功能来看，简报应该确定研究目的（aims），并据此确定研究目标（objectives）。目的是研究想要实现或达成的东西，即它规定了策略和意图以及进行研究的原因。作为总体意图的陈述，它需要清晰明确。案例"联合国教科文组织的历史性城镇景观（HUL）与澳大利亚巴拉瑞特"[1]（参见图 4.12）表明，该方法"旨在明确保护过程中，文化价值、历史价值、自然价值与规划和开发的设计不能相互割裂"。

在陈述目的之后，接下来的任务是陈述目标。目标是对可衡量结果进行明确的具体陈述，例如，将采取哪些行动来实现预期结果。它们通常表述为研究需要回答的问题，或表述为以介词"to"开头的陈述。下述示例来自《关于保护和重建艾哈迈达巴德城墙的建议》(2001)[2]，其目标是：

- 提高社区对传统建筑形式的认识。
- 支持参与性行动计划。
- 通过跨学科和不同权威界限的工作来协调效果和活动。
- 承担推广传统建筑形式相关的任务,争取本来无法获得的资金和资源。
- 充当相关公民、公共部门、私营部门之间的对接。
- 使社区能够为其传统的建筑形式感到自豪,从而参与复兴的过程。
- 确认城市保护原则基于参与者携手进行建筑修复。
- 让人们为自己的传统建筑形式感到自豪并参与其修复。

关键利益群体(利益相关者)

与简报制定和讨论相关的是确定关键利益群体。谁是或谁将是来自社区、具有专业背景和机构背景、对该领域感兴趣、受其结果影响的关键参与者?这些人通常被称为遗产研究中的利益相关者。机构包括非政府组织、政府、私人机构。请记住,虽然我们经常提到"社区"(the community),但实际上它是我们与之互动的社区。即使确定了一个清晰或明显的社区,其中也可能会存在价值观不一致的子群体,甚至可能存在竞争。这种情况下,研究团队需要一位善于在谈判中处理不同观点的人,并且,他能够指出达成共识的方法。你能否确定声称是发言人的某人或某一群体,实际上是通过与受影响社区达成协议而担任该角色的?

对于社区而言,保护管理者关注的重点是社区价值,这些价值是与人、场所和事件相关故事的基础。在这里,管理者需要了解人与场所之间的关联,以及它们对社会的意义。对这种信息的解读,只能通过与生活在研究场所的人或者与这些场所有联系(通常是无形的)的人直接接触来实现。专家技术评估不太可能提供如此重要的信息。相反,这种信息是通过各种形式的公众参与过程来揭示的,例如社区会议,焦点小组访谈,询问人们对某个场所赋予什么样的价值,邀请人们展示照片、讲故事,人们对这个场所的未来发表看法并对任何拟议方案提出意见。本质上,它涉及关于探究的定性研究评估方法,是一种非统计学方法。其目的是更好地理解人类行为,并更好地解决理解人类行为以及与之相关的问题(参见第三章)。定性研究方法调查人类做出决策的原因和方法,而不仅仅是人们做出什么决策、何时何地做出决策。因此,定性研究可能比定量研究集中在更小但更典型的样本上,旨在产生与特定研究案例相关的信息或知识。

在实际的机构工作中,往往过于依赖与社区进行协商的过程,而不是进行公众参与。所谓协商,是指方案和/或会议公布的过程,即官方机构提出方案,征求公众意见。公众参与是指在制订计划之前征求社区的意见和建议,并在制订计划时考虑这些意见和建议,同时解释建议采取某些行动的原因。还可以在监测文化遗产场所的持续管理过程中寻求社区的意见,以征求包括国内和国际游客在内的各种利益相关者的意见。

记录场所历史

第三步是收集与该场所历史有关的信息并记录下来:以书面形式列出其特征和品质,通常称为"属性"(attributes)。书面材料附带图表材料,例如照片、地图、规划、流程图。此步骤可能与步骤1和步骤2有重合,因此研究过程是反复的,各步骤相互作用,而不是孤立地进行研究。例如,记录可能与意义评估(步骤4)和管理评估(步骤5)有重合。皮尔森和苏利文(1995:82/83)指出了记录和评估之间联系的一个重要方面,"好的记录过程包含评估的一个基本要素——比较描述"。例如,在实践中,这种"比较属性"可以表达为特定风格的建筑或考古群中突出或独特的例子，或者某个场所的罕见例子。比较可以在地方层面、州/省层面、国家层面或国际层面进行，特别是世界遗产提名，需要"与缔约国领土内外的其他同类遗产进行比较"（UNESCO 2019, IIIE 148(g)）。比较的目的并不是要对某个场所或遗产做出最高的要求，而是要衡量其在具有遗产意义的类似场所或遗产中的地位。在这里，"代表性"的概念就在一个场所或遗产是同类杰出代表的背景下发挥作用了。

收集文献信息包括对历史材料的档案研究、实地考察以及制定利益相关者参与的策略。这是工作的关键阶段，在这我们将重复第三章中的评论。在收集档案信息的同时，有必要勘察该场所，体会其特征和属性。如果它是一片广阔的区域，最好开车四处观察，做实地记录并拍照作为辅助备忘录，以供将来参考或进行更多研究。在更大面积的区域，则越来越多地使用数字技术来解读遗产场所的空间模式和背景（参见 Yang 等，2019）。对于较小的遗址，建议步行考察。在这两种情况下，都建议进行多次现场踏勘。随着更多信息的研究和收集，后续的现场踏勘将变得更有启发性。我们的想法是让这个场所与你对话，这样你就可以开始以地理学家阅读风景的方式来阅读它。当你开始了解所研究的场所、它的文化资源及文化背景时，将档案研究的信息与实地考察相结合就变成了一种令人愉悦的体验。关于第三章中提出的问题，对某个场所进行是什么、什么时候、在哪里的思考，是研究现有信息的基本问题。接下来要开始探究"为什么"和"是谁"的问题，这可能是整个过程中令人着迷的部分。它涉及时间和空间上的精神回溯，考虑定性的或主观的思维模式和数据。它提供了一种定性信息，让我们可以理解为什么这个场所现在对一系列利益相关者来说很重要。例如，有的社区代表可能居住在某个地区，对他们来说，该地区有场所感、意义感和身份感；或者，对于那些不再居住在某地，但其祖先曾居住在那里的人来说，该地可能很重要。它还可以并且确实为参观者和游客提供了参观遗产场所的体验。它可能会引发这样的思考："我本可以参与这个场所的建设。"

如果你正在处理一个已确定的具体场所，例如，一座历史建筑和周围的花园，其所涵盖的区域和信息检索的边界将很明显，信息将相应地呈现在已界定的区域内。对于面积较大或范围较广的区域，例如在乡村文化景观研究或城市景观研究中，更具优势的方法是将研究区域依据其识别属性细分为不同特征的区域，这一论题将在本章后面展开论述（示例参见 Taylor，2017；Taylor & Tallents，1996；Swanwick，2002）。在这种情况下，你也可能需要就研究区域的边界提出建议。

在收集某个场所的信息时，有大量的一手和二手档案材料可供查阅。首先应该确定该场所是否已被列入地方政府、州或省政府、国家颁布的名录或非政府组织（例如国家信托基金）持有的名录中。中国的国家级文化遗产名录或澳大利亚的国家遗产名录就是国家级名录的例子。请记住，遗产名录仅涵盖遗产调查中已记录或注明的地方。尽管如此，它们依然可以通过激发研究人员的想法而成为获取其他材料的有用跳板。

其他来源包括地方知识和地方历史信息，这些通常保存于当地社团（如历史学会或地方市政局）、图书馆、报告、报纸、影像档案、日记、旅行笔记、地图和规划、绘画和素描、个人联系、当地人民、口述历史、考古记录或通过现场观察补充的发掘结果。处理文献、记录、档案和馆藏可能是一项艰巨耗时的任务。因此，建议聘请经验丰富的历史学家或熟悉档案整理的人来完成这项工作。即使这样，也可能需要将这些资料进行编目以适应研究需求，并确定哪些是真正重要的文件和记录。

随着信息逐渐明晰，你可以开始检查你或你的团队是否步入正轨。

是否发现了意味着需要对目的和目标进行修改或扩展的信息？信息的出现是否意味着需要更广泛的、更长时间的研究？关于现场观察，请多次访问，并且将你看到的内容与一手和二手来源的信息联系起来。出现的信息与现场观察到的有形和无形资源之间的交叉链接是否会引出一定的观点？例如，这里应该或可能发生了某些事情，或者某个人或某些人可能涉及其中。如果是这种情况，请确保将其明确表述为假设，而不是断言，除非可以毫无疑问地证明。不要试图将假设冒充为事实。请记住，你要做的是将人物、场所、事件以及它们在时间中的关联拼凑成一个可信的故事。这意味着要阐明无形的方面，以便在决定遗产保护做什么和怎么做时，对场所的意义以及人们的价值观和身份给予适当的重视。新加坡娘惹博物馆（Peranakan Museum）就是这样的一个例子（图5.3）。

可以肯定地说，娘惹博物馆是了解土生华人遗产和文化的首选目的地。它在三层楼的十个永久画廊中收藏了据说是世界上最好的土生华人文物，如珠宝、家具和纺织品。

亲身体验展品

东南亚文化的各个方面在这里融合——中国、马来和印度元素——通过互动和多媒体展览在这里得到了栩栩如生的体现。亮点包括精心策划的为期12天的土生华人婚礼、新加坡历史上著名土生华人的故事，以及当今的土生华人如何随着他们的文化而演变。

丰富的遗产

有关娘惹的遗产是一个适应的故事。"娘惹（Peranakan）"一词在马来语中的意思是"土生土长",指几个世纪前与东南亚当地妇女结婚的外国商人的后裔。

新加坡的娘惹社区主要是土生华人,他们是 19 世纪定居在槟城和新加坡繁忙港口的中国商人的后裔。

保存完好的新古典主义建筑

娘惹博物馆坐落在一所漂亮的老式学校内,即建于 1912 年的道南小学,现在已是新加坡国家古迹,它也是海峡殖民地时期设立的第一所闽南风格的现代学校。

其中一个鲜为人知的事实是,该建筑的布局以海峡殖民地时期的平房为基础,房间围绕中央大厅而建,厕所和厨房则位于主楼外。

图 5.3　新加坡娘惹博物馆
来源:https://www.visitsingapore.com/en_au/see-do-singapore/culture-heritage/heritage-discovery/peranakan-museum/

在信息收集阶段，以可辨识的顺序对信息进行整理和筛选，这对制定文化意义、保护政策以及实施和管理战略来说至关重要。从这个意义上说，信息收集和整理实际上是价值评估过程的开始，是确定意义的重要一步（步骤4，见下文）。整个过程通常被称为保护管理方案(CMP)（见图5.4）。

图5.4 斯泰伦博斯：遗产清单和综合保护管理方案

马里克·富兰克林（Marike Franklin），比勒陀利亚大学景观设计系
关键词：文化景观、价值、方法论、工具、保护管理方案（CMP）

南非的斯泰伦博斯市（Stellenbosch）辖区是一个生态复杂、文化多样的复合文化景观区。它位于开普弗洛勒尔角世界遗产区（the Cape Floristic World Heritage area），该地区的主要特色包括连绵起伏的葡萄园和果园，这些葡萄园和果园镶嵌在拥有独特凡波斯植被（fynbos vegetation，即原产于南非西开普省和东开普省的细叶植物）的壮丽山脉上。

无论城市还是乡村的聚落形态，都与殖民时代有很强的关联，反映了不同文化群体的融合，每个文化群体都存在与场所的关联。对整个持续存在的遗产需要采用整体管理方法，并要理解同一场所的不同价值观。斯泰伦博斯遗产清单是一项开创性研究，旨在采用文化景观的概念，同时质疑现有的政策和管理框架（CWPPA, 2019）。

正是在乡村领域，遗产清单调查了一段时期内人与自然之间错综复杂的关系。有形遗产特征不仅包括独特的遗产结构，而且认为整

个景观都具有遗产价值。该研究列出了斯泰伦博斯地区特有的类型清单，从自然类型到文化类型，这些具有个体特征的区域构成了复合整体。通过了解一个场所（特征）的内在逻辑，可接受的变化程度就会显现出来，从而找到解锁可持续发展的钥匙。这为清单编制、公共接口、景观特征评估（Swanwick，2002）和保护管理方案开发出了具体的方法。该方法论在综合使用五种不同价值（生态、经济、历史、美学和社会）考量标准下，对文化和自然二分法进行了分析（Roos，2007）。它超越学科界限，设计了理解、记录、描述和评价高度多样化和复杂化的文化景观的方法。该研究认识到遗产保护需要公众认可并要与日常生活相关，否则对该地区的社区价值有限（Howard 等，2013）。正是出于这个原因，保护管理方案的总体安排被专门放在斯泰伦博斯市政府网站上的一个可公开访问的在线平台。

图 5.4　斯泰伦博斯
来源：Marike Franklin

决策制定标准、指导发展提案的应用程序和政策均以遗产调查结果产生的义务为基础（UNESCO, 2013）。我们的愿景是让公众成为遗产的共同管理者。通过提高对所有利益相关者的透明度，确保从最初阶段就纳入文化意义，那么，公众对场所的看法就可能会影响发展提案。通过有效地预先说明发展标准，它被设计为一种工具，以此减轻政府官员的负担。

多学科团队成功地将这个项目与其背景规划框架、综合分区计划、空间开发框架的最新发展结合起来，确保文化景观的持久性仍然是一个优先选项。这项研究及时应用了联合国教科文组织的章程和方法，是文化景观领域发展所急需的，也是非洲首例。它还适用《巴拉宪章》中的原则和程序（澳大利亚国际古迹遗址理事会，2013）。

来源

1. Australia ICOMOS (2013), The Burra Charter. The Australia ICOMOS Charter for Places of Cultural Significance, Australia ICOMOS, http://australia.icomos.org/publications/charters/.
2. Cape Winelands Professional Practices in Association (2019), Draft Conservation Management Plan for the Tangible Heritage Resources in the Stellenbosch Municipality: Phase 4 Report 1. Unpublished document Stellenbosch Municipality. Available online at http://www.stellenboschheritage.co.za/phase-4.
3. Howard, P., Thompson, I. and Waterton, E. (2013), The Routledge Companion to Landscape Studies. London and New York: Routledge and Taylor and Francis Group.
4. Roos, J., (2007), 'Discovering the assignment, Redevelopment in practice', The Netherlands CA Delft: VSSD.
5. Swanwick, C. (2002), Landscape Character Assessment, Guidance for England and Scotland, accessed online http://www.snh.org.uk/pdfs/publications/LCA/LCA.pdf.
6. UNESCO (2013), The Historic Urban Landscape Approach Explained. Available online at https://whc.unesco.org/en/news/1026/.

无论研究和信息收集工作是针对一个具体地方，还是针对一个包含多个地方的更广阔区域，一个重要的成果就是对所研究的一个或多个遗产地的文化历史和传统有一个清晰的认识。与此相关的问题还包括该场所或研究区域与其他场所有何关系，即前面提到的比较因素。总的来说，这个过程被称为理解文化（历史）背景，尤其是展示场所、事件和人之间的关系及其随时间变化的价值。文化背景对于理解谁参与其中和他们为何采取行动来塑造场所和景观至关重要。互不关联的离散地方，例如，特定建筑物或建筑群、花园、公园或考古遗址，对它们的识别和记录可能相对简单，因为人们对其背景可能已经有很多了解。而其他地方的识别和记录，如历史聚落、广阔的文化景观、潜在的城市保护区可能要复杂得多。

在收集信息时，考虑大量细节是非常有用的，并且要考虑细节是重要的还是必需的。在以下方面需要考虑具体细节：摄影记录；材料说明；建筑物、结构或人工制品的状况；所研究的场所或区域的环境条件/特征。对于考古调查，无论是地表还是地下，都建议进行。必须考虑对关键利益群体的调查问卷或访谈方法的设计。对于包括各种潜在遗产场所的广阔区域，是否需要进行总体概述，然后针对确定的具体场所/遗址进行更详细的工作？例如，对一个有新的城市发展或重建计划的地区进行整体环境评估时，可以对所有场所/遗址进行额外、深入的遗产调查，思考它们的属性以及它们与城市之间的关系，进而定义其明确的特征。类似的情况还有城乡接合部的城郊研究，因为城镇和城市扩张吞噬了较小的农村聚居区，当地的历史建筑和文化也随之消失。在这种情况下，基于当地历史和社区参与，是否考虑过可替代的发展战略？例如采用第四章中概述的历史性城镇景观方法？中国苏州市吴江区双湾村就是这种方法的一个典型案例。Verdini 和 Huang（2019）概述了如何在 2015、2016 年对该村进行实验研究，从而成功实施历史性城镇景观的建议。它解决了"一个受大规模城市化进程问题影响的普通村庄所面临的挑战，表明了当地强烈的政治意愿，研究更关注当地历史结构的替代发展战略，并与当地社区一起实施公民参与工具"（Verdini 和 Huang，2019：459）。

双湾研究的背景呈现了典型的因果关系，中国快速的城市化进程在一定程度上造成了乡村文化"失根"。然而，变革之风正在吹起，人们开始关注乡村文化传统，将其视为典型的中国文化。它是中国文化复兴运动（参见 Billiou，2007；Taylor，2019）及广义文化遗产思维的一部分。这些与对"传统村庄的可持续转型"潜在作用的理解相辅相成（Verdini 等，2017：321）。值得注意的是，这些变革与中国参与全球遗产实践同时发生。双湾村位于苏州郊区，保留着鲜明的乡村特色，位于世界文化遗产同里水乡古镇附近，旅游业蓬勃发展。2015 年的研究项目测试了联合国教科文组织的历史性城镇景观方法，目的是在城市发展和乡村景观保护之间取得平衡（Verdini 等，2017）。该研究是与村委会和参与式工作坊合作进行的，旨在就未来发展和创收活动的愿景达成共识。其结果是"讨论如何重塑整个村庄的品牌"（UNESCO，2016：32），包括通过网上销售维持家庭纺织等活动，来改善包括村庄基础设施在内的物质环境，如升级改造村庄的人行道、绿化以及村庄整体展示。

另一个例子可能是旅游开发，其中新的基础设施被提议作为旅游管理方案的一部分，这表明应考虑遗产场所及其价值。在这种情况下，需要识别、定位和评估广泛深入的信息，包括潜在遗产场所的物质方面（结构）及其非物质方面。在对相关生活方式、传统以及特殊场所（如村庄或城镇（类似于图 5.3 中的示例）进行记录时，下述内容可能是必要的：

- 识别潜在的遗产场所。
- 评估基础设施。
- 与当地居民、地方政府、非政府组织合作。
- 为未来的发展制订行动计划。

此外,可能还需要解决以下方面的问题:
- 需要做什么?(例如为游客提供设施)
- 停车场、特许经营场所等设施应位于何处?
- 什么是承载能力?如果需要的话可以增加吗?如果可以增加的话,如何增加?
- 听取当地人的关注点和意见。
- 制定具体行动方案可能涉及场地规划专业知识和场地设计方案的准备,建议任命具有场地规划专业知识的人员或团体来负责。

记录阶段的最后一部分是以书面和图表形式对材料和信息进行总结和分析,然后进入下一步——意义评估(图5.1),这将在下一部分介绍。

评估价值和文化意义

确定价值,明确意义

确定价值、明确意义的核心前提是:

在保护实践的几乎每个方面——从理解和推测遗产场所的价值到将价值评估纳入决策和政策——价值评估都很重要。遗产专业人士认识到,解决价值难题是管理遗址、确定处理方法、决定对变化容忍度以及最终服务社会的核心部分。

(Avrami 和 Mason,2019: 10)

从这个意义上看，麦克莱兰等（McClelland等，2013：590）反思了"价值在专业、政治和学术话语中占据如此高的地位"的程度，以及这种趋势如何与遗产化进程中发生的变革一致，例如不再过多强调遗迹和遗址（见第三章），也不再强调遗产管理的日益复杂性，其中包括：

- 拓展遗产的概念和范围；
- 寻求基于市场的解决方案；
- 新群体参与遗产决策。

本节探讨了评估价值的各种方法，旨在评估一个场所的重要性，即为什么它很重要以及对谁来说很重要。总之，意义（significance）是与遗产场所相关的价值综合（a synthesis of values），因此这项工作的基础是理解价值、剖析价值，并帮助我们确定需要考虑谁的价值。从这一点来看，意义的陈述来自对价值的综合评估。这项任务的关键是这样一个观念，即遗产（如第三章所述）是一种社会建构，而不是一个事物（另见Avrami & Mason，2019：23）。它涉及人及人与场所的关系，因此包含物质性和非物质性。总而言之，"场所的价值取决于社会对它们的认可"（Pearson & Sullivan，1995：126）。以人为本的遗产概念的本质是，场所对不同人来说可能具有不同的、有时甚至是相互冲突的价值，管理者必须要协调这些价值。

识别和理解价值本身不是目的，而是确定意义最终目标的手段。因此，实践中使用的文化意义定义不可避免地将价值和意义这两个词联系起来。例如，英格兰历史遗产保护局（Historic England，2017）将意义（significance）定义为：

> 遗产资产，因其遗产利益而对当代人和子孙后代具有价值。这种利益可能是考古、建筑、艺术或历史方面的。遗产资产的意义不

仅源于其物理存在，还源于其背景。

意义可以用四种价值来描述：

- 美学价值：价值源自人们从某个场所获取感官和心智刺激的方式。
- 公共价值：价值源自某个场所对与其相关的人，或在集体经验、记忆中具有代表性的人的意义。
- 证据价值：价值源自某个场所可能提供有关过去人类活动的证据。
- 历史价值：价值源自过去的人、事件和生活的各个方面可以通过某个场所与现在联系起来。

《巴拉宪章》操作指南附件一"理解和评估文化意义"（澳大利亚国际古迹遗址理事会，2013）中提到了美学、历史、科学、社会和精神价值（这些价值的定义参见第三章），以说明文化意义的概念。具体表达为：

> 澳大利亚遗产实践和立法中使用的文化意义概念，涵盖了一个场所可能得到认可的所有文化价值和意义。文化意义是一个场所具有的品质或价值的总和，包括《巴拉宪章》第1.2条中列出的五种价值——美学、历史、科学、社会和精神。通过调查该场所评估每个价值的过程，我们可以清楚描述为什么这个场所很重要。这是确保我们的决定和行动不会削弱其意义的第一步。

还应该指出的是，第1.2条规定：

> 文化意义体现在场所本身及其风格、环境、用途、关联、意义，并且场所对不同的个人或群体可能具有各不相同的价值。

第1.2条还指出："文化意义作为术语与文化遗产意义和文化遗产价值是同义词。"

确立遗产场所的价值，表达其意义，是评估和确定文化意义过程的重要组成部分，也是为未来管理决策提供信息的重要前提。它由"两个相互关联和相互依赖的要素"组成（Pearson & Sullivan, 1995: 126），即：

- 从记录阶段确定属性——组成部分和整体结构——使该场所变得重要。

- 确定该场所对社会的价值。

进行意义评估的目的，是指导管理者就被认为或声称具有遗产意义的场所，在未来保护时提出明智的建议和决策。在这里，我们可能会在不同的层级上开展工作，识别出该场所在地方、地区（省）、国家或国际层面的意义。这并不意味其中一个层面比另一个层面更重要，例如，地方层面和国际层面。在此层级范围内，可能会应用不同的管理选项，包括下述选项（另见 Pearson & Sullivan, 1995: 127/128）：

- 遗产资源保护是管理的主要目的，包括将其确认为重要的历史场所，例如，申报世界遗产。这种重要性也可能适用于任何其他级别。

- 必须根据与其他目的的关系来判断保护目的，这些目的可能是竞争性的，也可能是共存的。例如，将历史建筑改造为博物馆（见图 5.3 新加坡娘惹博物馆）、餐厅或办公室；国家公园或自然保护区内的文化遗产场所；认可城市保护区的城市规划方案。

- 有持续保护措施的管理，不会导致遗产地受损的土地使用活动。例如：没有建筑物但有土方工程的历史遗址；采矿遗迹；战场，其目的是保护反映该战场著名时期的历史特征和考古特征。一个例子是纪念 1863 年 7 月 1 日至 3 日战役的葛底斯堡内战遗址，目前由美国国家公园管理局管理并维护葛底斯堡国家军事公园内的历史建筑和农业用地，包括历史悠久的桃园地区，从而反映该地方的历史特征。

- 如果相互冲突的需求或意义被认为不重要，允许或建议某个场所或场所的某一部分消失。

在各种价值发生联系的脉络中，决定一个场所如何、为何具有重要意义是非常重要的。《巴拉宪章》操作指南附件一（第3/4页）提供了关于如何思考和应用美学、历史、科学、社会和精神价值的指导：

美学价值是指对一个地方的感官和知觉体验，即我们对视觉和非视觉方面的反应，例如声音、气味和其他对人类思想、情感、态度有强烈影响的因素。审美品质可能包括美的概念和形式化的审美理想。美学的表达深受文化影响。

在考虑美学价值时，要提的问题是：

• 该场所是否具有特殊的构图或不同寻常的特质，如颜色、材料、空间、体量、细节、动感、总体布局、声音、气味，以及这些方面的组合？

• 该场所在环境中是否独特，或者其是突出的视觉地标吗？

• 该场所是否具有鼓舞人心或唤起强烈感情或特殊意义的品质？

• 该场所的美学特质是否具有象征意义？例如，它是否激发了艺术或文化回应，是否以艺术、摄影、文学、民间艺术、民间传说、神话，或其他意象或文化艺术的形式表现出来？

• 该场所是否表现出具有明确风格的特定美学特征？

• 该场所是否表现出高度的创意或技术成就？

历史价值旨在涵盖历史的各个方面，例如美学史、建筑艺术史、科学史、精神史与社会史。因此，历史价值常常是其他价值的基础。一个场所可能具有历史价值，因为它已经影响了历史事件、阶段、运动或活动、个体或一群人，或者受到这一切的影响。它可能是重要活动的举办地。对于任何场所而言，如果与事件相关联的证据在该地尚存，或者环境基本完好无损，那么它的意义将比已被改变或证据不复存在的地方更重要。然而，有些事件或关联可能非常重要，以至于即使发生了某些变化或缺乏证据，该场所仍然具有重要意义。

为帮助了解一个场所的历史价值，要提的问题是：

• 该场所是否与历史上的重要事件或主题相关？

• 该场所对于展示地方、地区、全州、国家或全球历史发展模式是否重要？

• 该场所是否表现出特定时期的高度创造性或技术成就？

• 该场所是否与特定个人或文化群体有关联，尤其是在当地、州、国家或全球历史中是否重要？

科学价值是指场所的信息内容，以及对该场所进行考察或调查（包括使用考古技术）后，能更多地揭示过去的某个方面的能力。一个场所的相对科学价值可能取决于其所涉及信息或数据的重要性（即稀有性、质量或代表性），以及针对场所本身、场所类型或等级，是否能提供更多重要信息的潜力，或者是否能解决重要的研究问题。为了确定这种潜力，可能需要进行某种形式的测试或采样，例如，对于考古遗址，可以通过抽样挖掘来确定。

要了解科学价值，要提的问题是：

• 对场所的进一步调查是否有可能揭示其他来源无法提供的，有关人、场所、发展过程或实践的大量新信息和新理解？

社会价值是指一个场所与特定社区或文化群体的关联性，及其对该社区或文化群体所具有的社会或文化意义。

要了解社会价值，要提的问题是：

• 该场所作为地标或象征是否重要？

• 该场所作为社区身份或特定文化群体身份的一部分是否重要？

• 因为长期使用该场所而产生了某种关联和意义，那该场所对于社区或文化群体是否重要？

精神价值是指一个场所体现或唤起的无形价值和意义，这些价值和意义使它在一个文化群体的精神认同、传统知识、文化艺术实践中具有重要意义。精神价值也可能体现在审美和情感反应或社区关联的强度上，并通过文化实践和相关场所表现出来。场所的特质可能会激发人们强烈和/或自发的情感或哲学上的思考，加深他们对自己在世界上的位置、目的和义务的理解，特别是与精神领域相关的……精神价值可能与场所的社会价值和物质属性相互依存。

认识精神价值，要提的问题是：

• 该场所是否有助于一个文化群体的精神认同或信仰体系？

• 该场所是否承载着与某个文化群体的精神实践相关的知识、传统艺术或传说？

• 该场所在维持文化的精神健康和群体的福祉方面重要吗？

• 该场所的物理属性是否在回忆，或唤醒个人、群体与精神领域关系的理解方面发挥作用？

• 该场所的精神价值是否在文化实践或人造建筑中得到体现，或者激发了创造性作品的产生？

图 5.5a、图 5.5b 和图 5.5c 对五种价值类型的各点进行了说明，其中图 5.5a 和图 5.5b 是建筑遗产示例，图 5.5c 是更广义的景观设置示例。

20世纪80年代中期,新加坡从拆除旧城区进行重建转变为对城市进行规划,包括大力加强对过去的遗产与当前的发展的整合,其中一个重大转折点是1989年颁布的《规划法令修正案》(Yuen, 2005)。这推动政府任命了保护机构,指定了保护区以及相关的保护要求和准则。已确定的保护区数量增加到20多个(总面积751公顷)。其中许多都以招揽旅游为目的,通过吸引人的信息丰富的小册子进行解释和介绍,例如,在惹兰勿刹(Jalan Besar),历史悠久的商店区域免遭拆除,并为业主提供了具体的修复指南,以保证其真实性。

图 5.5a 惹兰勿刹,新加坡
来源:肯·泰勒(Ken Taylor)

图 5.5b 悉尼歌剧院
来源：Sovarsity–Camera,CCBY-SA4.0,https://commons.wikimedia.org/w/index.php?curid=93117426

图 5.5c 菲律宾科迪勒拉水稻梯田
来源：圣托马斯大学研究生院热带文化财产和环境保护中心（UST Gradate School Centre for Conservation of Cultural Property and the Environment in the Tropics）

诸如水稻梯田（根据标准(iii)、(iv)和(v)于1995年被列入《世界遗产名录》）这样的景观的吸引力来自它们创造的蜿蜒图案，类似于现代抽象主义绘画，这也反映了景观中象征着人类长期居住的层积（layers）。通过传统知识体系中固有的管理实践，这些景观使人们对时间流逝、人景关系产生了情感反应。总体而言，这片景观中存在着漫长的人类历史的证据。类似的例子可参见图3.5所示的布吉必姆国家公园（Budj Bim）。

确定意义及意义陈述

通常使用一组标准评估遗产场所的价值，以此来确定其重要性。下面给出了不同层级（scales）中使用的标准的示例。《巴拉宪章》（国际古迹遗址理事会澳大利亚国家委员会，2013：4/5）强调：

……文化意义在场所的结构、环境、用途、关联和思想中得以体现。它可能存在于位于该场所或与之相关的物体中，与该场所有一定关系的其他场所中；还可能发生在该场所或依赖该场所的活动实践和传统习俗中。一个场所可能具有多方面的重要意义，不同意义可能相互依赖，也可能不相互依赖。

通常探寻意义时，会以意义陈述（statement of significance）的形式概括出来，意义陈述应该简要说明为什么该场所如此重要的原因，并提供对该场所进行研究的支持证据。意义本质上是一个相对的、定性的、主观的概念，因此意义无法分等级或评分。在实践中，许多机构，如地方政府、州政府、国际机构（联合国教科文组织），都有确定意义的标准清单，并且通常会根据已确定的价值来评估这

些标准。因此,常见做法是编写一个场所的总体意义概要陈述,并辅以对每个标准的简短意义评价,如《巴拉宪章》中所解释的那样:

意义陈述提供了对该场所文化意义的简洁而精练的总结。意义陈述的常见做法是根据每种价值或标准,对意义的每个方面进行分析。意义陈述对每个方面进行总结,突出意义较重要的方面。意义陈述是相关法定保护和保护行动决策的基础,因此至关重要。它应该有可靠的证据支持,并且能够经受住仔细审查。

(国际古迹遗址理事会澳大利亚国家委员会,2013:5)

下面列出了不同级别管辖标准的示例。

国际级:联合国教科文组织世界文化遗产标准

对列入《世界遗产名录》的财产,要使用术语(突出的普遍价值(OUV))而不是意义。因此,要列入《世界遗产名录》,一个场所必须符合下述 OUV 定义,并根据六项文化财产标准进行判断(UNESCO,2019)。

• Ⅱ.A 49. 突出的普遍价值指罕见的、超越了国家界限的、对全人类的现在和未来均具有普遍的重要意义的文化和/或自然价值。因此,该项遗产的永久性保护对整个国际社会都具有至高的重要性。世界遗产委员会规定了遗产列入《世界遗产名录》的标准。

• Ⅱ.D 77. 如果遗产符合下列一项或多项标准,委员会将认为该遗产具有突出的普遍价值(见第 49~53 段)。

i. 作为人类天才的创造力的杰作;

ii. 展示一段时期内或世界某一文化区域内人类价值观的重要交流,对建筑、技术、古迹艺术、城镇规划或景观设计的发展产生重大影响;

iii. 能为延续至今或业已消逝的文明或文化传统提供独特的或至少是

特殊的见证；

iv. 是一种建筑、建筑或技术整体，或景观的杰出范例，能展现人类历史上一个（或几个）重要阶段；

v. 是传统人类居住地、土地使用或海洋开发的杰出范例，代表一种（或几种）文化或人类与环境的相互作用，特别是当它面临不可逆变化的影响而变得脆弱；

vi. 与具有突出的普遍意义的事件、活传统、观点、信仰、艺术或文学作品有直接或有形的联系。（委员会认为本标准最好与其他标准一起使用）

此外，还有涉及真实性和完整性的附带条件。

真实性

• 79. 依据标准（i）至(vi) 申报的遗产须符合真实性的条件。附件 4 中包括《奈良真实性文件》，为评估相关遗产的真实性提供了操作基础，概要如下。

• 80. 理解遗产价值的能力取决于该价值信息来源的真实度或可信度。对历史上积累的，涉及文化遗产原始及发展变化的特征的信息来源的认识和理解，是评价真实性各方面的必要基础。

• 81. 对于文化遗产价值和相关信息来源可信性的评价标准可因文化而异，甚至同一种文化内也存在差异。出于对所有文化的尊重，文化遗产的分析和判断必须首先在其所在的文化背景中进行。

• 82. 依据文化遗产类别及其文化背景，如果遗产的文化价值（申报标准所认可的）的下列特征真实可信，则被认为具有真实性，这些属性包括：

• 外形与设计；

- 材料与实质；
- 用途与功能；
- 传统、技术和管理体系；
- 位置与环境；
- 语言和其他形式的非物质遗产；
- 精神与情感；
- 其他内部和外部因素。

- 84. 利用所有这些信息使我们对相关文化遗产在艺术、历史、社会和科学等特定领域的研究更加深入。

完整性

- 87. 所有申报列入《世界遗产名录》的遗产必须满足完整性条件。
- 88. 完整性用来衡量自然和/或文化遗产及其特征的整体性和无缺憾性。因而，审查遗产完整性需要评估遗产符合以下特征的程度：

a. 包括所有表现其突出的普遍价值的必要因素；

b. 面积足够大，确保能完整地代表体现遗产价值的特色和过程；

c. 受到发展的负面影响和/或缺乏维护。

- 89. 依据标准（i）至(vi) 申报的遗产，其物理构造和/或重要特征都必须保存完好，且侵劣化过程的影响得到控制。能表现遗产全部价值的绝大部分必要因素也要包括在内。文化景观、历史村镇或其他活遗产中体现其显著特征的种种关系和动态功能也应予保存。

国家级（两个例子：澳大利亚和加拿大）

一、澳大利亚国家遗产名录标准中有关环境、水、遗产和艺术部分

被列入国家遗产的场所应符合下述部分或全部标准：

a. 该场所对国家具有突出的遗产价值，因其在澳大利亚自然或文化历史进程或模式中的重要性。

b. 该场所对国家具有突出的遗产价值，因其拥有澳大利亚自然或文化历史中不常见、稀有或濒临灭绝的方面。

c. 该场所对国家具有突出的遗产价值，因其有潜力提供有助于了解澳大利亚自然或文化历史的信息。

d. 该场所对国家具有突出的遗产价值，因其在展示以下主要特征方面具有重要意义：

i. 澳大利亚的某类自然或文化场所；

ii. 澳大利亚的某类自然或文化环境。

e. 该场所对国家具有突出的遗产价值，因其在展示某个社区或文化群体所珍视的特定美学特征方面具有重要意义。

f. 该场所对国家具有突出的遗产价值，因其在展示特定时期的高度创意或技术成就方面具有重要意义。

g. 该场所对国家具有突出的遗产价值，由于社会、文化或精神原因，该场所与特定社区或文化群体有强烈的、特殊的关联。

h. 该场所对国家具有突出的遗产价值，因其与澳大利亚自然史、文化史上重要的个人或群体的生活或作品有特殊联系。

i. 该场所对国家具有突出的遗产价值，因其作为原居民传统的一部分所具有的重要性。

注：标准中的文化指的是土著文化、非土著文化，或两者兼而有之。

二、标准,指南总则,具体指南:评估具有潜在的国家历史意义的主体,加拿大历史遗址和古迹委员会 (2017)

国家历史意义标准(1998)

加拿大历史的任何方面都可以考虑被认定为具有国家历史意义。可以考虑以下几个方面:场所、人或事件将对加拿大历史产生全国性重大影响,或者将阐明加拿大历史所具有的全国性重要方面。

符合国家历史意义的主体应满足以下一项或多项标准:

1. 一个场所如果与加拿大历史上具有全国意义的某个方面有直接联系,则可被认定为具有国家历史意义。具有潜在国家历史意义的考古遗址、结构、建筑、建筑群、地区或文化景观将:

a. 说明概念和设计、技术和/或规划方面的杰出创造性成就,或加拿大发展的重要阶段;

b. 全部或部分地说明或象征对加拿大发展重要的文化传统、生活方式或思想;

c. 与被认为具有国家历史意义的人有明确和有意义的关联或得到认证;

d. 与被认为具有国家历史意义的事件有明确和有意义的关联或得到认证。

2. 一个人(或多个人)如果作为个体或团体的代表对加拿大历史做出了杰出和持久的贡献,可以被认定为具有国家历史意义。

3. 一个事件如果代表了加拿大历史上的决定性行动、事件、运动或经历,可以被认定为具有国家历史意义。

指南总则

如何确定国家历史意义,是根据上述标准并在加拿大人类历史的广泛背景下根据具体情况(a case-by-case basis)进行考虑的。

就品质的重要性和/或卓越性而言，独特成就或杰出贡献显然高于其他成就或贡献。一个具代表性的例子被认定为具有国家历史意义是合理的，因为它明显代表了加拿大国家历史的一个重要方面。

明确且有意义的关联是可直接理解的，并且与关联人或事件的国家意义相关。

独特性或稀有性本身并不能作为国家历史意义的证据，但可以结合上述有关国家历史意义的标准来考虑。

首次出现在本质上并不具有国家历史意义。

一般来说，具有国家历史意义的每一场所、每一人物或每一事件只会有一种纪念仪式。

场所

拥有40年或40年以上历史的建筑物、建筑群和遗址可被考虑指定为具有国家历史意义（2014年更新）。

一个场所必须处于尊重其设计、材料、工艺、功能和/或环境的完整性的状态，才能被考虑指定为具有国家历史意义，这些要素中的任何一个对理解其重要性都是必不可少的。

场所的边界必须明确，才能被考虑指定为国家历史遗址。

通常来说，不适合博物馆展示的大型可移动遗产可以考虑指定为具有国家历史意义。

人物

去世至少25年的人可被考虑指定为具有国家历史意义，但总理除外，他们有资格在死亡后立即举行纪念仪式。

事件

至少40年前发生的事件可被考虑指定为具有国家历史意义。持续到最近的历史事件将根据至少 40 年前发生的事情进行评估。

针对以下类别给出具体指南：

场所

- 3.1 域外纪念活动
- 3.2 纪念墓地

该类别重点关注墓地，这些墓地是符合以下标准的设计景观、文化景观的特殊范例：

a. 代表全国墓地设计趋势；

b. 集中了值得关注的陵墓、纪念碑、墓碑或园艺标本；

c. 作为景观典范能表达独特文化传统。

- 3.3 仍具有宗教用途的教堂和建筑
- 3.4 考古遗址

根据以下一项或多项准则具有国家重要意义：

a. 有实质性证据表明，某个特定遗址具有独特性；

b. 它令人信服地代表了一种特定文化，或特定文化系列发展中的特定阶段；

c. 这是一个很好的典型例子；

d. 符合委员会关于选择国家认可的历史遗址的指导方针。

- 3.5 历史建筑物的外观与现代发展相融合

请注意，除了那些本身被认为具有特殊意义的外立面，其他融入当代发展的历史建筑不适合在联邦层级进行纪念。[3]

- 3.6 具有国家意义的历史街区的确定

历史街区是地理上确定的区域，它通过建筑物、结构、开放空间创造出独特的时间感和场所感，因为人们的使用而不断被修缮，这些区域与过去的事件和用途融合在一起，并且因为美学上的意义，建筑和规划也融合在一起。

a. 历史街区构成适当的纪念主题，具有国家意义的历史街区包括以下一项或多项：一组建筑物、构筑物和开放空间，其中任何一个单独存在时，不需要具有国家建筑意义，就能和谐地体现一种或多种风格或结构、建筑类型或时期，或共同构成具有技术意义或社会意义的结构典范；或者与具有国家意义的个人、事件或主题有着不同寻常的紧密联系。

b. 具有国家意义的历史街区必须具有"历史感"：侵入性元素必须最小化，该街区的历史特征必须占主导地位，并将其与周围地区区分开来。

c. 有纪念意义的历史街区应接受定期审查，以确保那些界定其完整性和国家意义的要素得到合理维护。

- 3.7 具有国家意义的学校的认定
- 3.8 本身具有纪念意义的纪念碑
- 3.9 可移动遗产的纪念
- 3.10 具有国家意义的公园和花园的认定
- 3.11 具有国家意义的乡村历史街区的认定

乡村历史街区是乡村环境中在地理上确定的区域，它通过景观组成部分的集中性、关联性和连续性而创造出一种独特的时间感和场所感，这些景观组成部分在人类使用过程中及过去事件发生过程中，不断被融合或／和改变。

具有国家意义的乡村历史街区：

a. 包含景观组成部分的集中性、关联性或连续性，这些组成部分组合在一起具有特殊的代表性，并／或体现了土地占用和使用的类型、时期或方法的独特特征，说明了在时间推移过程中人类与景观之间的动态作用；

b. 包含景观组成部分的集中性、关联性或连续性，这些组成部分组合在一起构成了具有技术意义或社会意义的景观典范；

c. 包含景观组成部分的集中性、关联性或连续性，这些景观成分与具有国家意义的个人或事件具有相同的关联意义。

- 3.12 乡村粮仓
- 3.13 现代的建筑遗产
- 3.14 识别和评估聚落形态的框架
- 3.15 历史工程地标
- 3.16 评估灯塔的国家历史意义
- 3.17 原居民文化景观
- 3.18 加拿大具有国家历史意义的沉船
- 3.19 法院大楼的纪念

指南还涵盖了加拿大国家历史上的重要人物和事件。

州级：维多利亚遗产登记标准和入门指南，澳大利亚维多利亚遗产委员会

（https://www.heritage.vic.gov.au/__data/assets/pdf_file/0024/417741/VHRCriteriaandThresholdsGuidelines_2019Final.pdf）

遗产评估标准

阈值在遗产评估中的作用：

在维多利亚州，从地方规划方案到世界遗产地位，具有文化遗产意义的地方和物品可以通过四种法定机制中的一种或多种得到保护和管理。意义阈值（significance threshold）决定了一个场所或物品所具有的文化遗产意义的程度，以及据此可以使用什么机制来保护和管理它。意义阈值可以定义为：

1. 一个场所或物品必须具备的最低程度的文化遗产意义。

2. 证明其被列入相关地方、州、国家或世界遗产名录的合理性。

• 对当地或市政府具有遗产价值的场所（当地意义）。

• 对整个维多利亚州具有遗产价值的场所或物品（州级意义，可能被列入维多利亚遗产名录）。

• 对国家具有突出遗产价值并能够被认定为具有国家意义的场所。

• 具有突出的普遍价值，有可能被认定为具有世界遗产意义（并可能被列入世界遗产名录）的场所。

例如，布吉必姆文化景观（见图 3.5）作为康达（Condah）和泰伦达拉（Tyrendarra）的一部分被列入维多利亚州登记册、澳大利亚国家遗产名录和世界遗产名录。

维多利亚州的文件为澳大利亚国家遗产名录标准 a~h 的应用提供了详细的指南。该指南指出，如果满足列出的所有要求，则某个场所或物品可能满足标准。针对标准 a 和 b，下面给出了两个示例。其余内容可查看维多利亚遗产委员会（Heritage Council of Victoria）2019 年的《维多利亚遗产登记指南》（*The Victorian Heritage Register Guidelines*）（https://www.heritage.vic.gov.au/）。

标准 a

• 步骤 1：满足标准 a 的基本测试

该场所 / 物品与维多利亚文化史上的事件、阶段、时期、过程、功能、运动、习俗或生活方式有明确的关联。

场所 / 物品与事件、阶段等的关联，在场所 / 物体的物理结构和 / 或文献资源或口述历史中是显而易见的。

该事件、阶段等具有历史意义，对维多利亚州做出了强有力的或有影响力的贡献。

步骤 2：对州级意义的确定做基本测试

该场所 / 物体与具有历史意义的事件、阶段等有明确的关联，比起维多利亚州具有基本相同关联的大多数其他场所或物品，它可以更好地被理解。

标准 b

• 步骤 1：满足标准 b 的基本测试

该场所 / 物品与维多利亚文化史上的事件、阶段、时期、过程、功能、运动、习俗或生活方式有明确的关联。

场所 / 物品与事件、阶段等的关联，在场所 / 物体的物理结构和 / 或文献资源或口述历史中是显而易见的。

该场所 / 物品是罕见或不常见的，是能展示重要事件、阶段等的少数仅存场所 / 物品之一；

或者

该场所 / 物品是罕见或不常见的，包含未广泛复制的不寻常特征；

或者

该类别的场所 / 物品的存在揭示出重要事件、阶段等处于珍稀濒危状态，由于这类场所 / 物体一直受到威胁和压力。[4]

• 步骤 2：确定州级意义的基本测试

该场所 / 物品在维多利亚州内是稀有、罕见或濒危的。

意义级别

目前显而易见的是，遗产场所的价值和意义在运用过程中有一定程度（级别）的变化。处理这种程度的差异不是通过意义排名（如低 / 中 / 高或数字等级如 1~5）来完成的，而是通过确定意义的阈值水平来实现的。

第五章　记录、评估和分析

阈值的字面意思是建筑物或房间入口的地板，或者开始体验某事或某事开始发生的水平或点（《剑桥英语词典》）。这意味着跨越界限而成功进入，并且可以被用来表述达到专业领域中某种程度的认可，例如，就文化遗产而言，它就适用于意义级别。

从文化遗产意义的角度来看，"阈值"指的是判断一个场所在多大程度上具有被认定为遗产的特定价值。在实践中，通常会对一个场所给出一个意义的总结陈述，反映其总体阈值以及为什么它很重要，然后是针对已识别的每个值或标准的特定陈述。图5.6是拉尼昂（Lanyon）保护管理计划的示例（Duncan Marshall等，2008）。

因此，地方、地区、国家和国际目的的阈值可能有所不同，因为每个阈值都与特定级别内的相似类型进行比较。确定阈值水平通常需要与相似场所进行比较分析。

《巴拉宪章》（Australia ICOMOS，2013：5）建议：

……阈值指标可用于确定一个场所的相对重要性。通常，这将依赖于将一个场所与特定区域内的其他类似示例进行比较，这些比较常常是跨州、跨地区进行的。阈值指标常用于确定某个场所是否可以包含在特定遗产名录或登记册中。

一个场所如果未列入法定或非法定遗产名录，其仍然可能具有文化意义，但需要进行意义评估。一个场所的某些要素可能比其他要素更重要，每个要素的贡献都需要得到认可，识别那些不重要或有损意义的要素通常很有用。这将有助于政策的制定。

因此，意义级别的概念通常与以下属性中的一个或两个或多个彼此关联：

• 唯一性，严格来说是指唯一存在的。在特定地方、地区、国家或国

图 5.6 拉尼昂是一座 19 世纪就存在的庄园,坐落在澳大利亚首都领地 (ACT) 堪培拉郊区广阔的乡村牧场内(里面有牛和羊),俯瞰着马兰比吉河 (Murrumbidgee River)。
来源:肯·泰勒(Ken Taylor)

拉尼昂是一个广阔而复杂的牧场庄园,拥有从殖民前的原居民占领时期(即 19 世纪初)直到现在的历史层积。它有一系列与以下相关的价值:

- 技术和创意成果;
- 设计和美学品质;
- 独特生活方式、土地用途及功能的证据;
- 在文化和社会关联方面,它对社区和文化团体的价值;
- 拉尼昂的构成要素是原居民传统的重要组成部分;
- 稀有属性和少见的完整性;
- 一些构成部分是值得注意的例子;

- 通过研究或教学，很多方面可能提供信息；
- 作为重要的栖息地和残余林地。

在总体陈述之后，有关于意义各方面的简洁陈述，涉及为在 ACT 中注册的遗产场所列出的各项标准：

a. 对 ACT 文化或自然历史进程及模式具有重要性；

b. 具有 ACT 文化或自然历史中不常见、稀有或濒临灭绝的方面；

c. 有可能产生信息，有助于理解 ACT 文化或自然历史；

d. 在揭示某类文化或自然场所或物体的主要特征方面具有重要意义；

e. 在展示 ACT 社区或 ACT 文化群体所重视的特定审美特征方面具有重要意义；

f. 在揭示特定时期的高度创造性或技术成就方面具有重要意义；

g. 出于社会、文化或精神原因，与 ACT 社区或 ACT 中的文化团体有强烈或特殊的联系；

h. 与某个人或多个人的生活或工作有特殊的联系，对 ACT 的历史具有重要意义（https://www.environment.act.gov.au/heritage/heritage_register）。

以拉尼昂为例，标准 (b) 和 (c) 的陈述如下。

标准 (b) 的陈述：

拉尼昂因其美学品质对堪培拉社区和专家具有重要意义。对社区来说，拉尼昂反映了乡村景观的宁静与美丽，可以看到孤零零的小屋、河流、更广阔的山脉景色。在乡村气息和季节更迭中，该社区重视安静祥和的环境。他们还重视自然与耕地景观的相互作用。拉尼昂成为艺术家对澳大利亚田园风光进行描绘的常见标志性形象。

> 对专家来说，拉尼昂风景如画，美丽而宁静，是澳大利亚东南部古典田园景观的典范，令人想起对 19 世纪的描述。此外，在为房屋和花园选址时，也考虑了河流位置，成片农庄与彼此影响的景观之间产生了共鸣。
>
> 标准(c)的陈述：
>
> 19 世纪 30 年代以来，在持续运行的乡村财产中，幸存的原居民遗产地、拉尼昂家园及其相关乡村建筑/结构、花园和植物、田园景观和历史考古特征的结合，提供了有关历史层积、生活方式、田园技术和人们对自然和景观的态度的特殊证据。该建筑群仍主要作为乡村企业运营，对于参观该地的公众以及不断发展的历史研究和考古研究具有特殊意义。

际上，用它来描述唯一的遗产场所是合适的。应该指出的是，英语中，如果某物是唯一的，则意味着它是独一无二的，因此将唯一性应用于遗产场所或非物质遗产时需要小心。在实践中使用唯一性时，通常意味着稀有或特殊。一个与唯一性相关的例子是 2012 年列入世界遗产名录的巴厘岛水稻梯田（Bali Rice Terraces）的苏巴克灌溉系统。虽然水稻梯田景观在亚洲随处可见，但能控制所有社区灌溉用水的古老的苏巴克系统仅在巴厘岛有。

- 稀有性，指的是这样的地方并不多。
- 代表性，指的是保护遗产的重要典范或遗产类型中保存完好的代表。当管理者必须比较相同类型的场所时总是涉及代表性。代表性和杰出这两个术语在本章上面提到的国际级、国家级、州级遗产评估标准和指南中被广泛使用。这里的挑战是识别"杰出"和"代表性"这两个词之间的细微差别,因为"杰出"被认为基于世界遗产实践中的专家判断,而"代表性"被认为更加平等。然而实际上,正如约基尔勒托(Jokilehto,1999:295)所认为的,这两个术语都适用于:

> ……可以识别具有相似特征的产品组或产品类别,从中选择最具代表性或最突出的产品,其中单个产品不仅可以看到其个体优点,而且可以被视为人类共同遗产的代表。

"杰出"和"代表性"这两个术语在《实施世界遗产公约的操作指南》中彼此联系,并适用于 OUV 评估标准 (v) 中的文化概念(UNESCO,2019:76):"传统人类居住地、土地使用或海洋开发的杰出范例,代表一种(或几种)文化或人类与环境的相互作用,特别是当它面临不可逆变化的影响而变得脆弱。"在此背景下,值得注意的是"代表性"一词被纳入标题"建立具有平衡性、代表性和可信性的《世界遗产名录》全球战略"(A Global Strategy for a Balanced, Representative and Credible World Heritage List)(UNESCO,1994)中。

• 场所与重要人物和/或事件的关联。这并不意味着事件或人物必须举世闻名。它可以适用于普通事件和人,并强调通过公众参与让普通社区和人们参与进来,以便理解社会、文化和精神的价值。

• 场所与定居点、增长、土地利用以及相关社会价值相关联,并能反映特定趋势的方式,例如历史城镇和村庄以及历史城区。

评估、分析、评估

本章开头列出了遗产场所记录和评估过程中的四个主要阶段。以下是有关第二阶段和第三阶段的研究方法的论证及其在具体场所(大型景观环境)的应用,随后是来自澳大利亚新南威尔士州温格卡里比郡

（Wingecarribee Shire）的研究案例（另请参阅 Taylor，2017）。

第二阶段：场所特征评估与分析。

一旦背景鉴定和记录阶段完成，就可以对一个场所的特定特征进行评估。鉴于遗产场所能揭示人类活动的各个层次，建议建立一个综合系统来组织有关特征、价值和意义的信息呈现。这些层积是随着时间推移和自然力量（过程）而创建的，这些自然力量塑造了场所在连续统一体中的环境，其中人类的力量（包括文化价值和意识形态）对物理环境（尤其是景观）进行修改、改变和适应，主要体现在：

- 土地用途和活动；
- 在景观形成时期所产生的模式；

（以上涉及景观形成的过程）

- 文化传统；
- 自然元素；
- 各组成部分。

在所调查的场所及其环境（此案例为乡村文化景观）中，用特定的有形和无形景观特点来创造场所特征。图 5.7 是佩奇（Page）等（1998）为美国国家公园管理局所做的典型乡村景观特征列表，该项工作具有恒久的应用价值。

对于城镇景观，适用的标准如图 5.8 所示。

将研究区域划分为景观特征单元（LCU）是处理大面积区域的一个重要而有用的工具。单元的规模因景观用途和活动而异。但 LCU 不应被视为基于物理标准或视觉集中区的土地单位，尽管这些因素也是被考虑的（另见 Swanwick，2002）。相反，它们是基于历史聚落数据信息的景观形态来定义的，这对于理解景观形成至关重要。

> 景观形成过程
> （ⅰ）土地使用和活动　　　（ⅱ）空间组织式样
> （ⅲ）自然系统和人类回应　（ⅳ）文化传统
> 构成要素
> （ⅴ）循环网络　　　　　（ⅵ）集群排列
> （ⅶ）建筑与结构　　　　（ⅷ）植物群落
> （ⅸ）边界　　　　　　　（ⅹ）小规模元素
> （ⅺ）风景与景色　　　　（ⅻ）考古遗址

图 5.7　乡村景观的景观特征示例（来自 Page 等，1998）

> **过程**
> 　　街道形式和空间比例；景观空间与建筑形式之间的关系；建筑风格；建筑发展的历史阶段与空间样式中的意义和象征相关联，包括在漫长时间中形成的社区及其价值和思想；建筑形式的形态；文化传统引领的形式、模式和建筑风格；自然要素；与地貌的关系。
> **构成要素**
> 　　建筑及结构的风格；材料；颜色；材质；建筑传统；植物群落；铺路材料。

图 5.8　城镇景观的景观特征示例（Ken Taylor）

第三阶段：信息评估。

这个阶段要通过文化价值对遗产场所进行充分理解，确立其意义，作为保护和未来可持续利用的指南。历史文献、实地调查和对创造景观的力量的评估是了解其文化价值的基础。如果一个地方被细分为 LCU，则应考虑适用于每个 LCU 的下列因素：

a. 分析内在价值;

b. 评估文化意义。

这一阶段的关键是借助记录阶段中的学术研究对场所的历史文脉进行表述。历史文脉支撑着对研究场所的意义的调查:它是一个框架,揭示了相关信息,即随着时间的推移,与背景、文化传统和价值相关的景观是怎样获得意义的。以下是大规模案例研究方法的示例。

历史景观评估:澳大利亚新南威尔士州温格卡里比郡

(Taylor & Tallents,1996)

背景

温格卡里比郡 (Wingecarribee Shire) 面积 2702 平方千米,是新南威尔士州 (NSW) 高原地区的一部分,位于悉尼和堪培拉之间。该郡拥有大量具有当地、地区和全国意义遗产价值的物件和场所,包括乡村景观和历史悠久的乡村城镇。因此,该地区成为主要的旅游目的地,目前人口约为 51 000 人。由于悉尼大都会区的溢出式增长,该地区面临着发展压力。20 世纪 80 年代后半叶,由于担心随着时间推移可能发生的变化和乡村特色的丧失,社区越来越强调进行规划控制的必要性。

为了应对人们对压力不断增长的担忧,以及确保历史特色不被侵蚀的迫切需要,温格卡里比郡在 20 世纪 90 年代中期与新南威尔士州遗产部门合作,寻求并获得了有关遗产研究的资金。此次合作认识到了温格卡里比郡的遗产资源在地方级和州级层面的意义。该研究的主要目的包括确定和分析该郡的环境遗产,并为其遗产资源的保护和管理提供法定和非法定的实用建议。整个研究的一个主要组成部分是历史文化景观评估。不幸的是，该研究的概要并未包括前欧洲原居民时期。

从历史上看，该地区在早期欧洲探险以及后来新南威尔士州殖民地的乡村定居中发挥了重要作用。自19世纪20年代起，欧洲的探险史以及随后的定居和土地利用发展留下了独特的景观形态，一系列层积代表了历史上不同时期，讲述着人类占领土地的故事以及对土地的态度。该地区因其历史和美学价值而被广泛认为是具有可识别遗产意义的重要文化景观。

该郡的中部地区是研究的重点，是一个支持广泛放牧的乡村景观，其东部种植有一些农作物。它占地约40千米×20千米，呈起伏的丘陵和山谷地貌，海拔为650~850米，被温格卡里比郡河一分为二。起伏的地形点缀着许多具有标志意义的山丘和具有历史意义的城镇和村庄。该地区还以其历史悠久的花园而闻名。这个中部乡村地区周围环绕着被桉树覆盖的山丘，下面是砂岩（主要是霍克斯伯里岩群）。周围的森林景观由广阔的国家公园、州立森林和悉尼大都市集水区组成。

研究方法

图5.9概述了研究方法中接下来的步骤。评估方法使用了图5.7中列出的特征，但由于这是一项大规模研究，因此将这些特征合并为四类：

1. 整体景观模式；

2. 建筑群、结构、特色；

3. 交通路线；

4. 历史关联。

需要强调的是，这种研究方法并不是对景观中看到的东西进行视觉

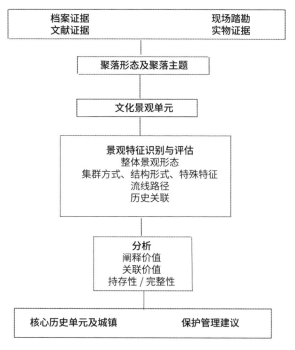

图 5.9 温格卡里比郡研究模型（Taylor & Tallents，1996）

评估。相反，它是对景观的解读和阐释，重点是景观中固有的历史价值和社会价值。在评估的任何阶段，都没有对任何模糊的视觉景观价值或相关的审美景观价值进行评论，从而导致空洞的景观价值评级。

在对历史数据和现场踏勘进行初步审查后，可以区分聚落形态（settlement patterns）与相关的聚落主题（settlement themes），从而为研究区域提供历史背景。聚落主题包括：

- 1800—1840 年，早期勘探和定居；
- 1840—1860 年，整合主要牧区资产；

- 1860 年后的农村扩张；
- 1860 年后的社区发展（乡村小镇的发展）；
- 1868 年至今的旅游和休闲。

聚落形态是理解历史趋势和重要文化景观元素的一种令人信服的方式。当今景观形态的大部分结构框架是在20世纪就已建立的，包括道路、轨道、边界、林中空地、乡镇和村庄遗址、田园和建筑物。对研究区域的景观形态具有重要意义的是19世纪早期到中期的重要印记。这种形态覆盖了早期的原居民景观形态，形成了丰富的多层积效果。

从聚落形态看，一系列的聚落主题容易被识别。这些为理解当前景观，及其形成、意义和文化价值提供了一个框架。这些主题不可避免地重叠，并不是简单的事件年表，而是涵盖了景观形态的历史，并突出了过去这些形态中的重要提示。这些主题被应用于每个文化景观单元的评估和分析阶段，作为阅读和解释文化景观过程的一部分。

记录、评估、分析

对于由景观历史学家（作者）、景观建筑师和考古学家组成的研究团队来说，原始和二手研究资料对于了解定居模式和记录景观营造历史至关重要，历史学家则负责寻找档案地图和规划图。特别有用的是19世纪早期到中期的部分规划图。根据1825年的一份指南，对新南威尔士州殖民地及其划分为县和教区进行了全面调查。这些图纸是持续绘制地图的基础。分区图显示教区土地的原始受赠者或承租人，包括场所地名、注释、边界、道路/轨道以及后来创建牧场进行的改进。测量员经常会记录景观特征，例如"长满草的开放森林"，指的是原居民几千年的焚烧所造就的风景如画的开放式公园景观，由于其拥有放牧潜力而吸引了新定居者。后来绘制的地图可能指的是绿草如茵的围场，大约在1860年引入围栏后,这里的一些树木被清除,形成了更加开阔的牧场。其他历史信息来自日记、当地历史书籍和记录,比如,新南威尔士州州长拉克兰·麦考瑞(Lachlan Macquarie)于1820年穿越该地区时的记录:

> 我们遇到了一大群牛约400头,这些牛属于索罗斯比先生,它们在一片肥沃的草地上吃草……索罗斯比先生的小屋旁边非常漂亮,山峦平缓,前面是广阔富饶的山谷,树木稀疏,整个地方看起来很像公园。
>
> (Lachlan Macquarie,1836)

1836年,艺术家康拉德·马滕斯(Conrad Martens)描绘了麦考瑞所描述的景色,为这片19世纪的文化景观留下了一幅杰出的图像。景色中有一片开阔的草地,周围环绕着开阔的森林,与周围山丘上茂密的森林融为一体。因此,我们可以追踪这个景象至今的变化,并依此绘制出景观的各个层次。

把一手和二手资料信息与现场实地观察结合起来,研究小组能够找到具有历史意义的特定区域。例如,在19世纪初,该地区以小麦围场闻名,小麦被运往悉尼,供应给新南威尔士州的新殖民中心。据记录,该地区还举行过犁地比赛。研究小组根据对19世纪初的一次土地赠与的描述,确定了犁地位置在山坡上,并了解到犁耕是由阉割过的公牛用单刃犁完成的,这种方法会产生田脊和犁迹。在冬末的下午,当一天过后,太阳处于低角度时,这些田野里的痕迹才能被看清。

通过对覆盖自然景观要素的景观模式和历史聚落数据进行实地调查评估,划定了十个文化景观单元(cultural landscape units)。文化景观是由景观中各种文化元素和自然元素之间的相互关系所形成的蒙太奇或综合图景,这一事实为单元的概念提供了依据。文化元素代表了景观形成的各个历史时期，形成了发展的层次和模式。它们还标志着随着时间的推移而发生的变化。因此，这些单元代表了不同时期的景观，是了解过去的窗口，也是确定文化景观形式的各种力量的蒙太奇：

• 自然特征包括地貌、植被和水体形态，以及如何利用这些特征来创造特定的文化形态。

• 随着时间推移而形成的土地利用模式。

• 特定的文化元素和组成部分。

划定的单元是对景观进行实地评估的结果，包括土地使用模式、植被，以及建筑类型、围场（田地）边界等特定组成部分，并与历史聚落数据和自然元素的处理方式相叠加。需要强调的是，这些单元既不是基于物理标准的土地单元，也不是基于视觉边界的视觉集水区单元（visual catchment units），而是根据对了解景观形成至关重要的历史/历史聚落数据所提供的文化景观模式来定义的。

运用记录、评估和分析过程来确定文化意义是制定保护政策和管理建议的基础。在这项研究中，我们决定不对文化意义进行排序，而是尝试划定那些具有重要文化意义的景观单元，其中的阐释价值、关联价值以及景观完整性对温格卡里比郡的历史和遗产至关重要。在这些单元中，休闲农场或农村住宅用地细分等用途的改变，将导致景观历史完整性的不可挽回的损失，以及该郡的地方感和文化意义的丧失。因此，我们决定设立并推荐关键历史单元（key historic units）。

经过评估和分析，确定了4个关键历史文化景观单元。这些文化景观能够让我们了解温格卡里比郡的历史，带给我们启发，提升场所感，并将其与参与景观营造的人们联系起来。这些关键单元显示出高度的完整性或完好性，在这些单元中，过去的历史景观形态在后来的聚落层积中仍然清晰可见。其中一个单元包括田脊和犁痕。此外，还确定了4个重点历史村镇。这些关键单元包括早期主要土地的景观类型和1860年后乳业时代的景观类型，并与20世纪的景观层次重叠。

根据社区意见，对景观研究进行了补充。结果，又确定了一个与重点村镇相关的关键历史景观单元，并将其添加到推荐名单中，总共5个关键历史单元，约占研究区域的50%。

关键历史单元包含过去景观形成过程中的重要历史元素，这些元素在现有景观形态中保存完整。它们增强了景观的特殊连续性以及与过去的令人信服的联系。通过了解和理解过去居民的所作所为，有助于提升当今景观的价值。它们激发了人类参与景观营造的意识和地方感。

根据对收集到的信息进行整理、评估和分析来理解价值并确定意义，是管理者处理遗产地管理问题的前提步骤。遗产地管理要响应所有已确定的价值及其文化意义，同时还要考虑可接受的变化程度问题。这将是下一章的重点。

本章注释

1. 网址：http://www.historicurbanlandscape.com/themes/196/userfiles/download/2014/5/16/pinx8xzux8vsvcr.pdf。
2. 艾哈迈达巴德市政公司（Ahmedabad Municipal Corporation）。
3. 本质上是具有重大意义的艺术品或代表重大技术创新。
4. 通常指广义场所类型的子类别，例如"第一次世界大战纪念馆"（在广义的"战争纪念碑"场所类型内）或"语法学校"（在广义的"学校"场所类型内）。类别通常由特定目的、用途、时代、设计特征、施工技术、使用的材料或其他一些可识别的品质来定义。一个类别应该容易被识别为广义场所类型的子类别，并且不应通过多个限定词来缩小范围（例如木结构、爱德华时代、乡村剧院）。

本章参考文献

• Australia ICOMOS (2013), The Burra Charter. The Australia ICOMOS Charter for Places of Cultural Significance, Australia ICOMOS. http://australia.icomos.org/publications/charters/.
• Avrami, E. and Mason, R. (2019),'Mapping the Issues of Values'in E. Avrami, S. Macdonald, R. Mason and D. Myers (eds.), Values in Heritage Management. Emerging Approaches and Research Directions, Los Angeles: The Getty Conservation Institute, 9–33.
• Billiou, S. (2007),'Confucianism,"cultural tradition"and official discourses in China at the start of the new century,'China Perspectives. Creating a Harmonious Society, 2007/3: 50–65.
• Heritage Council of Victoria (2019), Assessing the cultural heritage significance of places and objects for possible state heritage listing: The Victorian Heritage Register Criteria and Threshold Guidelines, Melbourne Victoria: Heritage Council of Victoria. https://www.heritage.vic.gov.au/ (accessed 21 November 2020).
• Historic England (2017), Conservation Principles For The Sustainable Management Of The Historic Environment. https://historicengland.org.uk/images-

books/publications/conservation-principles-sustainable-management-historic-environment/.
• Jokilehto, J. (1999), A history of architectural conservation. Oxford: Butterworth-Heinemann.
• Macquarie, L. (1836), Lachlan Macquarie, Governor of New South Wales, Journals of His Tours in New South Wales and Van Diemen's Land 1810-1822. Reprinted 1956 by Trustees of the Public Library of New South Wales, Sydney.
• Letellier, R. (2007), Recording, Documentation, and Information for the Conservation of Heritage Places. Guiding Principles, Los Angeles: Getty Conservation Institute.
• Marshall, D., Coltheart, L., Butler, G., Armes, J., Pearson, M. and Taylor, K. (2008), Lanyon Conservation Management Plan, prepared for Cultural Facilities Corporation - ACT Historic Places: Canberra https://trove.nla.gov.au/work/162811963 (accessed 21 November 2020).
• McClelland, A., Peel, D., Christa-Maria, L. H., and Montgomery, I. (2013), 'A Values-based approach to heritage planning: raising awareness of the dark side of destruction and conservation,' Town Planning Review, 84 (5), 583–603. Doi: 10.3828/tpr2013.31.
• Page, R.R., Gilbert, C.A. and Dolan, S.A. (1998), A guide to cultural landscape reports: contents, process, and techniques, United States: National Park Service. Park Historic Structures and Cultural Landscapes Program; Washington, DC: U.S. Dept. of the Interior, National Park Service.
• Pearson, M. and Sullivan, S. (1995), Looking After Heritage Places. The Basics of Heritage Planning for Mangers, Landowners and Administrators, Melbourne: Melbourne University Press.
• Swanwick, C. (2002), for the Countryside Agency and Scottish Natural Heritage Landscape Character Assessment Guidance for England and Scotland, Cheltenham: The countryside Agency and Edinburgh: Scottish Natural Heritage. http://www.heritagecouncil.ie/fileadmin/user_upload/Planning/LCA_CPD/LCA_CPD_Sep_2011/Reports/LCA_Guidance_for_England_and_Scotland. pdf (accessed 16 September 2020).
• Taylor, K. (2017), 'Role of research in understanding cultural landscape meanings and values' in A. van den, Brink, D. Bruns, H. Tobi and S. Bell (eds.), Research

Methods in Landscape Architecture, Abingdon, and New York: Routledge, 266–268.
• Taylor, K. (2019), 'New Lives, New Landscapes - Landscape, Heritage and Rural Revitalisation: Whose Cultural Values?', Built Heritage, 3 (2), 50–63.
• Taylor, K. and Tallents, C. (1996), 'Cultural Landscape Protection in Australia: Wingecarribee Shire Historic Landscape Study,' International Journal of Heritage Studies, 2 (3), 133–144.
• UNESCO (1994), A Global Strategy for a Balanced, Representative and Credible World Heritage List, Paris: UNESCO World Heritage Centre. https://whc.unesco.org/archive/global94.htm#debut (accessed 21 November 2020).
• UNESCO (2016), The HUL Guidebook. Managing Heritage in Dynamic and Constantly Changing Urban Environments. A Practical Guide to UNESCO's Recommendation on the Historic Urban Landscape, Paris: UNESCO. http://historicurbanlandscape.com/themes/196/userfiles/download/2016/6/7/wirey5prpznidqx.pdf.
• UNESCO (2019), Operational Guidelines for the Implementation of the World Heritage Convention, (WHC 19/01, 10 July 2019), Paris: UNESCO, World Heritage Centre. https://whc.unesco.org/en/guidelines/ (accessed 15 September 2020).
• Verdini, G., Frassoldati, F. and Nolf, C. (2017), 'Reframing China's heritage conservation discourse. Learning by testing civic engagement tools in a historic village,' International Journal of Heritage Studies, 23(4), 317–334.
• Verdini, G. and Huang, F. (2019), 'Enhancing Rural-Urban Linkages through the Historic Urban Landscape Approach: The Case of Shuang Wan Cun in the Jiangsu Province' in A. Pereira Roders and F. Bandarin (eds.), Reshaping Urban Conservation, Springer: Springer Nature Singapore Pte. Ltd, 459–482.
• Yang, C., Han, F., Shutter, L. and Wu, H. (2019), 'Capturing Spatial Patterns of Rural Landscapes with Point Cloud,' Geographical Research, 58(1), 77–93. doi: 10.1111/1745-5871.12381 (accessed 4 May 2020).
• Yuen, B. (2005), Searching for place identity in Singapore, Habitat International, 29, 197–214.

第六章

遗产场所的管理

背景

近年来，管理遗产场所的选择范围成倍增加。从广义上讲，这些选择与可持续发展概念的演变密切相关。可持续发展概念已成为参与过程的关键，而且是权衡保护与发展的核心，近几十年来，保护机构的章程和不断增加的话语见证了这一点（参见第四章）。一方面，遗产已开始被视为更广泛、更综合的政策和规划的一部分，例如作为塑造城市品牌和发展其文化和创意生活的工具。另一方面，在增强其潜力并保护其潜力方面，遗产一直是新措施的重点，例如，将遗产与增强现实的新数字工具实验联系起来，或者与日益重要的减缓气候变化议程联系起来。本质上，为实现围绕遗产的可持续战略，每种管理方案都对保护与发展之间的最佳平衡有不同的看法，这些战略是通过公共政策、建议和指南的结合以及当地利益相关者有效参与来确定的。社区参与被认为是新一代更加综合的政策和实践的重要组成部分。联合国教科文组织于2011年通过了《关于历史性城镇景观的建议书》，旨在确保对历史建筑环境的变化进行可持续管理。该建议书可能是主要的且更全面地提倡对城市遗产采取综合方法的工具（Bandarin & Ran van Oers，2012）。

关于制定新的、创新的和合适的遗产管理工具的辩论，是由联合国教科文组织在2005年颁布的《维也纳备忘录》中发起的："对遗迹和遗址的可持续保护，作为将当代建筑、可持续性城市发展及景观完整性联系起来的综合方法的关键声明，这一切基于现存历史模式、建筑存量及其文脉。"（UNESCO，2005：序言5）该文件有助于扩展可持续城市保护的理念，超越了"历史中心"或"整体"（建筑群）的概念，涵盖"更广泛的城市背景及其地理环境"，因此后来促成了《关于历史性城镇景观的建议书》的制定（UNESCO，2011：定义8）。

因此，《关于历史性城镇景观的建议书》意味着重新定义新一代多标准、多利益相关者的政策，旨在以更可持续的方式管理遗产场所，并确定一套传统又创新的工具，例如社区参与、知识和规划工具、监管系统和金融工具，以适应当地区域情况并以更全面的方式解决问题（UNESCO，2011）。《关于历史性城镇景观的建议书》通过以来，已经采取了各种措施对其进行完善，促进其实施和本土化应用，特别是过去十年的一系列官方文件、专家会议和出版物见证了这一点。例如，2015年和2019年关于历史性城镇景观的两份综合报告（UNESCO，2015；UNESCO，2019a）、《历史性城镇景观方法实施指南》（WHITRAP，2016）、2018年上海历史性城镇景观专家会议的会议纪要（WHITRAP，2018），以及同样重要的历史性城镇景观案例研究汇编，旨在"重塑"城市保护实践（Pereira Roders & Bandarin，2019）。

然而，尽管付出了如此巨大的努力，历史性城镇景观方法似乎仍主要局限于专家圈子，没有在公众中普及，并且在决策层面也鲜为人知。虽然关于历史性城镇景观的文献越来越多（Rey-Pérez & Pereira Roders，2020），但在对其概念化的基本贡献上仍然具有区域差异，例如在亚太地区（Silva，2020），对历史性城镇景观方法的操作仍然不足。这是因为，"大多数关于价值的讨论仍然是泛泛而谈，并没有充分结合当地遗产话语和遗产治理的动态"，从理论到实践的转变仍然严重缺失（Ginzarly等，2019：1012）。虽然我们认同需要进一步将历史性城镇景观地方化，并探索基于地方的实践（特别是在非西方环境中），但可能还需要考虑其他普遍性因素。文化和历史遗产往往仍然被有意忽视或流于表面管理，并没有真正纳入如何加强城市可持续管理的认真思考中，人们试图围绕遗产推行不透明的政治议程或使不具可持续发展的逐利投机合法化。因此，面对不合适的机构而出现的解决方案往往是各自为政的、碎片化的和短视的，而不是全面的、整体的和具有变革性的。政策层面被确认存在问题的一个关键方面是，发展项目对世界各地遗产的影响之间持续存在的不稳定关系（UNESCO，2019a；UNESCO，2020a）。因此，人们提倡改进监测影响的工具，并根据实际情况建设当地能力。它呼吁加强技术程序并强化各级遗产保护和可持续发展的制度文化。

尽管人们认识到更广泛、更有效地采用历史性城镇景观方法还有很长的路要走，但本书的目的并不是对此做进一步推测。同样，我们意识到其他潜在问题，例如，这种复杂的方法是否适合缺乏财政手段，或机构相对较弱，而且政策制定过于集权的区域环境。尽管如此，历史性城镇景观方法已经开始在学术讨论和专业话语中占据一席之地（Zhou & van Oers，2018），并且它可能会在不久的将来为遗产管理实践提供越来越重要的参考。这个新方法的命运可能取决于《关于历史性城镇景观的建议书》在多大程度上真正融入国家和地方层面的法律框架（因为目前它对联合国成员国来说是一个不具约束力的文件），此外，还取决于民间社会自下而上的力量将在多大程度上支持这个新方法。这也正是克里斯蒂娜·拉曼迪（Cristina Iamandi）和迈克尔·特纳（Michael Turner）在最近的历史性城镇景观专门会议上各自发表的见解（WHITRAP，2018）。

除此之外，历史性城镇景观方法还指出了遗产领域每个从业者都不应低估的关键问题。在遗产管理挑战中进行"城市"和"景观"重塑，揭示了当下在不同层级和更大范围内处理遗产的复杂性，以及与不可避免的经济转型力量之间的关系。如果管理得当，这些力量可以确保遗产地的可持续保护并将其传承给子孙后代，这种认识当然应该传递到该领域每一位从业者的工作中（参见图 6.1）。

然而，重要的是要记住，虽然遗产保护的主流实践主要与物质保护有关，但它也与对遗产地旅游吸引力增加所产生的影响的管理有关，正如在第二章介绍的那样。例如，在申报联合国教科文组织世界遗产的过程中，那些保护人类历史上重要证据的方案已经提高了各个遗产地的知名度，将它们置于虚拟旅游的新地理环境中，并常常使其面临不可持续的使用状态。被认定为世界遗产为促进旅游业发展提供了捷径，这决定了国家和地方政府的资源开发行为，因为它们愿意提高知名度和财政收入。遗产和旅游业之间的确定性联系在与此主题相关的大量文献中都可

图 6.1 阿曼的巴赫拉绿洲。从中世纪堡垒可以看到的乡村景观，是联合国教科文组织所认定的世界遗产的价值组成部分。
来源：朱利奥·威尔迪尼（Giulio Verdini）

见到，其中管理工作主要是为了管理游客的影响（Shackley，1998）。还需要为旅游消费制定一系列标准化步骤：从指定到营销，从访客管理到创收（Leask & Fyall，2006）。这是一种以管理和商业为导向的方法，使围绕遗产和场所文化的积极的地方品牌战略合法化，以便利用全球不断增长的产业规模。

这些行动和结果是可以理解的，因为对于许多遗产场所来说，旅游业在很长一段时期内都是抗击衰落的唯一选择，为当地人提供了补充收入。然而，地方政策层面对旅游业的重视往往会引起增长不平衡，因为游客数量以快速且无计划的方式增长，在某些地区表现得更为明显（OECD，2020）。这表明有必要探索其他形式的更可持续的旅游业，并采取更大胆、更深入的方式，找到剥削性较小的管理方案和当地经济方案，正如本章所探讨的那样。

有必要补充说明的是，当下被视为"房间里的大象"的内容[1]，在撰写本书时变得尤为明显。2020年初，新冠疫情的暴发确实摧毁了世界各地的旅游业，这些旅游业仅仅基于单一功能性经济活动的模式（无论是什么模式），这一点长期以来一直被故意忽视，大家就此展开了辩论。流行病这类不可预测的事件加剧了"依赖旅游业生存的文化和自然遗产的脆弱性"（UNESCO，2020b）。这印证了我们的假设，即需要更全面地审视遗产地，无论它们是高度可见还是几乎不可见。虽然现在讨论大流行引发的范式变革还为时过早，但现在是时候提示，管理遗产地应该更加关注更广泛、更多样的发展可能性。这应该成为解决可持续发展问

---

[1] 房间里的大象（elephant in the room）主要用来隐喻某件虽然明显却被集体视而不见、不做讨论的事情或者风险，抑或是一种不敢反抗争辩某些明显的问题的集体迷思。译者注。

题的一种实践，以更具韧性和包容性的方式，利用地方的历史根源和文化多样性，探索如何维持不同形式的生计。这是一种特质，或是一种愿望，与《世界遗产公约》创立者希望实现的目标存在一定的关联（Cameron & Rössler，2013）。然而，在实践过程中情况有所改变，有成员国利用联合国教科文组织《世界遗产名录》来谋取政治利益并制定经济短视战略[1]。

历史性城镇景观概念的引入，以及围绕其他国际议程形成的争论，例如《欧洲景观公约》（COE 2000）的议程，表明需要考虑一系列遗产价值，包括与日常场所相关的价值，而不是仅仅考虑特殊场所。如果乡土遗产，或更广泛的历史和文化景观，被当地社区认为具有意义和价值，那么对其的管理就必须确保其能够在不受损害的情况下传承给子孙后代。如果遗产无处不在，同时日常生活景观也值得关注，那么对遗产管理的考量方式也应该有所不同。在陈述这一点时，我们希望大家重新调整注意力，从仅关注专家价值观中的纪念性或全球著名遗产场所，转向普通遗产场所，就像研究潮流专注的所谓普通城市一样（Robinson，2006）。这将有助于更具思辨性地去审视其他发展道路，并为遗产管理的词库接收具有边缘性、多样性和包容性的概念，最终找到可替换的观点和叙述。

同样，遗产保护管理的实践不再像本书第一部分所讨论的那样，明确植根于西方主流实践，这些实践起源于20世纪下半叶。当代实践源于可持续性在当地意味什么，这应基于不同背景的理解，我们特别要考虑到南半球的观点。遗产管理实践也深受国家意识形态、地区机构或地方习俗的影响。在这方面，我们可能会期望采取不同的方法来确认什么是真正值得保护的以及什么样的开发选项是适当的（Verdini，2017）。正是植根于物质保护的保护概念本身，在某些情况下受到了挑战。其原因是人们对完整性和真实性概念的理解不同，这无疑是受西方遗产保护传统学说的影响。这也与国际理解的传播有关，例如，在印度和中国，甚至整个亚洲，对遗产场所的拆除和重建，在某些情况下是由文化、精神或象征原因决定的，在其他情况下则由纯粹的经济原因决定。

在下一节中，将说明本书中如何构思遗产场所管理的定义，同时提供一个框架，借用历史性城镇景观去理解可持续性转型。随后采取一系列步骤来评估某个场所的情况，并从中得出适合其可持续发展的选择。最后简要评估实施面临的挑战，并用一些具有解释性的城市保护案例研究进行说明。

遗产场所管理

在本书中，遗产场所管理被认为是平衡发展和保护的实践，同时从特殊和普通维度、有形和无形文化维度，对遗产场所进行讨论。可持续性被认为是遗产管理的一个理想条件，这意味着应采用更少剥削和更综合的方案来利用和保护遗产。这些方案根据对当地条件的实地评估以及当地社区有效参与的程度来确定可接受的遗产场所变化程度。它们可能仍然与旅游业和游客管理有关，但也不一定。

如第五章所述，皮尔森和苏利文（1995：8/9）确定了建议遗产场所保护管理行动的4个阶段：

• 阶段1：系统收集遗产场所信息。

• 阶段2：对信息进行评估和分析，旨在推荐价值和意义（此步骤通常涉及与类似场所进行比较）。

• 阶段3：信息评估，旨在充分了解该场所，从而提出保护行动建议，以保留其意义。

- 阶段 4：实施建议与管理行动。

这些阶段由一系列步骤构成，见第五章图 5.1 "遗产场所的保护管理规划模型"。本章的重点是阶段 3 和阶段 4。

这些步骤已统一到历史性城镇景观方法中，包括评估当地条件、限制和机会，即管理评估（步骤 5），确定管理政策（步骤 6），选择管理策略（步骤 7/8），实施管理策略（监测与重新评估）（步骤 9）。

历史性城镇景观管理方法

鉴于遗产管理实践的可持续性维度日益重要，图 6.2 提供了一个规划模型，其融合了来自历史性城镇景观管理方法的核心工具。由于与遗产相关的保护和发展概念正在迅速发展，本章尝试抓住这一根本性转变，探索在保护过程中要考虑的各种新兴发展和保护话语。

2016 年出版的《历史性城镇景观方法实施指南》(WHITRAP, 2016) 概述了有关如何协调城市保护、城市发展和城市更新的实践和理论信息，包括一系列不同的案例，例如澳大利亚的巴拉瑞特、中国的上海和苏州、厄瓜多尔的昆卡、巴基斯坦的拉瓦尔品第、坦桑尼亚的桑给巴尔、意大利的那不勒斯、荷兰的阿姆斯特丹（WHITRAP，2016）。该指南还提供了工具示例，旨在确保城市遗产可持续管理（见图 6.3）。下面将讨论每个工具，这些应该被视为在管理过程中不断使用和更新的工具。

图 6.2 融合了历史性城镇景观方法的规划模型变体。4个历史性城镇景观工具嵌入意义评估、管理评估和确定管理政策的过程中。
来源：作者自绘

图 6.3 历史性城镇景观工具包(城镇版)
来源:WHITRAP,2016 年,第 15 页

公民参与工具

传统上，管理遗产场所的重点是保护场所的结构，而其社会层面，即所谓的活态遗产方法，直到最近才被认为同样重要。这是国际文物保护与修复研究中心（ICCROM）在21世纪早期提出的一种方法（Wijesuriya，2018），试图探索当地社区和游客不同需求之间的适当平衡（Stovel 等，2005；Wijesuriya，2010）。尽管如此，这后来被认为是一种更普遍的尝试，旨在重新构建管理计划的作用，以提高社区参与度（Ripp & Rodwell，2018）。遗产与社区及其场所感有关，更重要的是，它与归属感、记忆和身份有关（另见第三章）。从自上而下的、专家主导的遗产管理方式，转向公民参与，已经引入了一种新的共同生产范式，并且可将其视为管理规划过程中的优先事项。它可以确保与当地人共享的开发方案的顺利实施。指南和手册不断涌现，同时关于城市建设过程（包括遗产建设过程）中的协作过程和变革性学习的新兴文献不断涌现（Fokdal 等，2021）。世界遗产城市组织（OWHC）出版的《社区参与遗产管理指南》就是一个例子，该指南确定了不同的管理模式，从活态遗产方法到其他更注重资产共同管理或交流的方法工具（Göttler & Ripp，2018）。

第三章对价值和意义进行了讨论，活态遗产的概念是讨论其价值应得到保护的核心。"活态遗产"保护是一种以人为本的文化遗产保护方法，特点是"相关社区持续利用遗产来实现其最初创建的目的"（ICCROM，2015）。国际文物保护与修复研究中心（ICCROM）的指导说明（2015）确定了重要的经验和工具包，包括培训和能力建设计划；围绕遗产的参与式管理、利益相关者分析和遗产利益集团；文化绘图、遗产阐释；基于资产的社区发展，社区内资产的识别和调动；案例研究示例，确定社区参与的适当范例。

20世纪50年代末以来，在城市发展中进行社区参与的实践有着悠久的传统，这主要是对现代主义进行批判修正的结果。值得注意的是，它们是由参与其中的建筑师和城市规划师提出来的，包括在当时历史背景下，那些由"十次小组"（Team 10）的建筑师和城市规划师所开展的实验（De Carlo，1972；Risselada & Van den Heuvel，2005）。有趣的是，这一议程现在开始受到认真对待，尤其是在快速城市化的国家，培训社区规划师等新兴专业人士的尝试正变得越来越普遍（见图6.4）。

图6.4 中国特大城市的社区规划师、福祉和遗产主导的更新

萨宾娜·西奥博塔（Sabina Cioboata），威斯敏斯特大学

近年来，中国在以人为本的城镇化道路上采取了一系列政策、实践和治理转变，旨在使城市更加公正、合理、宜居和可持续。在此背景下，中国城市面临的一项紧迫挑战是振兴老旧、衰落的住宅区，这需要采取对社会文化和环境敏感的干预措施，并设法满足日益增长的提高生活质量和福祉的需求。从这个意义上说，政策文件越来越多地呼吁出台干预措施，主要体现在缩小规模、原地升级、高质量设计、遗产保护、决策和实施过程的透明，以及涉及当地社区的参与性实践（MOHURD，2017；MOHURD，2018）。

这种转变要求地方当局围绕复杂的制度框架找准方向，并试点替代治理和管理系统。中国的街道办事处就是这样的例子，它们推出了城市微更新项目，目标范围从历史悠久的小巷或四合院（如上海的里

弄或北京的胡同）到以前的单位大院。与以往的方法不同，微更新项目的特点是采取原地升级、遗产保护以及促进社区建设和提高宜居性的小规模干预措施。此外，其目标是通过支持透明的决策和参与流程来挑战以前的治理模式。

为了实现这一目标，一项关键战略是引入社区规划师，这是一种新的混合角色，旨在指导邻里级别的城市更新工作。社区规划师通常由区政府任命，一般是学术界或规划设计公司的成员。在新的社区更新系统中，他们有三重职责。首先，他们提供规划、设计和修复工作方面的专业知识，并监督所有项目阶段，包括实施阶段。其次，他们需要充当政策顾问，利用试点项目的评估来制定进一步的更新战略和改进政策。最后，他们负责协调利益相关者的关系，特别是当地居民和政府之间的关系，试图了解居民的需求和能力，动员居民参与并尝试更多自下而上的治理模式。有时，这是通过设立专门的非政府组织来实现的，这些非政府组织通常与当地大学合作运营。

近年来，上海、深圳、广州和北京等城市启动了一系列试点项目，为政策创新铺平了道路。为了尝试基于场所的方法，项目是多种多样且多方面的。它们旨在采取包括住宅单元层面的小规模干预措施，从而加强现有的社会文化资本并增进民生福祉。此类干预措施通常包括：考虑场地社会空间形态，改善生活条件的设计策略；创建或重新定义用来进行跳舞、表演、游戏或城市园艺等集体活动的公共空间；通过社区主导的文化和创意表达方式，如活动和公共艺术，来振兴社区。

此类项目由社区规划师协调，尽管社区规划师仍然在区政府的直接领导下运作，但他们能够真正识别和响应居民的需求，产生更具情

图 6.4 上海市中心的历史街区
来源：朱利奥·威尔迪尼（Giulio Verdini）

境敏感性的成果，并鼓励居民在进程初期参与，这与新的趋势相符合（Verdini，2015）。尽管治理改革仍处于起步阶段，但这可能是迈向更多基层自治的重要第一步。从这个意义上说，这些新兴框架有可能突破技术官僚和僵化的形式障碍，促进当代中国城市向灵活化和多元化方向发展。

> **来源**
>
> 1.Verdini, G. (2015), 'Is the incipient Chinese civil society playing a role in regenerating historic urban areas? Evidence from Nanjing, Suzhou and Shanghai,' Habitat International, 50, 366–372.
> 2.MOHURD (Ministry of Housing and Urban Rural Development) (2017), Regulation of Urban Design Management. Beijing. Available at http://www.mohurd.gov.cn/fgjs/jsbgz/201704/t20170410_231427.html (accessed 29 May 2021).
> 3.MOHURD (Ministry of Housing and Urban Rural Development) (2018), Notice on renovation of existing buildings, Available at: http://www.mohurd.gov.cn/wjfb/201809/t20180930_237799.html (accessed 29 May 2021).
> 4.WHITRAP (2016), The HUL Guidebook: Managing Heritage in Dynamic and Constantly Changing Urban Environments. A Practical Guide to UNESCO's Recommendation on Historic Urban Landscape. Shanghai-Ballarat: The World Heritage Institute of Training and Research in the Asia-Pacific Region and The City of Ballarat. Available at http://historicurbanlandscape.com/themes/196/userfiles/download/2016/6/7/wirey5prpznidqx.pdf (accessed 3 May 2021).

知识和规划工具

管理遗产的知识和规划工具指的是各种文献和绘图工具，这些工具已在第五章讨论过。它们被用来评估场所的文化意义和历史意义，并且它们的数字化程度越来越高。此外，还有一系列分析和影响评估工具，可以促进围绕遗产的决策过程（Hosagrahar, 2015）。例如，国际古迹遗址理事会（ICOMOS）提供了遗产影响评估指南，以评估非必要的开发方案对联合国教科文组织世界遗产的突出普遍价值的影响。因此，作为衍生于环境影响评估的程序，它是一种评估开发如何影响场所真实性和完整性的方法（ICOMOS, 2011）。虽然这种方法受到了一些批评——有人认为它是一种优先考虑遗产物质保护话语的工具，而不是遗产保护或遗产规划的工具（Patiwael 等, 2019），但它仍然是一种有助于围绕遗产和城市发展做出决策的参考工具，如图 6.5 所示。

图 6.5 香港九龙湾遗产影响评估案例

Ayesha Pamela Rogers 和 Julie Van Den Burgh，考古评估有限公司，香港

九龙湾是中国内地与香港岛之间的一个避风港湾。汉代至宋代，盐业生产带来的财富使该地区受到官府的严格管理。宋代以来的农业发展，加上陆路和海上交通的便利，使九龙湾发展成为一个主要集镇。1847 年，九龙城寨拔地而起，后来与 1873 年建成的龙津石板码头相连。1898 年，石板码头获得中英新界租约豁免，但其在租约生效后很快被英国人占领。1924 年，部分石板码头因为填海改造而被覆盖。第二次世界大战期间，作为启德国际机场（1956—1971）建设的一部分，进行了填海工程，最终码头被完全覆盖。

启德国际机场一直运营至 1998 年。停用后，政府启动了一系列涉及考古调查的影响评估，以规划香港市中心这片占地超过 320 公顷的地区的未来。最初的案头报告和影响评估确定了未来在前机场遗址（the former airport site）上进行考古调查的大致范围。2002 年，古物古迹办事处 (AMO) 委托相关方进行发掘，最终发现了 1924 年的海堤。这对首次利用历史地图和当前调查数据来确定考古区域（包括正在挖掘的龙津石桥）非常重要。

2008 年，在环境影响评估（EIA）的挖掘工作中发现了龙津石桥（LTSB）的遗迹，当局要求进一步调查，然后进行全面挖掘，最后就保存问题进行协商。这些研究和发掘最终形成了遗产影响评估（Heritage Impact Assessment），包括意义陈述、影响评估以及制定和实施"保育长廊"计划的指南，以封闭和展示码头遗迹(包括接官亭、

龙津石桥的桥面和桥墩部分、上下船平台）和 1924 年海堤的遗迹。它们共同见证了从 1873 年到填海发展机场期间九龙湾的发展，为时代的前进、中国与英国殖民政府之间的关系以及香港战役提供了证据。

在整个过程中，规划师考虑到公众希望原址保留龙津石桥遗迹以及更好地利用珍贵的海滨空间的愿望。遗产影响评估 (HIA) 是一种管理工具，用于预测埋藏遗产的存在和位置、挖掘遗产以及识别和减轻开发对遗产的影响。遗产影响评估还提出了保存和保护方法，将遗产纳入商业/住宅开发的城市设计，结合公共遗产公园，以纪念香港这部分地区的历史。

监管体系

监管体系是保护遗产的一套规范和立法，也包括政策和规划，通常是在国家和地方层面上根据国际谈判达成的公约和准则制定的。它们在每个保护过程中都被认为是必不可少的，此外，它们应该明确从建筑物的适应性再利用到城市保护的每个转变过程中什么是不可协商的（因此需要保护）。除此之外，还应尊重习惯规则或本土知识，以确保对当地物质和非物质遗产进行适当且更可持续的管理（参见图 3.5）。这在遗产场所管理方面仍然是一个探索较少的领域，但在未来肯定会有所改观。有趣的是，ICCROM 在亚洲遗产和文化景观方面推动了传统知识体系的工作（Wijesuriya & Court, 2020）。

值得注意的是，近几十年来，城市可持续范式深刻影响了新的城市规划方法的制定，促使规划理论家反思什么是"好的"城市规划（尤其是与城市形态相关的辩论），什么是好的城市进程（Yiftachel, 1989）。

这与历史性城镇景观方法以及一般城市保护相关，因为规划和政策被视为确保适当保护遗产场所的关键监管系统。它表明，城市规划学科中关于如何确保城市混合用途、优质公共空间、充分提供服务和高效交通系统等问题的讨论，都可以被视为当代城市主义的原则，有利于增强遗产场所的管理，拒绝单一功能，并促进现有建筑环境兼容创新（Radoine 2016）。

虽然显而易见，但遗产场所的特殊性往往也会导致不合理的政治决策。例如，在意大利一些历史悠久的城市中心，有关人员认为轻轨会对视觉造成负面影响并提出反对，因此在决定升级轻轨交通系统时采取了"无为而治"的方案，导致这些城市在相当长的一段时间内交通拥堵、设施陈旧。

金融工具

适当的财务方法对管理遗产场所并确保其长期生存至关重要。正如第二章所讨论的，尽管近年来这种情况正在发生变化，但传统上仍过度依赖公共部门为遗产保护提供资金。此外，不同国家的表现可能截然不同，在某些情况下缺乏有效的公共干预，或者相反，缺乏有效的私人资助举措，需要对当地条件进行临时评估以制定适当的战略（Ost，2016）。

瑞普克玛（Rypkema，2014）确定了采用特定金融工具的理由，并用成本与价值之间差距的经济学术语进行了解释。一些已在使用的工具包括赠款、小额贷款、财产税减免、税收减免、可转让开发权、公私合作伙伴关系（PPP）。图 6.6 举例说明了促进经济发展的制度创新。

图 6.6 热那亚世界遗产"新街和罗利宫殿体系":新的综合管理计划

Alessio Re 和 Erica Meneghin,圣塔加塔文化经济基金会
(https://www.fondazionesantagata.it/en/)

"热那亚的新街(Le Strade Nuove)和罗利宫殿(Palazzi Dei Rolli)体系"(https://whc.unesco.org/en/list/1211/)作为文化遗产在2006年被列入世界遗产名录。

该遗址与热那亚市的历史中心(即所谓的 "城市中心")的大部分地区重合,是欧洲最大的遗址之一,也是欧洲第一个由公共当局在统一框架内进行城市开发项目的范例,并与私人住宅中的公共住宿系统相关联。该项目完全融入了城市结构,事实上,几个世纪以来,它一直是该市最重要的权力、文化和经济中心之一。

2018 至 2019 年,该遗址配备了全新的管理方案,该方案由意大利文化部提供资金支持,并由来自圣塔加塔文化经济基金会、CAST(博洛尼亚大学旅游高级研究中心)和热那亚大学的多学科团队编制。新的管理方案在解释和处理这一背景时,考虑了该场所及其环境所附加的众多不同价值:该地区的卓越文化价值实际上不仅来自文艺复兴时期和巴洛克时期的宫殿建筑群,还来自能够产生社会和经济价值的密集的文化生产背景,其一致性在管理方案起草过程中已得到详细规划。

从管理的角度来看,在 2019 年底之前,该遗址的管理责任委托给公爵宫基金会(Fondazione Palazzo Ducale),并得到了大量机构和私人利益相关者的捐款(因为大多数宫殿都是私人所有),其中包

图 6.6 热那亚历史悠久的市中心
来源：阿莱西奥·雷（Alessio Re）

括热那亚市议会，利古里亚大区当局，热那亚大都会考古、艺术和景观管理局，热那亚大学，商会，罗利宫殿体系协会。新的管理计划是根据最新的国际准则和良好做法（《关于历史性城镇景观的建议书》、联合国教科文组织全球报告《文化：城市的未来》（2016 年）、《新城市议程》、《联合国 2030 年可持续发展议程》）起草的，该计划认为有必要更新该遗址的责任级别，特别是提高其在促进城市发展战略中发挥作用的能力，即城市韧性"灯塔"计划（2019 年）和新战略计划（2021 年）。

不同利益相关者选择采用新的机构和组织安排之前，对可能的替代方案及其相对成本和效益进行了评估，最终将场地管理的协调工作分配给了热那亚市议会。其中，该市的经济发展、战略创新和统计局的工作人员专门负责联合国教科文组织分配的任务，他们的目标是为现场管理提供有效的工具，以起草政策并就可持续发展倡议采取行动，包括优先获得欧盟资助计划。这一进程还导致了一份新的谅解备忘录的起草，旨在让所有其他主要的公共和私人利益相关者参与进来，并详细说明各自的责任。

基于对遗址价值、当地文化创意系统、当前城市动态的分析，以及对 2006 年前管理计划已实施内容的评估，新的综合管理计划确定了三个不同的"行动方案"，重点关注以下方面的保护、发展和连接：

1. 保护方案旨在将整个遗产场所保持在最佳状态，并通过监测每座建筑和整个城市综合体的状况来保护它，同时鼓励当地社区积极参与遗产保护。

2. 发展方案旨在通过可持续、可控的客流管理，支持高质量的文化规划和旅游业发展，并促进附属活动的开展，同时考虑到与遗址价值密切相关的文化创意产业以及商业产业。

3. 连接方案解决了物理连接的发展，例如遗址及其城市环境内的交通和道路，以及城市和周边地区的文化内涵的关系连接。

针对这三项计划中的每一项，都确定了一系列目标、运作手段和措施，以便建立一个综合的活动系统，增强罗利宫殿体系对热那亚社会和经济环境的文化影响。这些措施是根据具体标准制定的，例如：确保财务上可持续管理的能力、促进文化生产创新的能力、创造增长机会和支持业务发展的能力，以及产生甚至超越遗址边界的社会经济影响的能力。

目前，该计划正处于启动阶段（自 2021 年初起 18 个月），其中包括针对市政府工作人员和所有主要利益相关者的能力建设计划。

作为创造遗产战略的保护

关于遗产场所的适当保护战略的制定，取决于对每个遗产场所的制约因素和机遇进行的认真评估，需要确定将遗产传给下一代的宏伟愿景，并为其实施制定可行的目标。根据场所的规模和性质，无论是历史悠久的市中心还是文化景观，该战略可能只需要维护，或更全面的保护方法。它可以侧重于保护纪念性建筑或乡土建筑，也可以更广泛地促进对自然遗产地的管理，或支持在历史上塑造了特定文化景观的特定农业实践。它可以严格保护古迹的物质层面，也可以基于更多不同的适应性再利用实践，特别是对于工业建筑等较新的建筑，甚至可以重建。

根据格雷戈里·阿什沃斯（Gregory Ashworth）的明确定义（Ashworth，1997），如果我们认为保护是对一个场所的历史、记忆和遗迹的阐释，而遗产是把过去作为一种商品的当代使用，那么保护就是一种创造遗产的战略。尽管保护起源于西方的文物保护运动，但如今其有了不同的含义。其结果是一种为了消费和当代利用而管理过去的方法，而不再关注长期以来作为保护理论核心特征的物质真实性。本书所质疑的不是这种似乎已被广泛接受的转变，而是这一过程的本质，尽管它是保护过程所固有的，但可能或多或少具有剥削性。

保护的原初精神是关于维护的，而重建的做法传统上一直受到保护主义者的强烈反对。然而，这方面的态度正在发生变化。20世纪70年代末华沙历史中心重建，以及2005年莫斯塔尔古桥地区被认定为世界遗产引发了争议，这两个场所都因战争遭受严重破坏，这却让认定具有象征意义的遗址、场所价值，及其记忆和无形维度变得合法化。因此，根据联合国教科文组织最新操作指南，重建被认为是"在特殊情况下合理的"，尽管国际古迹遗址理事会（ICOMOS）等国际咨询机构对此存在一定的抵制（Cameron，2008）。

总体而言，在1994年《奈良真实性文件》的支持下，从基于材料的保护转向基于价值的保护，确定了历史遗址再生的新方法，该方法更加包容当地社区，并且，在特殊情况下，旨在修复历史遗迹在悲惨事件中遭受的创伤，例如叙利亚巴尔米拉和阿勒颇最近遭到的破坏（Cameron，2017）。这不会改变重建过程的严谨性，特别是在原始条件的记录方面，包括技术、材料、设计、特征（如果与文化和城市景观相关），但显然对社区的需要和愿望进行了更认真的考虑，开辟了更广泛的可能性。联合国教科文组织最近的计划"复兴摩苏尔精神"（Reviving the spirit of Mosul）以重建努里清真寺为基础，作为对社区和谐的贡献，强调了教育和文化生活（学校、图书馆等）作为主要行动领域的作用[2]。关于巴黎圣母院重建的争论，尽管最初提出了一些有争议的当代重建提案，但似乎又回到了国际古迹遗址理事会章程和《世界遗产公约》的原则上来（Bandarin，2020；另见第四章中的图4.4）。

在其他情况下，保护和重建可能更容易引起争议。这就是所谓的遗产认证，这是很常见的，例如，在保护过程中不可持续的人口迁移，或为满足纯粹的政治和经济需要而进行的"传统文化"重建（Su，2018）。这也出现在对纽约"小意大利"等少数族裔社区或世界各地唐人街的诠释中。在伦敦唐人街，20世纪80年代，与英国城市复兴的多元文化议程相关的制度化意味着传统拱门的重建，而在今天看来这是存在争议的，不再被华人社区完全接受（Ma，2021）。除了考虑此类过程的物质真实性之外，其最终目的也需要接受审查。

然而，这中间有一系列的经历，它们不一定属于某一类或另一类。

一个例子是近期对苏州部分古城墙及其城门进行的重建，这是提升苏州历史名城核心区公共空间质量总体战略的一部分（见图 6.7）。不可否认，重建带来了更广泛的好处，包括为大运河沿岸的当地居民和游客提供了一个宜人、开放的公共活动空间。

图 6.7 苏州相门与新城墙图
来源：Gao Du

以可持续方式管理遗产场所意味着促进适当的发展战略，以确保发挥市场调节作用，并在市场调节作用过度破坏和恶化时对其进行谨慎的监管和控制。从广义上讲，HUL 方法考虑了这些选项，其尝试提供一个从监管到融资的全面工具框架。然而，遗产场所管理者应该意识到，基于当前发展选择的新兴实践或话语以及保护遗产的新兴话语，并未完全纳入当前的保护政策和计划。下文将简要介绍这些选项，很明显，它们中的大多数都存在一定程度的重合，这表明实际上它们可能是深度交织在一起的。

围绕遗产的发展话语

可持续遗产旅游

遗产场所的可持续旅游实践，旨在将旅游业的利益更均匀地分配到各个场所并让更广泛的人群参与其中。旅游过度集中在高峰期和某些目的地的现象，被称为过度旅游，这实际上已经被指控对遗产场所产生了负外部效应（negative externalities）。另一方面，探索更可持续的旅游方案的应对战略以及适当的空间规划战略，已经开始受到审查，尤其在世界遗产地（Luger & Ripp，2020）。

在遗产场所经济战略中，与充满危险性的大众旅游相反，文化和自然旅游被看作更具潜力的可持续解决方案。提倡乡村旅游，扩大传统城市旅游业的业务范围，推动当地农村经济多样化，可能吸引更多当地社区的参与（Wang，2016）。联合国教科文组织甚至制作了可持续旅游工具包（sustainable tourism toolkits）[3]，以促进当地问题的解决，并为解决受影响社区的问题而进行能力建设。主题旅游（如美食）、社区和原居民旅游、节日和庆典、文化路线等新兴做法更具包容性[4]，与智慧遗产工具等机制和政策相结合，可以缓解旅游区的拥挤状况，或加速发展与旅游业相关的产业创新（OECD，2020）。然而，这往往不足以减缓这种发展趋势所固有的商品化进程。因此，人们确实需要进行范式转变，不再仅仅重视旅游人数的增加或在旅游景点度过的夜晚数，不让旅游业与环境和社会影响脱钩（Peeters 等，2018；OECD，2020），更全面地审视旅游业能为当地经济、社区和生计带来的更广泛的好处（Goodwin，2016）。

遗产战略的创意和创新

不可否认的是,在过去几十年或更长的时间里,创意社群和艺术家,更广泛地说是知识工作者,在遗产场所找到了灵感,并帮助重塑遗产场所的意义,他们表达了对具有历史记忆的地方的居住需求,并倾向于通过对遗产建筑进行适应性再利用的形式来满足自身的需求(图 6.8)。在这一过程中,行为和价值在不断地发生变化,特别是在先进的后工业社会,这种改变与对城市和场所的有形和无形文化(包括其文化多样性)的重新评估相关。鉴于这种过程的排他性,以及产生文化商品化和对弱势及低收入社区造成负面影响的风险,这种趋势也受到了批评,正如20

图 6.8 东伦敦的三浮标码头及创意社群的集装箱
来源:朱利奥·威尔迪尼(Giulio Verdini)

世纪 90 年代以来在西方主要城市中出现的有争议的情况一样（Zukin，1995）。具有讽刺意味的是，文化城市复兴也微妙地引发了绅士化（gentrification）进程，最初居住在这些地区的艺术家和创意社群都已迁移出去，例如东伦敦（Green，2020），或者被定位为公共政策的受益者，例如巴塞罗那（Tironi，2009）。

尽管如此，以创意为主导的遗产场所战略无疑有助于扩大可供选择的范围，使衰败的城市区域，包括历史或后工业区域得以重生（参见图4.6）。在某些情况下，这些区域被认为是没有希望的。在曼彻斯特、毕尔巴鄂或多伦多等欧洲和北美城市，由于文化产业的集聚过程以及对创意空间、博物馆和文化旅游设施的投资，城市复兴出现了真正的创意转向（Smith，2007）。20 世纪 90 年代以来，"创意城市"范式在世界各地的城市建设中非常流行（Bianchini 等，1996；Landry，2003），包括北京、上海等东亚城市（如北京 798 艺术区）（Tang & Kunzmann，2013）。不仅在法国、意大利和葡萄牙等欧洲国家，在印度、中国或南美也出现了针对农村和周边定居点的创意主导战略，这些战略与追求城镇和村庄历史性振兴的尝试相关联（Verdini，2021；Verdini 和 Ceccarelli，2017）。在南非，以文化为主导的乡村战略正在兴起，旨在利用本土知识体系促进乡村振兴的包容性模式（Sirayi 等，2021）。

为了应对后工业转型的挑战，以及改造废弃或半废弃的历史城区的需要，城市对文化遗产的创造性利用不断增长。然而，政策制定者经常使用此类策略来重塑城市或社区的品牌，或者更通俗地说，是为了提高场所的吸引力及其土地价值。这往往是许多以房地产为主导的历史遗址周边城市改造战略的唯一目的（He 和 Wu，2005）。

从积极的角度来看，经济学家已将注意力转向对创造力与遗产之间更广泛利益关系的研究,他们不再仅仅考虑游客或吸引投资的人,而是将其作为一个要素去激发创意并刺激当地发展的创新进程。在环境方面,包括场所的历史和文化,可以塑造创造力,而文化遗产可以激发当地的创造力,这些创造力可以转化为当地发展过程中的创新(Capello 等,2019)。此类研究植根于区域经济学,旨在探讨第二章介绍的"地域资本"概念,目前仍处于探索阶段。然而,它们可能代表着真正的游戏规则改变者,以更可持续和更少剥削的方式开发(和支持)遗产场所的创造力。这里隐含的政策信息是,历史城市中心有机的、分层的城市层积及其社会复杂性,乡村和城镇的自发发展形式以及遗产场所和建筑的象征力量可能成为创新的孵化器和倍增器,在城市和地区层面带来长期的积极回报。因此,创造力和创新是城市的共同财产。鉴于艺术家、创意人才和创新者有可能被取代,因此应谨慎培育其发展,而土地使用价值的升值应被视为对其有效再生产的潜在威胁。

其他可持续发展战略(美好城市规划)

虽然之前对管理遗产场所的发展方案的简要说明不应被视为详尽无遗,但可以恰当地说,它主要反映了围绕遗产的主流发展话语,以及围绕如何以更可持续的方式刺激市场调节作用的争论。然而,城市规划一直是一种工具,借助规划、控制和推广工具干预发展过程,以实现期望的场景(Adams,1994)。尽管规划经常被妖魔化,但由于其具有传统的综合性和自上而下的性质,规划已经演变成更具合作性的实践,旨在追求所谓的优质规划或美好城市形态(good city form)。因此,规划仍然可以发挥的作用是确保历史性城市中心、城市遗产场所及其社会结构保持生机和活力(Rodwell,2007),而不是被博物馆化(museumification)。至关重要的是,它们必须保留诸如教育功能之类的用途,促进住宅和第三产业之间的平衡，限制爱彼迎（Airbnb）在中心位置的过度集中，控制大规模零售活动的发展，避免商业街荒漠化。虽然这些问题中的大多数管理起来越来越复杂，并且不再仅仅依赖于规划问题（例如数字采购在社区购物中心倒闭中的作用），但仍有一些良好的做法值得考虑。

这方面的一个例子是，高等教育机构的选址在振兴衰落历史城市的所有部门方面所发挥的作用，例如北美城市的市中心复兴的情况（Wiewel & Perry, 2005）。事实证明，大学的作用对于泰恩河畔纽卡斯尔和谢菲尔德等中型欧洲历史中心也有好处。它们刺激了当地经济，加强了知识转移和创新，尽管存在一些潜在的负面影响，例如所谓的城市中心"学生化"，特别是在学生人数超过当地人的地区（Goddart & Vallance, 2013）。然而，这样的选择在部分城市被排除在外，这些城市遵循旧有的功能分区逻辑，广泛开发了城外校园。苏州就是这方面的一个典型例子，随着苏州工业园区和独立高等教育区（独墅湖）的开发，主要被指定为旅游目的地的老城区与位于东部的更具活力的文化工作者和学生的生活区分开了[5]。

保护遗产话语

遗产与气候韧性

至少自 2005 年以来，联合国教科文组织一直在推动气候变化对世界自然和文化遗产场所影响的研究。基于对气候指标的详细分析，其中包括大气湿度变化、温度变化、海平面上升、风、荒漠化、气候与污染共同作用、气候与生物效应，这一系列风险对文化遗产造成的影响已经凸显（UNESCO, 2007，特别参见第 26 页的表 1）。相关报告还提出了一个问题，即在将遗产列入《世界遗产名录》的过程中是否应考虑气候变化及其对遗址的突出普遍价值的长期影响，因为从理论上讲，如果不考虑这一点，突出普遍价值可能会消失。除此之外，该报告还提供了有关如何改进脆弱性评估以及如何确保适当的管理策略的建议。

地区和地方层面管理计划的设计应考虑到气候变化，考虑到当地社区的参与和基于景观的综合方法，以确保：
- 加强适当的教育和传统技能；
- 严格的持续监控和维护；
- 支持国家/地区决策的研究；
- 制定应急预案；
- 重新评估应对气候变化的管理重点；
- 关于保护活动各个方面出现的各种问题和面对气候变化可能制定的应对措施的培训，即传统技能的发展、监测、管理和应急准备。

（UNESCO，2007: 30）

政府间气候变化专门委员会报告（AR5, 2013/14）首次认识到气候变化可能"通过极端事件、对材料的长期损坏而影响文化遗产（'具有文化价值的建筑'），也会影响文化遗产所处室内环境"，根据该报告的建议，欧洲委员会（Lefèvre 和 Sabbioni，2018）建议成员国政府：

1. 确保将文化遗产纳入适应气候变化的政策和战略；
2. 考虑评估因气候变化而丧失的文化遗产的经济价值。

确保遗产场所的气候适应性管理是一个快速发展的研究领域，例如，通过研究不同国家的方法可以明显看出，实践中仍然存在很大的差异。有些国家更关注监测风险、确保采取保护措施或坚决采取适应气候影响的战略。意大利就是这种情况，其尤其关注大量处于危险中的遗产建筑（Bonazza，2018），关于处理威尼斯海平面上升和洪水问题的辩论（和历史上的拖延）较为典型。其他案例（如芬兰）更多地关注遗产的适当管理如何有助于减轻影响，使所选政策和做法去碳化。例如，这涉及确保在不损害地区特色的情况下在遗产区进行城市填充，以推进紧凑型城市形态建设，或确保通过适当的修复实践，实现历史建筑有效节能（Mikkonen，2018）。

"气候遗产网络"（Climate Heritage Network，2019）倡导，利用艺术、文化和遗产部门的合作制定具体的气候行动，这一系列目标将对遗产场所的管理方式产生影响。其中值得注意的是[6]：

• 遗产在减少碳排放方面的作用，旨在减少历史建筑环境的碳足迹；推进资源再利用，以节约能源，推广传统的低碳土地利用模式；指导可再生能源选址；在利用森林和海洋作为碳汇方面，通过公正治理来捍卫传统知识。

• 遗产在气候适应中的作用，旨在解决气候变化的影响并做出适应性规划，减轻灾害风险，并通过科学、传统的原居民和当地知识指导的参与性方法，帮助利用遗产价值来增强社区的适应能力并减少脆弱性。

• 为损失和损害做规划，目的是为包括缓慢发生的事件在内的损失做好准备，并将其纳入全面风险管理方法。在气候变迁中保护遗产，学习如何更好地利用遗产作为社会融合的工具。

• 遗产和气候科学与传播。利用传统知识和适合当地气候的能力和技术，利用遗产的作用来锚定地方感，定义文化上合理的能力建设。

遗产场所的智能技术

尽管一切都在迅速发展，但智能城市的话语仍然很少与遗产场所的管理相关。数字化城市和城市景观正在成为我们城市生活文化体验的一部分，本质上是由一系列智能技术塑造的，例如改善交通系统、获取城市服务或参与城市决策（Landry，2016）。数字技术也已融入遗产场所管理实验中。这方面的一个例子是艺术收藏品和博物馆的数字化，以测试替代性和侵入性较小的消费形式。另一方面，增强现实技术被用于再现受到威胁的遗址，让人们有身临其境的体验，如位于中国西北部沙漠戈壁的敦煌莫高窟世界文化遗产。近年来，旅游业的巨大影响呈指数级增长，促使地方当局限制游客数量并提供数字替代方案（Demas等，2015）。同样，在中国四川眉山的农村地区，为了减轻客流压力，也引入了智能应用，以疏导农村的交通拥堵，并提供替代路线和农村住宿建议（UNESCO，2019b）。

总体而言，智能技术似乎为保护遗产提供了创新的替代方案，可以有效补充城市保护策略。然而，重要的是要对某些技术的可能破坏性发出警告，这些技术可能会被用于相反的目的。例如，在线预订系统和住宿平台（如爱彼迎）的普及绕过了当地法规，以更有利可图的短期租赁方式取代了居民。这实际上导致许多历史悠久的城市中心的人口减少。

减少灾害和冲突风险及灾后恢复

中东冲突死灰复燃，破坏性地震、洪水等自然灾害影响的实地证据以及新冠疫情等近期发生的事件，促使国际社会重新关注突发事件对文化遗产的影响。本着这种精神，联合国教科文组织和世界银行发布了题为《治愈——城市重建与发展中的文化》（*CURE—Culture in City Reconstruction and Development*）（2018）的联合报告。可以说，这既是一套确保遗产受保护的工具，也是以一个地方的有形和无形文化资源的可持续管理为中心的，推动制定适当恢复方案的工具。从本质上讲，它提供了一个框架，以维护复原中文化的中心地位，从教育设施到重建象征性文化遗址，这对社区的生活很重要。同时，该框架引入了应利用当地知识来加强遗址准备的原则（UNESCO/WORLD BANK, 2018）。总体而言，这些举措旨在扩大 HUL 监管和知识工具（例如遗产影响评估）中已考虑的可用工具集。然而，它建议遗产专家发挥更积极主动和更充分的作用，并根据具体情况设想复原的发展方案。

执行

前文中提出的各种保护策略，在监管方法和市场导向方法之间摇摆不定，换句话说，是在被动方法和主动方法之间摇摆不定。HUL 已被用作确定相关策略的指导框架，并且对一系列新兴的关于发展和保障的话语进行了更详细的研究，因为它们可能在不久的将来占据更中心的地位。一旦确定了保护愿景、确定了目标并确定了管理工具，保护战略的实施还应该关注到对所获得结果的定期监测和评估。此外，现在人们普遍认为，评估标准应在事前而不是事后纳入规划过程。然而，值得注意的是，将愿景和工具转化为实践从来都不是一个线性过程，管理者可能会遇到挫折、失败甚至不良影响。需要特别说明一点，再次进行城市规划研究时，要大量参考执行理论，在管理历史场所时，鉴于历史古迹的独特性以及社会和自然的脆弱性，规划和项目的执行和再评估不应依赖于简单的定量指标，而应该基于得到更多一致赞同的方法，并且能与当地社区进行定期磋商（Oliveira & Pinho, 2010）。

实际上，正是与美好城市形态和理想城市设计相关的城市可持续性话语促进了这一转变，有助于重新定义规划和项目评估的本质。过去，理性综合规划方法或调查分析规划方法被认为是高度可靠的，但现在情况发生了变化,因为无法了解当地的情况,这种方法已经显示出其局限性(Oliveira & Pinho, 2010)。因此,在更复杂的多方利益相关者环境中,向城市建设协作方法的转变意味着需要强调当地文化、政治和社会条件,并在评估过程中采取一致立场。部分原因是城市形态学研究的重新发现,这些研究为新一代设计框架和基于形式的指导方针提供了信息,在实现所需场景的过程中仍然很重要(Petruccioli, 1998)。

城市保护实例

本章最后部分介绍了一些城乡保护研究案例,它们代表了在中国背景下实施保护战略的尝试。选择这些案例的原因是,在中国这样一个对尝试新方法的反应非常积极的环境中,可对一些探索较少的保护实践进行一些阐释。一方面,中国顺应了西方较为固化的做法,但另一方面,中国也提出了其他方法。中国的新兴保护方法实际上是一个价值和实践不断协商的领域,鉴于中国在保护领域所发挥的突出作用,在不久的将来,这种价值和实践将变得越来越重要。

中国城乡保护

从广义上讲,20世纪中国的城市保护遵循了国际实践的演变,注重保护过去。它从对单个遗址和建筑的关注发展到对整个历史区域或城市的保护(Whitehand & Gu, 2007)。它遵循了一条特定的历史道路,深深植根于国家现代化的历史矛盾中,具有消极和积极的里程碑意义。有些行动必须放在保护实践重新觉醒的背景下来看,与此相关,中国1982年颁布了《中华人民共和国文物保护法》,并确定了国家历史文化名城制度(Whitehand & Gu, 2007: 648),同时,国际古迹遗址理事会中国国家委员会起草了《中国文物古迹保护准则》（2002），并于2015年进行了修订。

因此，中国在短短几十年内事实上就与国际城市保护标准接轨，并在国际议程和章程的筛选过程中，提出了主要与遗产物质真实性问题相关的不同的原创性方法（Taylor，2004）。关于西方保护精神在亚洲背景下合法性的争议，由于与物质结构的保护紧密相关，引发了专业规划者和遗产专家之间的激烈争论。这促成了更灵活方法的产生，主要涉及对重建历史遗址和用新材料大面积置换旧材料的更大宽容度（Qian，2007）。尽管如此，它见证了学者和从业者在这一领域的深入参与，促进了城市保护理念的落地，并在许多情况下与当地社区合作，提高人们对保护过去在文化需求上的认识。

在国家层面，尽管在加强城市保护方面的规范不断发展，但关于保护过去的立场较为模糊。20世纪80年代，当北京和上海等城市遭受内城衰败之苦时，政府缺少重建历史街区的资金（Ye，2011）。正如第二章所提到的，国家更愿意刺激市场主导的机制和发展联盟来重建市中心地区。这种情况在缺乏严格地方控制的情况下就会发生，并且常常伴随着非法发放规划许可证的行为（Wu等，2007）。其后果往往是地方当局在城市升级过程中被迫寻求资源，导致历史区域被拆除。

苏州

苏州可能更像一个例外，而不是常例，尽管其经济增长迅猛，但它被一致认为是中国保护得最好的城市之一（Wang等，2015）。这里展示的是位于市中心姑苏区的平江路和郊区吴江区同里古镇的更新。

苏州是位于江苏省下游的地级市，人口超过1000万。由于其位于长江三角洲地区，地理位置优越，不断扩张和升级城市基础设施使该市成为过去几十年来发展速度最快的城市之一。然而，与中国其他城市不同的是，这并没有妨碍对其位于市中心的古城区的保护（Wang等，2015）。此外，苏州保留了其独特的乡村景观，主要由平凡的乡村遗产和著名的水乡城镇组成（Wang，2016）。对这两个已完成的城市保护项目进行了分析。首先是平江历史街区保护工作，该工作于20世纪90年代末启动，并于2003年批准了保护规划（《苏州古城平江历史文化街区保护与整治规划》）。其次是江南水乡同里古镇保护工作，先后批准了《同里历史文化名镇保护规划》（1999年，市级）、《吴江市同里历史文化名镇保护规划》（2012年，省级），以确保对水镇周围环境的保护。

根据2003年修订的《苏州古城平江历史文化街区保护与整治规划》，平江历史街区的保护面积为45公顷，总规划面积为116.5公顷。总体规划（the master plan）由同济大学顾问团队主持编制，根据历史价值和维护状况，在平江历史街区对建筑做了精心划分。此外，平江历史街区的更新还引入了街道保护等级（Ruan & Liu，1999）：

- 第一级是"街道风格保护区"，主要在运河沿线，严格控制该区域内的施工活动，拆除违章建筑。
- 第二级是"平江历史街区"，平江街包括周边民居、园林和古迹恢复了原有的外立面,可改变室内环境以适应现代居住要求(图6.9)。
- 第三级是老厂房改造，与平江区特色相匹配，逐步替代旧厂房功能。

总体而言，超过50%的街道外墙得到了一定程度的保护。根据平江街道办事处规定，50%的家庭被允许留在原来的地方，80%的建筑得到保护，保持其原有的功能（Ruan & Liu，1999）。居民自愿选择留在原地或搬迁。离开的人会得到当地政府的补偿，留下来的人则负责建筑复原。

图 6.9 苏州平江历史街区,有新的商店和咖啡馆
来源:朱利奥·威尔迪尼(Giulio Verdini)

地方政府负责确保基础设施改善的投资,如资助建设新的污水处理系统。尽管没有关于换房的明确数字,但有一种感觉,大多数当地人最终决定搬迁,以寻求更好的生活水平。历史悠久的公寓逐渐被在苏州寻找合适住房和就业机会的农民工转租和填满。

在保护项目开展初期,江苏省住房和城乡建设厅负责重新安置和适当补偿的协商谈判。后来,一家名为苏州平江历史街区保护整治有限责任公司的公私合营机构接管了整个搬迁和保护过程,而苏州市住房和城乡建设局继续负责所有施工许可。该机构由"苏州城投项目投资管理有限公司"和"苏州市平江区集体(国有)经营资产公司"成立,在从区域保护转向区域内经济活动管理方面发挥了重要作用。下属公司平江旅游发展有限责任公司负责平江历史街区的旅游开发建设工作。另一方面，平江历史街区管理办公室实施街区管理，负责街区的园林绿化管理、人员流动、街道清洁、水利管理等。居委会还成立了当地居民志愿者小组，对历史街区进行巡查。他们的职责是防止破坏环境的活动、与店主联络并向苏州市城市管理局举报违法行为。此外，成立了企业自管委员会，以帮助控制建筑环境和废物管理（平江历史街区管理办公室）。

现有的管理体制有助于街区经济的发展，而常住居民也参与了地区管理。然而，尽管餐馆、咖啡馆和咖啡书店相当成功，出售纪念品和当地手工艺品的商店的营业额仍然很高。但它们的成功依赖于旅游需求，而旅游需求在一定程度上降低了旅游质量[7]。从长远来看，这种做法越来越被认为是不可持续的，因为每天都有大量游客进入该地区，这可能会导致历史街区失去当地特色，并带来常见的副作用，例如不受控制的废物产生和拥堵。近年来，政府尝试了一些增强当地经济发展动力的策略，特别是将创意产业视为一种多元化方式，例如，2015 年成立的 189 创意街就采用了类似于上海田子坊的模式（Yung 等，2014）。

同里古镇保护区占地近 50 公顷（1999），后来扩大到包括老城周围的外部景点（2011）。这座古镇自 20 世纪 90 年代末以来一直是保护对象，是中国城市保护的先驱。建筑保护的方式可分为两个部分：第一阶段是政府主导的遗产保护；第二阶段是当地居民成为改善私人住宅的主角。这种转变的标志是老城区房产价值的上涨。同里古镇的搬迁和保护模式与平江街道类似，但社会替代趋势不太明显。同样，虽无可靠数据，但直觉上同里古镇对农民工的吸引力不如平江历史街区，尽管他们有可能在旅游行业就业。然而，同里古镇和平江街区所采用的商业模式截然不同。由于古镇地处私人投资者缺乏强烈兴趣的地区，地方政府一直是其发展的主要参与者。为了筹集资源用于古镇改造和部分遗产保护，当地政府建立了古镇出入控制系统，实行收费进入制度。

2013年以来，同里古镇成立了多家公有制公司，以改善旅游绩效管理和开发旅游产品，吸引优质企业入驻。作为这一战略的一部分，该古镇组织了许多季节性活动，如"同里之春"国际旅游文化节、"同里杯"中韩围棋天元赛和同里宣卷演出。过去，同里古镇的维护和管理主要依靠门票收入和政府补贴，游客通常只关注少数核心景点，而如今，旅游产品种类增多，旅游产业实现多元化发展，主要与创意产业和活动有关。因此，当地人变得更加积极主动，通过开设民宿和其他相关旅游活动，从不断变化的形势中获取经济优势。最近定期和当地人民进行协商和参与性讨论，这将进一步刺激自下而上的经济举措。

总体而言，同里与长江三角洲的其他水乡一样，是城镇保护的典范，它兼顾了改善当地民生和保护历史建筑环境的紧迫性。尽管这常常意味着依赖于对城市形态演变的不充分分析，但这是一项重要的成就（Porfyriou，2019）。

四川城镇

眉山地级市是个典型例子。眉山是人口超过300万的中等城市，从人口角度来看相对稳定，并且由于靠近成都而受到积极影响。其经济以第二产业为主，占GDP总量的45.5%，且增长迅速（1987年接近20%，2007年已超过40%）。在旅游业的带动下，第三产业占GDP的比重已接近40%（1987年还不到20%）。第一产业占比从1987年的60%以上急剧下降至2017年的不足15%（MMBS，2018）。这一趋势表明眉山的旅游业不断增长，未来几年很可能超过制造业。

汉阳镇是一个居民人数不多的小聚居地，位于青神县（25万居民）。

该地区以盛产竹子而闻名，每年举办国际博览会，为当地大多数农村家庭提供生计。近年来，当地政府试图通过推动旅游业来实现当地经济多元化。特别是汉阳镇，由于其历史形态、传统房屋和一些杰出建筑的存在，尽管保护状况不佳，但已被指定为具有历史价值的古镇。它还保留着传统的手工艺和旧式手工作坊。如今所谓的"手工艺街"已被列为非物质文化遗产。2016年，汉阳镇批准了一项新的总体规划，旨在保护该镇的历史核心，促进保护及维护当地社区。新规划在核心区建立了商业和住宅混合区，鼓励人们留在城镇。事实上，当地人可以申请将住宅改为商业用途，在住宅底层尤其是主要商业街沿线开设商店，或者将整个房屋改造成民宿。此外，该规划禁止使用混凝土替代当地材料（主要是木材），以保留当地建筑环境的真实性；允许当地人装饰自己的房屋，只要符合所谓的传统建筑特色即可。在总体规划咨询过程中，举办了一次参与式设计活动，重建了一座过去被毁的老剧院。由于缺乏档案和照片记录，当地保留视觉记忆的老年居民参与了重新设计过程。新剧院现已重建（更多描述和图片请参阅2019年联合国教科文组织纪录）。另一座重要建筑——一座佛教寺庙目前正在修复中。作为整个重建过程的一部分，当地佛教界已被动员起来支持这些工程。当地僧侣现在负责管理该项目的资金筹集工作。总体来看，汉阳镇的复兴正处于初级阶段。到目前为止，当地社区仍然几乎是本土社区。政府鼓励人们在当地投资，并提供激励和监管措施，还以特定形式动员他们参与公共利益项目。由于旅游业尚未发展，有关居民可能就地搬迁的讨论尚未得到处理。

柳江镇是一个较大的镇，该镇的重建始于十年前，最初得到了世界银行的支持，世界银行为基础设施和服务提供了资金。随后，当地政府推动了以社区为基础的乡村复兴，特别是恢复了主要商业带和滨水区（图

6.10)。总体而言,人们可以选择留在历史核心区,利用重建的机会,或者搬迁到有更好住房条件的地方。受影响地区近90%的人口决定留下来。渐渐地,当地居民开始从事旅游活动,如今70%~80%的活跃人口从事面向游客的旅馆、餐馆和商店的经营。政府已经并将继续提供旅游创业培训。从建筑复原和公共领域改善的角度来看,重建项目是成功的。柳江镇每年游客人数已接近300万人次,这推动了对旅游服务的需求,而当地社区往往无法满足这一需求。结果,近50家外部私营公司获得了利用当地机会建造新建筑或重复使用旧建筑来安置新设施的机会。

图 6.10 柳江镇全景
来源:朱利奥·威尔迪尼(Giulio Verdini)

总体而言，柳江镇利用当地社区有限成本进行的重建非常有效。旅游业的大部分收益已分配给当地。然而，尽管政府为支持本地创业做出了一定努力，但国内旅游业对优质服务的需求不断增长，已向外部参与者开放了该业务。他们通常可提供更好的商业模式和客户服务，这开创了企业本地替代的新趋势。除此之外，"过度旅游"已成为常态，这导致人们开始尝试使用智慧系统来控制交通流量并将旅游业转移到其他目的地。该地区游客数量的增加也增加了对锣鼓、戏曲等表演的需求。然而，该地区仍然很少有当地表演者和艺术家。

结论

本章概述了管理遗产场所的含义，实现可持续转型的步骤，以及保护遗产场所有形和无形文化资源应考虑的步骤。主要在 HUL 建议的启发下，探索了一系列传统保护工具和更具创新性的保护工具，以及发展和保护、实施和评估方面的新兴话语。一系列在不同背景下管理、评估遗产和为遗产筹措资金的案例也证实了这一点，这些案例主要参考了国际保护实践，同时也考虑到当地条件。城市保护实践的最后一部分特别聚焦中国。这是一个经过深思熟虑的选择，旨在突出主流实践在某些方面受到挑战的案例，同时也达成了新的共识，特别是东西方之间的共识。例如，在保护过程中不再以形态分析为主导，而形态分析曾经被认为是最重要的。这应该有助于传达这样一个信息：管理遗产场所的实践正在不断改进，比起教条原则及在很长时间内都以此为准的过去时代，现在已经有了很大的进步。这是一个值得分析和仔细观察的有趣时刻，它将引导遗产场所管理理论和实践的进一步发展。

本章注释

1. 最近,一个以"我们的世界遗产"为名的学术和民间社会组织联盟,倡导以不同的式管理世界遗产地,特别关注遗产沦为旅游资产的风险,参见 https://www.ourworldheritage.org。
2. 网址:https://en.unesco.org/fieldoffice/baghdad/revivemosul。
3. 网址:http://whc.unesco.org/sustainabletourismtoolkit。
4. 例如,突出印度尼西亚日惹市的世界蜡染之城地位。
5. 朱利奥·威尔迪尼(Giulio Verdini)在 2016 年 4 月 8 日于苏州(中国)举行的以"重识文化身份,再现往昔风貌"为主题的中国文化遗产保护国际会议上,提出并讨论了这些问题。
6. 改编自 http://climateheritage.org。
7. 资料摘自 2016 年与苏州市旅游局局长的非正式谈话。

本章参考文献

• Adams, D. (1994), Urban planning and the development process, Abingdon, Oxon: Routledge.
• Ashworth, G. (1997), 'Conservation as preservation or as heritage: two paradigms and two answers,' Built Environment, 23 (2), 92–102.
• Bandarin, F. (2020), 'Where we are now with the restoration of Notre Dame after the rejection of modern architectural gestures,' The Art Newspaper, 22nd July. Available at https://www.theartnewspaper.com/analysis/where-we-are-now-with-the-restoration-of-notre-dame-after-the-rejection-of-modern-architectural-gestures (accessed 1 May 2021).
• Bianchini, F., Ebert, R., Gnad, F. and Kunzman, K. (1996), The Creative City in Britain and Germany, Berlin: AngloGerman Foundation for the Study of Industrial Society.
• Cameron, C. (2008), 'From Warsaw to Mostar: The World Heritage Committee and Authenticity,' APT Bulletin, 39 (2/3), 19–24.

- Cameron, C. (2017), 'Reconstruction: changing attitudes,' The UNESCO Courier, July–September, n. 2.
- Cameron, C. and Rössler, M. (2013), Many Voices, One Vision: The Early Years of the World Heritage Convention, London: Routledge.
- Capello, R., Cerisola, S. and Perucca, G. (2019), 'Cultural Heritage, Creativity, and Local Development: A Scientific Research Program' in S. Della Torre, S. Cattaneo, C. Lenzi and A. Zanelli (eds.), Regeneration of the Built Environment from a Circular Economy Perspective, New York: Springer.
- COE (Council of Europe) (2000), European Landscape Convention and reference documents, Strasbourg: Council of Europe. Available at https://rm.coe.int/european-landscape-convention-book-text-feb-2008-en/16802f80c6 (accessed 16 April 2021).
- De Carlo, G. (1972), An architecture of participation (Melbourne Architectural Papers), Melbourne: Royal Australian Institute of Architects.
- Demas, M., Agnew, N. and Fan, J. (2015), Strategies for sustainable tourism at the Mogao Grottoes of Dunhuang, China, New York: Springer.
- Fairbank, W. (1994), Liang and Lin: Partners in Exploring China's Architectural Past, Philadelphia, PA: University of Pennsylvania Press.
- Fokdal, J., Bina, O., Chiles, P., Ojamäe, L. and Paadam, K. (2021), Enabling the City. Interdisciplinary and Transdisciplinary Encounters in Research and Practice, London: Routledge.
- Ginzarly, M., Houbart, C. and Teller, J. (2019), 'The Historic Urban Landscape approach to urban management: a systematic review', International Journal of Heritage Studies, 25 (16), 1–21.
- Goddart, J. and Vallance, P. (2013), The university and the city, London: Routledge.
- Goodwin, H., (2016), Responsible tourism: Using tourism for sustainable development, 2nd Edition, Oxford: Goodfellow Publishers Ltd.
- Göttler, M. and Ripp, M. (2018), Community involvement in heritage management, Québec: Organisation of World Heritage Cities.
- Green, N. (2020), 'The Holding Option: Artists in East London 1968–2020,' Built Environment, 46 (2), 69–87.
- He, S. and Wu, F. (2005), 'Property-Led Redevelopment in Post-Reform China: A Case Study of Xintiandi Redevelopment Project in Shanghai,' Journal of Urban Affairs, 27 (1), 1–23.

• Hosagrahar, J. (2015), 'Knowledge and planning tools' in F. Bandarin and R. van Oers (eds.), Reconnecting the City. The Historic Urban Landscape Approach, Chichester: Wiley Blackwell.
• ICCROM (2015), People-Centred Approaches to the Conservation of Cultural Heritage: Living Heritage, Rome: ICCROM.
• ICOMOS (2011), Guidance on heritage impact assessment for cultural world heritage properties, Paris: ICOMOS.
• ICOMOS China (2002), Principles for the conservation of heritage sites in China, Los Angeles: The Getty Conservation Institute. Available at http://www.getty.edu/conservation/publications_resources/pdf_publications/pdf/china_prin_heritage_sites.pdf (accessed 3 May 2016).
• Landry, C. (2003), The Creative City, A Toolkit for Urban Innovators, London: Earthscan.
• Landry, C. (2016), 'Culture and the digital city: its impact and influence,' in UNESCO, Culture urban future: Global report on culture for sustainable urban development, Paris: UNESCO, 157–164.
• Leask, A. and Fyall, A. (2006), Managing World Heritage Sites, Burlington: Butterworth-Heinemann.
• Lefèvre, R.A. and Sabbioni, C. (2018), Cultural heritage facing climate change: experiences and ideas for resilience and adaptation, Bari: Edipuglia.
• Luger, K. and Ripp, M. (2020), World Heritage, place making and sustainable tourism. Towards integrative approaches, Wien: Studien Verlag.
• Ma, X. (2021), I want to turn all the red lanterns into butter, Paper presented at the 'The Many Faces of Migration: An Interdisciplinary Unconference,' University of Westminster, London, 29–30 April.
• Mikkonen, T. (2018), 'Cultural environment as a resource in climate change mitigation and adaptation' in Lefèvre R.A. and Sabbioni, C., ibidem, pp. 49–58.
• MMBS (Meishan Municipal Bureau Statistics) (2018), 2018 Meishan Statistical Yearbook. Meishan: Municipal Bureau Statistics. Available at http://stjj.ms.gov.cn/info/1101/15278.htm (accessed 29 May 2021).
• OECD (2020), OECD Tourism Trends and Policies 2020, Paris: OECD Publishing.
• Oliveira, V. and Pinho, P. (2010), 'Evaluation in Urban Planning: Advances and Prospects,' Journal of Planning Literature, 24 (4), 343–361.

- Ost, C. (2016), 'Innovative financial approaches for culture in urban development' in UNESCO, Culture urban future: Global report on culture for sustainable urban development, Paris: UNESCO, 228–235.
- Patiwael, P., Groote, P. and Vanclay, F. (2019), 'Improving heritage impact assessment: an analytical critique of the ICOMOS guidelines,' International Journal of Heritage Studies, 25 (4), 333–347.
- Pearson, M. and Sullivan, S. (1995), Looking After Heritage Places. The Basics of Heritage Planning for Managers, Landowners and Administrators, Melbourne: Melbourne University Press.
- Peeters, P., Gössling, S., Klijs, J., Milano, C., Novelli, M., Dijkmans, C., Eijgelaar, E., Hartman, S., Heslinga, J., Isaac, R., Mitas, O., Moretti, S., Nawijn, J., Papp, B. and Postma, A. (2018), Research for TRAN Committee - Overtourism: impact and possible policy responses, Brussels: European Parliament, Policy Department for Structural and Cohesion Policies.
- Pereira Roders, A. and Bandarin, F. (eds.) (2019), Reshaping Urban Conservation, The Historic Urban Landscape Approach in Action, New York: Springer.
- Petruccioli, A. (ed.) (1998), Typological Process and Design Theory, Cambridge: Aga Khan Program for Islamic Architecture.
- Porfyriou, H. (2019), 'Urban Heritage Conservation of China's Historic Water Towns and the Role of Professor Ruan Yisan: Nanxun, Tongli, and Wuzhen,' Heritage, 2, 2417–2443.
- Qian, Z. (2007), 'Historic District Conservation in China: Assessment and Prospects,' Traditional Dwellings and Settlements Review, 19 (1), 59–76.
- Radoine, H. (2016), 'Planning and shaping the urban form through a cultural approach' in Culture urban future: Global report on culture for sustainable urban development, Paris: UNESCO, 169–175.
- Rey-Pérez, J. and Pereira Roders, A. (2020), 'Historic urban landscape: A systematic review, eight years after the adoption of the HUL approach,' Journal of Cultural Heritage Management and Sustainable Development, 10 (3), 233–258.
- Ripp, M. and Rodwell, D. (2018), 'Governance in UNESCO World Heritage Sites: Reframing the Role of Management Plans as a Tool to Improve Community Engagement' in S. Makuvaza (ed.), Aspects of Management Planning for Cultural World Heritage Sites, Cham: Springer, 241–253.

• Risselada, M. and Van den Heuvel, D. (2005), TEAM 10. In search of a utopia of the present, Rotterdam: NAi Publishers.
• Robinson, J. (2006), Ordinary Cities. Between Modernity and Development, London: Routledge.
• Rodwell, D. (2007), Conservation and Sustainability in Historic Cities, Oxford: Blackwell Publishing.
• Rypkema, D. (2014), 'Devising Financial Tools for Urban Conservation' in F. Bandarin and R. van Oers (eds.), Reconnecting the city. The Historic Urban Landscape Approach and the Future of Urban Heritage, New York: Wiley, 283–290.
• Ruan, Y.S. and Liu, H. (1999), 'Suzhou Pingjiang Historical District Conservation Plan-Strategy and theory,' Planners, 15–19, 47–53.
• Shackley, M. (1998), Visitor management: Case studies from World Heritage Sites, Oxford: Butterworth Heinemann.
• Silva, K. (ed.) (2020), The Routledge Handbook on Historic Urban Landscapes in the Asia-Pacific, London: Routledge.
• Sirayi, M., Kanyane, M. and Verdini, G. (2021), Culture and rural-urban revitalization in South Africa. Indigenous knowledge, policies, and planning, London: Routledge.
• Smith, M. (2007), Tourism, culture and regeneration, Trowbridge: Cromwell Press.
• Stovel, H., Stanley-Price, N. and Killick, R. (eds.) (2005), Conservation of Living Religious Heritage, Rome: ICCROM.
• Su, X. (2018), 'Reconstructing Tradition: Heritage Authentication and Tourism-Related Commodification of the Ancient City of Pingyao,' Sustainability, 10 (3), 670.
• Tang, Y. and Kunzmann, K.R. (2013), Creative Cities in Practice, Beijing: Tsinghua University Press.
• Taylor, K. (2004), 'Cultural heritage management: a possible role for charters and principles in Asia,' International Journal of Heritage Studies, 10 (5), 417–433.
• Tironi, M. (2009), 'The paradoxes of cultural regeneration: Artists, neighbourhood redevelopment and the "creative city" in Poblenou, Barcelona,' Journal of Urban Regeneration & Renewal, 3 (1), 92–105.
• UNESCO (2005), World heritage and contemporary architecture—Managing the historic urban landscape, Vienna: International conference, UNESCO World Heritage

Centre in cooperation with ICOMOS and the City of Vienna at the request of the World Heritage Committee, adopted at its 27th session in 2003.
• UNESCO (2007), Climate Change and World Heritage Report on predicting and managing the impacts of climate change on World Heritage and Strategy to assist States Parties to implement appropriate management responses, Paris: UNESCO.
• UNESCO (2011), Recommendation on the historic urban landscape. Paris: UNESCO. http://portal.unesco.org/en/ev.phpURL_ID=48857&URL_DO=DO_TOPIC&URL_SECTION=201.html.
• UNESCO (2015), Implementation of standard setting instruments, UNESCO Executive Board, 197/EX 20 Part 1, Paris: UNESCO. Available at https://whc.unesco.org/en/hul/ (accessed 3 May 2021).
• UNESCO (2019a), The UNESCO Recommendation on the Historic Urban Landscape, Report of the Second Consultation on its Implementation by Member States, 2019 UNESCO World Heritage Centre, Paris: UNESCO. Available at https://whc.unesco.org/en/hul/ (accessed 3 May 2021).
• UNESCO (2019b), Culture 2030. Rural-urban development. China at a glance. The Meishan experience, Paris/Beijing: UNESCO.
• UNESCO (2020a), Heritage in Urban Contexts: Impacts of Development Projects on World Heritage properties in Cities. Final Outcomes. Presentation at the International Experts Meeting, Fukuoka, Japan, 14–17 January. Available at https://whc.unesco.org/en/events/1516/ (accessed 3 May 2021).
• UNESCO (2020b), Global Debate: 'Culture, Tourism and COVID-19: Recovery, Resiliency and Rejuvenation', 28 September 2020. Available at https://whc.unesco.org/en/news/2171 (accessed 23 December 2020).
• UNESCO/WORLD BANK (2018), Culture in city reconstruction and recovery, Paris and Washington: UNESCO & WORLD BANK.
• Verdini, G. (2017), 'Planetary Urbanisation and the Built Heritage from a Non-Western Perspective: The Question of "How" We Should Protect the Past', Built Heritage, 1 (3), 73–82.
• Verdini, G. (2021), Making creative settlements. Peripheral areas in the global regime of creative economy and the policy implication for their sustainability,' International Planning Studies, 26 (2), 149–164.
• Verdini, G. and Ceccarelli, P. (2017), Creative small settlements. Culture-based

solutions for local sustainable development, London: University of Westminster.
• Wang, Y. (2016), 'Rural Regeneration in Yangtze River Delta: the challenge and potential for rural heritage tourism development' in G. Verdini, Y. Wang and X. Zhang (eds.), Urban China's Rural Fringe: Actors, dimensions and management challenges, London: Routledge, 81–108.
• Wang, L., Shen, J. and Chung, C.K.L. (2015), 'City profile: Suzhou, a Chinese city under transformation,' Cities, 44, 60–72.
• Whitehand, J.W.R. and Gu, K. (2007), 'Urban conservation in China. Historical development, current practice and morphological approach,' Town Planning Review, 78, 643–670.
• WHITRAP (2016), The HUL Guidebook: Managing Heritage in Dynamic and Constantly Changing Urban Environments. A Practical Guide to UNESCO's Recommendation on Historic Urban Landscape. Shanghai and Ballarat: The World Heritage Institute of Training and Research in the Asia-Pacific Region and The City of Ballarat. Available at http://historicurbanlandscape.com/themes/196/userfiles/download/2016/6/7/wirey5prpznidqx.pdf (accessed 3 May 2021).
• WHITRAP (2018), 'The implementation of the historic urban landscape recommendation,' Proceedings of the International Expert Meeting, Shanghai, 26–28 March 2018. Shanghai: WHITRAP. Available at whc.unesco.org/en/documents/173021 (accessed 3 May 2021).
• Wiewel, W. and Perry, D.C. (2005), The University as Urban Developer. Case Studies and Analysis, Cambridge: Lincoln Institute of Land Policy.
• Wijesuriya, G. (2010), 'Conservation in Context' in M.S. Falser, W. Lipp and A. Tomaszewski (eds.), Proceedings of the International Conference on 'Conservation and Preservation- Interaction between Theory and Practice, In memoriam Alois Riegl (1858-1905), Firenze: Edizioni Polistampa, 233–248.
• Wijesuriya, G. (2018), 'Living Heritage' in A. Heritage and Copithorne (eds.), Sharing Conservation Decisions. Current issues and future strategies, Rome: ICCROM.
• Wijesuriya, G. and Court, S. (2020), Traditional knowledge systems and the conservation and management of Asia's heritage, Rome: ICCROM.
• Wu, F., Xu, J. and Yeh, A. G. (2007), Urban development in post-reform China. State, market and space, London and New York: Routledge.

• Zhou, J. and van Oers, R. (eds.) (2018), Operationalising the Historic Urban Landscape – A practitioner's view, Shanghai: Tongji University Press.
• Zukin, S. (1995), The Cultures of Cities, Malden: Blackwell Publishers.
• Yiftachel, O. (1989), 'Towards a new typology of urban planning theories,' Environment and Planning B: Planning and Design, 16, 23–39.
• Ye, L. (2011), Urban regeneration in China: Policy, development, and issues,' Local Economy, 26 (5), 337–347.
• Yung, E., Chan, E. and Xu, Y. (2014), Sustainable Development and the Rehabilitation of a Historic Urban District. Social Sustainability in the Case of Tianzifang in Shanghai, Sustainable Development, 22, 95–112.

第七章

后记

本书的简短后记首先要回到导论中的开场白。正如大卫·洛温塔尔（David Lowenthal, 1998: xi）批判性地指出："突然之间，遗产似乎无处不在……人类几乎不可能不碰到遗产。每一处遗产都值得珍视。"值得注意的是，他又继续说："从种族根源到历史主题公园，从好莱坞到大屠杀，全世界都在忙着赞美或者哀悼某些过往，无论过往是事实还是虚构。"这不可避免地引出了这样的问题：未来会怎样，我们是否正在考虑未来？我们应该思考未来吗？嗯，是的，我们应该这样做，尤其是考虑到遗产是一个过程，而且随着时间的推移，在这个过程中会发生很多变化。如果遗产还与人有关，他们珍视某些地方、经历和物品，因为在时间流逝中记忆附着在这些东西上，那我们难道不应该将遗产的未来视为可以协商的吗？也就是说，对每个场所/遗址/建筑/记忆的理解不是不可改变的。结果就是未来一代可能不会像我们现在一样重视同样的事情。在遗产保护中为过去寻求在未来中的安顿之所，这样的地方在哪里？在这种背景下，世界文化遗产在制定遗产分类和遗产名录方面有突出作用，就好像遗产名录上的任何东西都将被未来一代永远珍视一样。这样将引出另外的问题：我们是否应该定期监测遗产名录？监测哪些场所/建筑/遗址可能会被移除，并被新的提名所取代，无论它们是国际的、国家的还是地方的。除此之外，如果遗产无处不在，我们还需要名录吗？

例如，设置《世界遗产名录》的最初目的是进行有限遴选，在国际范围内优中选优，选出具有代表性的遗产。在20世纪70年代早期，遴选主要关注欧洲和北美的遗迹和遗址。随着时间的推移，欧洲和北美以外具有不同价值体系和理想的国家加入《世界遗产公约》签署者行列，成为缔约国，并为把本国遗产列入《世界遗产名录》进行提名。哈里森（2013: 115）颇有兴致且发人深省地指出，该公约（大概还有名录）的诱惑引发了重大转变：

>……被驱动，因为《世界遗产公约》把自己定义为"普遍"原则，并且许多危机迫使联合国教科文组织及其成员国采用更广义和更包容的遗产定义（也许违反常识），实际上，这是联合国教科文组织霸权所导致的结果。企图把在欧美背景下发展起来的遗产模式……在全球范围内应用，对于那些遗产概念截然不同的国家，《世界遗产公约》及其特定遗产模式所依据的基础和假设将受到挑战并最终发生转变。

哈里森（2013: 116）还犀利地将更广义、更包容的遗产定义的外延与"普遍性的主张"联系到一起……"这个主张最终导致了20世纪末和21世纪初遗产实践的转变"。引发转变的关键是人们不再只关注著名的遗迹和遗址，比起对物的关注，更关注文化和无形资产。维杰苏里亚（Wijesuriya, 2017: 1）巧妙地称之为遗产的"去世俗化"（de-secularisation），即摆脱了对物质性的过分强调："从对遗产的关注转向对遗产与社会的共同福祉的追求。"与这一运动同时发生的是两个彼此关联的发展。第一个发展是从20世纪80年代末开始，人们对诸如文化景观和普通的日常场所、乡村景观和城市景观，这些平凡又神圣的话题越来越感兴趣（Sexson, 1982），普通公民因其联想价值、认同感以及与非物质遗产相关的意义而重视景观。第二个发展是21世纪人们对城市保护的兴趣不断增加，开始关注城市场所对人的意义，而不仅仅是建筑的物质性或者建筑的知名度，这推动了历史性城镇景观(HUL)方法的诞生。这两个主要的发展变化对理解遗产价值某些方面的变革至关重要。

本书反复强调的一个主题是变革的必然性。文化遗产并不是不会改变的静态概念，因为它包含着思想、意识形态和生活方式；相反，它是动态的。这个概念只是一种保存（preserving）过去的方法——这里使用的"保存（preservation）"一词是指采取行动让某个场所维持现有状态——这一概念已经扩展到思考未来、确保过去拥有未来，不仅以物质方式，而且以非物质方式。这个变革轨迹的核心是

> 遗产是一种社会建构。重要的是它不涉及有形的、物理的要素以及物体，即物。它是关于人，以及人与地方关系的。也就是说，遗产不是一种物体，而是一种多层积的行为（multi-layered performance）……它承载着怀念与纪念，同时……在当下构建了场所感、归属感和认同感。
>
> （Smith，2006）

然而，对于未来和方向，文化遗产管理将要、能够或可能采取的思考和行动的程度尚不明确。对未来的预测，没有确定的方法或规则可遵循。确实，有人可能会问，除了致力于文化遗产的人，圈外人有谁会感兴趣？尽管遗产确实出现在媒体报道中，但这是否引起了广泛的关注？当然，人们似乎对遗产的兴趣日益增长，对其认识日益加深。问题是，它在多大程度上（如果有的话）反映了国际机构对遗产态度的转变，并将关注点扩大到包括文化景观、历史城区、关联价值和非物质遗产等主题？当然，关联价值和非物质遗产这一主题现已得到普遍认可和理解，包括当地传统、节日、语言、民间表演、土著传统知识体系和可持续管理等。同样值得注意的是，文化的非物质表现形式如何参与蓬勃发展的遗产旅游业，进而得到土著和当地社区的认可。不可避免的是，变革已经发生并将持续，相关社区预见到旅游业在展示文化、减轻贫困和提供机会的合理潜力，尤其是为年轻人和妇女等提供了机会。

由于媒体报道，人们可能会说，出于民族主义目的，这些著名遗迹

和遗址（所谓的主要遗址）不过是用于发展旅游业和谋取经济利益的场所。人们可能会产生这样的印象：一方面，文化遗产场所数量众多，甚至还在不断增加。实际上不是这样，相反，它们很稀缺，因为可能受到气候变化、污染、冲突以及某些地方日益城市化的威胁。另一方面，人们对日常场所（平凡而神圣的场所）重要性的理解已经有了进步并且在不断加深。这无疑是一个具有未来战略思维和行动潜力的研究领域，它还可能吸引当地社区的参与。与这一论题相关的是一项可能的策略，"旨在直接给未来一代赋权"。霍格博格（Högberg）和霍尔托夫（Holtorf）认为（2018:267），这可通过让社区与独立专家一起正式参与遗产事务的决策来实现，例如将文化遗产新列入遗产名录或从遗产名录中除名。后一项行动（从遗产名录中除名）可能基于"对遗产的理解和遗产价值发生了变革"这一事实。

未来面临的另一个挑战是，遗产研究越来越重视和理解记忆的作用和寻找认同感，以及如何处理无形方面的问题。当然，把无形从有形中区分出来并不是办法。无形与场所和做事方式有着密不可分的关联。然而，场所确实会消失，承载人们记忆的场所和社区确实会发生变化，但记忆依然存在。因此，有必要鼓励使用发展中的数字技术，从听觉和视觉方面对承载记忆的场所进行记录。

人们越来越关注以人为本、以文化为基础的遗产保护理念和实践，尤其关注与可持续发展议程相关的理念和实践，这样的关注具有积极作用。在城市遗产领域与此相互关联的是，文化多样性是丰富人类文明的源泉，为城市、人类居住区的可持续性发展做出了重要贡献，而且被赋予权力的公民在发展举措中发挥了积极作用（UN, 2016: 4；另见 UNESCO, 2016； UNESCO, 2019）。

这项以人为本、以城市为中心的工作，未来可能要在遗产场所的保护和开发之间重新协商新的可持续平衡。这绝不是一件容易的事。相反，它建议采用复合的多面向方法（complex multi-faceted approach）来管理城市遗产，同时要考虑到保护行动中已有的工具和更具实验性的工具、新的知识和技能体系，以及为了在发展和适当保护之间实现平衡而新创造的话语。现在是开启遗产管理职业生涯的大好时机，因为有足够广大的空间去重新思考、重塑实践。

首先，处理遗产领域的经济发展问题不应再被视为保护领域的禁忌，梅森几年前就明确重申过这一点（Mason，2008）。相反，经济思维至关重要，体现在理解如何处理稀缺和脆弱的资源、如何识别不同地方资产的形式，以及如何面对社区成员之间的公平问题和合理分配利益问题。因此，在处理有形和无形文化创意资源的多样性问题时，经济思维能切中要害。除此之外，调动资源保护遗产，并为其发展设计可持续战略，例如，侵入性较小的新形式旅游业，以及将次要目的地作为主要地点的替代品，可以确保更好地利用文化遗产资源，并可能让其具有更长的生命周期。

然而，正如我们已经警告的那样，在遗产管理和前瞻性政策制定中，道德实践缺失，其危险在于这种方法可能导致对（经济）价值概念的狭隘解释，最终导致遗产的纯粹商品化和过度使用。如果发生这种情况，就需要重新思考如何衡量遗产场所是否成功，将经济效益与社会和环境成本脱钩，并构想如何减少遗产资源管理和开发的剥削行为。可持续遗产管理的形式必须找到一种方法来解决公共和私营部门之间的传统二分法，并让民间团体和有能力的人了解这种方法。探索新形式的公私伙伴关系，以及围绕遗产的共同管理或共同生产的新形式，应被视为变革性的。围绕遗产的创新治理是实施可持续和更具弹性的保护战略的必要条件。

2011年联合国教科文组织《关于历史性城镇景观的建议书》的通过，激发了人们对城市遗产的新兴趣，人们的注意力集中在将遗产问题有效纳入城市管理规划和政策的必要性上。有必要弥合历史区域与其他区域之间的鸿沟，从而重新连接城市（Bandarin 和 van Oers，2015），努力摆脱现代主义规划运动遗留下来的分裂。尽管正如本书所讨论的，这方面已经有了一些有希望的经验，但这一目标还远未实现。现在面临的挑战是，应避免遗产的物化状态所导致的单一发展。

　　新冠疫情暴发对文化和创意行业造成了严重影响，尤其是旅游业，应该从中吸取教训。如果城市发展形式主要基于单一功能经济活动，将变得更加脆弱，例如，将遗产地和历史名城中心转变为主要旅游目的地，将面临迅速衰落的风险。与此同时，植根于物质保护的遗产管理实践也面临巨大挑战。人们越来越重视遗产的无形价值和象征价值，质疑场所的（物质）真实性概念，并欢迎各种不那么正统的保护和重建实践。这是一个新兴领域，需要进一步研究，以明确其在多大程度上是真正由新价值的出现或纯粹的经济计算决定的。

　　因此，现在是时候使用新的发展话语来扩大遗产实践的视野，并开辟重新构想未来遗产的可能性。如果保护是创造遗产的策略，遗产是把过去作为一种商品的当代利用（Ashworth，1997），那么这种话语应该越来越多地纳入任何保护过程中，以可持续、多样化、有弹性的实践方式进行实验。

　　对可持续旅游和遗产地管理的思考可以成为解决旅游过度拥挤问题的对策，因此在城乡旅游规划中需要进行更多考虑。在这种背景下，历史名胜可以成为创新和创造的孵化器，以此支持可持续的城乡复兴。优质规划与合理城市设计有利于形成多样化且充满活力的历史街区和城市。

遗产保护的章程也有所增加。遗产地的气候适应和气候减缓战略日益成为管理建议的迫切需求。与此同时，智慧技术让遗产使用更合理，最大限度地减少对其的影响，并通过增强现实技术给遗产带来更多机会。在做减灾规划和冲突风险时应考虑到遗产保护，并在每一次重建和复原过程中充分重视文化及其创造力。

与文化遗产相关的最后一个反复出现的问题是遗产研究（对遗产的研究和实践）是否是一门学科。遗产研究等学科的基础在于其理论基础，如历史和哲学，以及研究方法，这些可以通过教学和研究来学习，然后通过实践进行磨炼，从而形成知识结构。遗产研究因其跨学科性质而涉及多种历史观、哲学观和研究方法，这既是优势也是劣势。优势在于它为研究、学习和实践带来了多种观点，还提供了多种方法论视角和模型。这意味着我们不会局限于一组狭隘的假设和单一的方法论。然而这也可能是一种劣势，因为不同的学科观点可能会把人们推向彼此对立的阵营，但它应该被视为建立有序思维和行动方式的机会，并能提供"思考未来遗产工作所需的有效方法"（Uzzell，2009：329）。"我们进行跨学科研究的原因之一是与他人交流，以富有想象力和信息力的方式开发和运用方法论，从而理解遗产……"（Uzzell，2009：343）。过去十年来，学术期刊和书籍中有关遗产研究的文献数量不断增加，这对该学科来说是建设性的，尤其是它将关注点集中在全球不同的价值体系上。可以预见，这种情况在未来还将继续下去。

在将这些学科挑战和机遇转化为实践时，重要的是，在构想未来遗产从业者的教育时，要让可持续性的理念发挥作用，另外，需要重新思考他们面对遗产管理这些现实世界问题时，需要拥有的知识和技能。知识生产的新方法需要超越学科领域，实质上这是遗产领域正在发生的事情，比以前要更多地加入知识的共同生产和参与性实践，这样才能解决遗产场所和相关人员面临的至关重要问题（ISSC，2016）。这将把具有共识性的遗产管理实践引向更广泛的实验形式，并在此过程中协调专家和社区的观点。正是这种方法反映了本书所倡导的基于价值的方法，其最终目标是克服该领域长期存在且不可再容忍的二分法。

本章参考文献

- Ashworth, G. (1997),'Conservation as preservation or as heritage: two paradigms and two answers,' Built Environment, 23 (2), 92–102.
- Bandarin, F. and van Oers, R. (2015), Reconnecting the city. The historic urban landscape approach and the future of heritage, Oxford: Wiley Blackwell.
- Harrison, R. (2013), Heritage. Critical Approaches, Abingdon and New York: Routledge.
- Högberg, A. and Holtorf, C. (eds.). (2018), Cultural Heritage and the Future, London: Routledge.
- ISSC (International Social Science Council). (2016), Inter and Trans Disciplinarity in Social Sciences. Approaches and Lessons Learned, Paris: ISSC.
- Lowenthal, D. (1998), The Heritage Crusade and the Spoils of History, London: Viking.
- Mason, R. (2008),'Be Interested and Beware: Joining Economic Valuation and Heritage Conservation,' International Journal of Heritage Studies, 14 (4), 303–318.
- Sexson, L. (1982), Ordinarily Sacred, Charlottesville: University of Virginia Press.
- Smith, L. (2006), Uses of Heritage, Abingdon and New York: Routledge.
- UNESCO (2016), Culture Urban Future. Global Report for Sustainable Development, Paris: UNESCO.
- UNESCO (2019), Culture 2030 Rural-Urban Development. China at a glance, Paris: UNESCO. https://unesdoc.unesco.org/ark:/48223/pf0000368646 (accessed 22 April 2021).
- UNESCO (2019), Operational Guidelines for the Implementation of the World Heritage Convention, (WHC 19/01, 10 July 2019), Paris: UNESCO, World Heritage Centre. https://whc.unesco.org/en/guidelines/ (accessed 15 September 2020).
- Uzzell, D. (2009),'Where is the Discipline in Heritage Studies? A View from Environmental Psychology' in S. Sørensen and J. Carman (eds.), Heritage Studies: methods and approaches, Abingdon: Routledge, 326–345.
- Wijesuriya, G. (2017),'Towards the De-Secularisation of Heritage,' Built Heritage, 2017/2, 1–15.

译后记

本书是肯·泰勒（Ken Taylor）和朱利奥·威尔迪尼（Giulio Verdini）2021年出版的反映国际文化遗产保护与管理最新成果的著作，他们将其定位为一部面向国际受众、旨在阐述文化遗产保护和管理规划过程的现代读本。两位作者不仅对文化遗产保护的理论有深入研究，还具有相关教学及国际文化遗产保护与管理的实践经验。其中，肯·泰勒目前是澳大利亚国立大学人文与艺术研究学院遗产与博物馆研究中心荣誉教授、堪培拉大学景观建筑学荣誉退休教授。他曾担任澳大利亚风景园林师协会主席。泰勒教授在国际上率先提出文化景观概念，是目前最具国际影响力的研究文化景观与历史性城镇景观的专家学者之一，他还担任联合国教科文组织世界遗产中心和国际古迹遗址理事会专家顾问。朱利奥·威尔迪尼目前是英国威斯敏斯特大学建筑与城市学院副教授，2019年起任摩洛哥本盖里尔穆罕默德六世理工大学客座教授，现任国际建筑与城市设计实验室（ILAUD）副主席。威尔迪尼是一位具有国际研究经验的学者，有六年在中国工作的经历。

正如曾任联合国教科文组织世界遗产中心主任的弗朗西斯科·班达林（Francesco Bandarin）在本书序言中所说，在国际遗产保护体系出现局限性和矛盾性的今天，有必要在研究人员的工作与管理和政策制定之间建立新的桥梁，即有关文化遗产的理论研究应当为遗产保护与管理的政策制定与实践提供切实有效的指导，本书的主旨与目标正在于此。

本书除导论（主要阐述遗产管理的背景与政治）外，分为两大部分。第一部分为"遗产思想体系"，主要阐释了遗产与经济发展的关系，遗产的价值与意义，有关遗产保护的主要宪章、指导原则和机构；第二部分为"管理规划：实施与方法"，主要介绍了遗产地管理的总体规划模式及其过程涉及的步骤，如具体的记录、评估和分析的基本要求与方法，同时重点阐释了联合国教科文组织的"历史性城镇景观"（Historic Urban Landscape，HUL）方法及其构成工具。

我们认为，相比于同类著作，本书的突出特色与价值主要体现在以下几点：

第一，本书在当代语境下，阐释了遗产保护观念的发展与突破。20世纪60年代以来，国际遗产研究已经从所谓"科学保护"范式或偏重技术性遗产保护与管理的维度，逐渐拓展为将遗产视作政治、文化和社会现象的整体性维度。从20世纪80年代至90年代初开始，遗产保护观念的发展与突破首先体现在对"什么是遗产"的反思，这其中，批判遗产研究（critical heritage studies，CHS）这一新的研究范式对遗产本质的重新认识，尤具理论创新意义。故而，本书开篇就引用了大卫·洛温塔尔（David Lowenthal）、罗德尼·哈里森（Rodney Harrison）以及劳拉简·史密斯（Laurajane Smith）等批判遗产研究代表性学者对遗产本质问题的核心主张。从总体上看，对遗产概念及其社会意义的显著拓展，其一体现在将遗产理解为一种社会建构过程，而不是一个产品（product），遗产是一个活生生的实体，并非固定不变的东西，遗产不仅关乎过去，更关乎我们与现在和未来的关系；其二是遗产并不局限于古代重要遗迹和著名建筑，而扩展至普通的日常场所。如"文化景观"被认定为世界遗产的类别之一，推动了国际社会对由时间塑造的普通场所的欣赏。基于此，作者在全书中使用了"场所"（place 或 places）而不是以往常用的"遗址"（sites）这一术语；其三，重视遗产的非物质性要素方面，重视和理解记忆的作用和寻找认同感，人们开始认识到文化遗产存在于与社区或人群的关系中，强调人与场所的互动与无形联系，而不是主要关注文化遗产所保护的物质对象的有形的、物理的元素；其四，过去的遗产不是一种负担，而是一种文化资源，文化遗产在促进地方经济和重塑城市品牌方面发挥着重要作用。同时，作者也警告，在遗产管理和前瞻性政策制定中，伦理缺失的危险可能引发对遗产经济价值的狭隘理解，最终导致遗产过度商品化而损害遗产价值。对"什么是遗产"的上述反思，也改变了遗产研究的路径，即遗产研究日益成为一个真正的跨学科研究领域，需要在研究和专业实践上采用多学科方法。

第二，本书超越了遗产保护与管理的西方主导思维，强调世界多元文化背景下遗产管理的价值差异与本土化方法。作者认为，文化遗产管理的全球思维和实践发展，源于20世纪的现代主义运动，这是一种起源于西方的文化现象。虽然有关国际遗产保护理论与实践是否受到西方意识或"欧洲中心主义"主导仍然存在争论，但20世纪60年代以来，在很长一段时间里，遗产理念囿于西方文化背景，由西方思维和实践所主导。如1964年《威尼斯宪章》提出的文化遗产保护与管理方法，主要针对的是欧洲古迹和遗址的特点，反映的是西方主导的遗产保护思想和实践，因而该宪章的原则并不完全适用欧洲和北美以外的世界其他地区。实际上，许多国家都有指南、原则来定义保护和管理文化遗产资源的方法，应通过对不同文化背景的跨文化理解来弥合分歧。作者认为，虽然建立全球文化遗产保护的统一专业标准很重要，但同时必须避免用遗产保护实践所遵循的普遍标准去替代本地价值观。在本书中，作者基于国际地理背景，重视西方和非西方国家之间遗产保护与管理的差异性。例如,《奈良真实性文件》（ICOMOS，1994）之所以重要，就是因为它在保护领域挑战了西方传统思维方式，提出在不同文化甚至在同一文化中，对文化遗产的价值特性及其相关信息源的评判标准可能会不一致。因此，对价值和真实性的判断不可能以固定的标准为基础。相反，对所有文化的尊重，要求遗产必须在其所属的文化背景下得到考虑和评判。

第三，强调以人为本、以价值为本的文化遗产管理方法。以人为本、以价值为本的文化遗产管理，首先要厘清的一个问题是——"我们关注的是谁的价值？它是谁的文化遗产？"这是本书讨论的一个基本主题。国际遗产保护领域"从对遗产的关注转向对遗产与社会的共同福祉的追求"这一趋势，折射出文化遗产管理的人本意蕴。作者认为，识别遗产价值本身不是目的，而是一种手段，确保以人为本的文化遗产管理，其基础是该地的遗产为什么重要，对谁重要，这取决于谁的价值应该被重视。在实践中，运用价值类型学来指导文化遗产保护，不仅要考虑专家的意见，还要考虑非专业人士的意见，特别是社区的意见，要弄清楚为什么该场所对社区有价值。审查和评估遗产价值时，需要提出五个关键问题，即发生了什么？什么时候发生的？在哪里发生的？谁参与其中？他们为什么要这样做？作者特别强调遗产保护中的社区价值，认为保护遗产就是要保护一个地方的肌理。让遗产能够成为"活态遗产"的重要方法，就是要进行可持续的变化管理。这就是一种以人为本的文化遗产保护方法，其基本特征是社区能够持续利用遗产。在遗产的记录、分析和评估等环节，需要确定关键利益群体，引入更多的利益相关者进行讨论，让真正生活在此处的人加入这个过程当中，加大社区参与力度。例如，无论是文化绘图（cultural mapping）方法，还是历史性城镇景观（HUL）方法，都是一种将以人为本的方法贯穿遗产思维的实践。

第四，本书除理论阐述之外，还包括丰富的案例研究。本书所提供的国际遗产保护与管理的实践案例，涉及包括中国在内的具有代表性的不同国家的城市和乡村地区，这些活生生、多样化的在地性案例，既可以激发现实的问题研究，也可当作例证说明；既丰富了读者的感性经验，也拓宽了本书所涉及的地域范围。

最后，简单交代一下本书的翻译工作。我们深深体会到，翻译是一项富有挑战性的工作，不仅考验译者的英语水平、相关领域的专业知识，更考验译者的中文表达能力。我们尽量在"信"和"达"方面下功夫，尽力以平实流畅的语言表达作者的原意。

本书导论和第一部分由秦红岭翻译，第二部分由朱姝翻译，全书由秦红岭统稿。感谢北京建筑大学研究生院专业建设经费提供的资金支持，感谢本书编辑张淑梅女士的支持与鼓励。限于译者水平，译文的错漏在所难免，恳请读者批评指正。

2023 年 12 月 16 日